우리가 있었다

THE SEX FACTOR: HOW WOMEN MADE THE WEST RICH(1st Edition)
Copyright ⓒ Victoria Bateman 2019
All rights reserved.

Korean language edition ⓒ 2023 by Seon Sun Hwan
This edition is published by arrangement with Polity Press Ltd., Cambridge through CHEXXA Co.

이 책의 한국어판 저작권은 책사 에이전시를 통한 저작권사와의 독점 계약으로 선순환 이 소유합니다. 저작권법에 의하여 한국 내에서 보호를 받는 저작물이므로 무단전재와 무단복제를 금합니다.

경제학이 외면한
인류 번영의 중대 변수,
페미니즘

우리가 있었다

THE SEX FACTOR
VICTORIA BATEMAN

빅토리아 베이트먼 지음
전혜란 옮김

사람과 자연과 책의
선순환

■ 일러두기
* 본문에 나오는 성$_{sex}$은 생물학적 성을, 젠더$_{gender}$는 사회적인 성을 의미합니다.
* 모든 각주는 역자주입니다.

| 목차 |

감사의 말 …10
서문 …13
한국어판 서문 …24

제I부 번영

들어가며 …31

1장 서양이 앞서간 숨은 이유 …35

석기시대부터 오늘날까지 간추린 경제성장사 …36
다섯 가지 교훈 …41
    교훈 1: 시장은 거들 뿐 …42
    교훈 2: 중요한 건 제도 …44
    교훈 3: 시장 안팎의 요구는 결국 자유 …49
    교훈 4: 성장에 기여한 건 뜻밖에도 고임금 …54
    교훈 5: 성장이 멈추는 원리 …56
        1. 인구 / 2. 환경 / 3. 정치
소결론 …66

2장 경제성장의 비결 …69

케세라세라 …71
세계 여성의 자유에 관한 아주 짧은 여행 …74
개인과 자유의 탄생 그리고 유럽 여성의 홀로서기 …83
'국부론 대 여성'의 네 가지 관전 포인트 …86
    1. 인구, 출산율, 임금 …87
    2. 투자와 기술 …89
    3. 자본주의 정신 …90
    4. 민주주의와 국가 …91
소결론 …93

제II부 불평등

들어가며 …97

3장 성차별의 시작 …101

성차별의 세 가지 기원 …102
농업에서 제조업으로 …105
평등의 강화 …107
농장에서 공장으로 …108
20세기 …111
미래 …113
소결론 …114

4장 소득불평등과 성性 …117

가난과 불평등 …118
증가하는 서구의 불평등 …122
성불평등과 소득불평등 …126
세계 곳곳의 성차별 …130
소결론 …136

5장 성sex을 파는 일 …141

죄 많은 이브 …142
페미니즘과 금욕주의의 만남 …146
성 노동자가 사회에게 …153
사회가 성 노동자에게 …156
우리 사회의 세 가지 골칫거리 …160
소결론 …163

제Ⅲ부 국가

들어가며 …167

6장 마르크스 대 시장 …171

성차별주의자 마르크스 …172
시장이 필요한 이유 …176
시장은 정말 저절로 잘 돌아가는 걸까? …183
소결론 …187

7장 여성이 만든 더 나은 국가 …191

부유한 국가일수록 큰 정부 …192
현대 국가의 탄생 …203
유능한 국가 탄생에 여성이 이바지한 세 가지 방식 …210
　　1. 여성과 민주주의 …211
　　2. 복지국가의 출현 …214
　　3. 여성의 참정권 …215
소결론 …217

제IV부 사람

들어가며 …221

8장 개인의 역사 …227

시초 …228
고전경제학의 빅 픽처 …233
한계혁명 …234
소결론 …236

9장 인간 대 로봇 …239

최후통첩 게임 …240
현상 유지 편향 …243
행동경제학은 실패인가 …246
   1. 경제성장의 원인들 …247
   2. 호황에서 불황까지 …250
   3. 가난과 부와 계층 이동 …252
소결론 …256

10장 경제학이 페미니즘을 만날 때 …259

임신과 출산의 자유 …260
가정에서의 불평등 …265
돌봄의 위기 …268
개인과 사회 …272
소결론 …275

결론 …277

후주 …293
참고문헌 …310

| 표&도표 목차 |

\<표 2.1\> 1790년 이전 여성의 평균 초혼 연령 …82
\<도표 3.1\> 1970~2016년 영국, 미국, 일본, 독일의 성별 간 임금격차(%) …103
\<도표 4.1\> 1820~2013년 인구 대비 전 세계 빈곤율 …120
\<도표 4.2\> 포브스 400대 부자: 1982~2003년 부의 상속 비율 …127
\<도표 III.1\> 1880~2011년 영국, 독일, 미국의 GDP 대비 정부 지출 비율 …168
\<도표 7.1\> 세금의 역사: 높은 세금의 영국 vs 낮은 세금의 중국 …193

감사의 말

학자로서 나는 대부분 홀로 틀어박혀 글을 쓴다. 곁에 차 한 잔을 두고 노트북과 마주하는 게 전부다. 하지만 이 책을 쓸 때만큼은 전 세계에 걸쳐 학문 안팎의 삶을 만났다. 나 역시 온라인에서 전 세계적으로 활발히 활동하는 학자 중 한 명이다. 주디 스티븐스 박사, 마크 코야마 교수, 앨리스 에번스 박사, 카롤리나 알베스 박사, 빈센트 겔라소 박사처럼, 그리고 익명의 경제사학자 슈도에라스무스® 처럼 말이다. 성 노동과 관련해 정책 변화와 낙인 지우기를 외칠 때 성 노동자들과 성 노동자 단체가 소셜 미디어를 통해 보내준 응원에 많은 감동을 받았고 또 많은 걸 배웠다. 케임브리지대학교에서 특별 세미나를 개최하며 미국의 줄리 넬슨 교수와 야나 토저스 교수, 그리고 캣 반야

- pseudoerasmus. 세계 경제사를 주제로 한 논문, 보고서, 에세이 등을 올리는 블로그 운영자.

드 작가를 모실 수 있어서 영광이었다. 항상 기쁜 마음으로 도와주는 동료들 덕분에 그와 같은 행사를 개최할 수 있어 고맙다. 매년 개최하는 여성 경제학의 날 행사도 다른 분들의 도움이 없었다면 힘들었을 것이다. 그 행사와 관련해서는 특히 루시 워드에게 큰 빚을 지고 있다. 더불어 통계청, 경제탐사공직자단체British Civil Service's Exploring Economics group, 양성평등네트워크, 여성경제학네트워크, 정계와 언론계에서 운 좋게 만난 많은 이들에게도 감사 인사를 전한다. 이들이 멋진 자리를 마련해준 덕분에 강연을 할 수 있었다. 나는 예술 작업을 하고 여러 예술적 경험을 하면서 사회와 경제에 대한 내 생각을 정립해나갈 수 있었다. 이런 의미에서 예술가 앤서니 코널리 RP, 제나 영, 탬신 산차, 셸리 밴크로프트, 리나 매콜, 마크 롱워스, 이들에게 평생 감사해도 모자라다. 나는 여러 예술적 시도를 함으로써 여성과 여성의 신체를 대하는 사회적 태도에 대해 많은 걸 알게 되었다. 그리고 이 사회적 태도가 전 세계적으로 여성의 자유를 제한하고 더불어 경제 번영을 막아선다고 생각한다. 학문적 삶에서는 주로 말과 글이 전부이지만, 예술이라는 강력한 소통 수단을 만나면 그 상아탑을 넘어 세상과 소통할 수 있다. 예술은 (일방적이며 위에서 아래로 향하는 방식의 소통이 아니라) 양방향으로, 그리고 아래에서 위로 세상과 소통케 해준다.

케임브리지대학교를 고향이라 부를 수 있어서 매우 행운이라고 생각한다. 내가 겪은 케임브리지대학교는 언제나 자유를 존중하고 개방적이며 격려를 아끼지 않는 곳이다. 이곳은 내가 관습에서 탈피할 수 있었던(그리고 관습에 의문을 제기할 수 있었던) 최초의 장소다. 내 고향은 단 한 번도 나에게 일반적인 학문적 노선을 따르라거나 표준 학문

방식을 준수하라고 강요한 적이 없었으며, 나는 케임브리지가 준 공간과 자유를 절대 당연하게 받아들이지 않는다. 카이우스 칼리지의 루스 스커 박사, 클라이브 로슨 박사, 앨런 퍼슈트 교수, 데이비드 세처 박사, 아리프 아메드 박사, 카렌지트 클레어 박사, 브론웬 에버릴 박사, 캘리 해먼드 박사, 에이미 루드로 박사에게 특별한 감사를 전하며, 더불어 다른 칼리지의 타 분야 동료인 아브너 오퍼 교수, 미셸 바델리 교수, 데보라 옥슬리 교수, 밥 앨런 교수, 마리나 델라 귀스 교수에게도 감사 인사를 전하고 싶다. 조지 오워스, 갈리 퍼거슨, 줄리아 데이비스를 포함해 폴리티북스 출판사 식구들에게도 감사의 말씀 드린다. 이들의 프로 정신과 전문가적인 조언에 많은 도움을 받았다.

이 책을 내 여성 친척분들께 바친다. 그중에는 돌아가신 분도 있다. 모두 지금의 나보다 훨씬 더 힘든 삶을 사셨던 분들이고 이분들이 안 계셨더라면 지금의 나도 없었을 것이다. 14년간 함께하고 있는 남편 제임스에게도 이 책을 바치고 싶다. 우리는 1997년 겨울 케임브리지 대학교 면접에서 처음 만났다. 제임스의 한결같은 사랑과 응원 덕분에 지금에 이를 수 있었다. 세상 그 누구보다 나를 이해해주고 내가 무엇을 선택하든 늘 지지해준 제임스가 있기에 나 자신을 지킬 수 있었으며 힘을 얻어 내 길을 걸을 수 있었다.

서문

바로 1년 전인 2018년 3월,• 브라이튼 해변 휴양지에서 나는 비밀 프로젝트를 하나 진행했다. 어둡고 우중충한 호텔 방에서 나와 엘리베이터를 타고 아래층 회의장으로 이동했다. 500명가량의 경제학자들이 참석하는 왕립경제학회 연례 학술대회의 리셉션 자리였다. 나는 신발과 장갑, 목걸이 말고는 실오라기 하나 몸에 걸치지 않은 채 연회장으로 걸어 들어갔다. 물론 미소 띤 얼굴로 말이다.

계절에 맞지 않게 날이 덥거나(그건 확실히 아니었다) 갖춰 입을 옷이 없어서(그런 옷이라면 집에 많다)가 아니라, 경제학이 성차별적이라는 걸 부각하기 위해서였다. 경제학자들의 관심을 끌려면 다음 날 예정된 짧은 연설로는 턱없이 부족하다고 판단했다.

• 이 책은 2019년에 출간되었다.

알몸 시위가 학계에서 흔히 사용하는 방식은 아니다. 하지만 나는 언어만이 유일하고 적절한 의사소통 수단이라고 생각하지 않는다. 구텐베르크가 인쇄술을 발명한 지도 벌써 500년이 넘었다. 학계에서는 말과 글을 기본적인 의사소통 수단으로 삼지만 그렇다고 해서 꼭 그 수단만을 고집해야 하는 건 아니다. 경제학자로서 빈곤과 번영 문제부터 자본주의와 국가에 이르기까지 모든 주제에 대한 내 생각에 무엇이 가장 영향을 끼쳤나 되돌아보면 그건 뜻밖에도 예술이었다. 그림이든 조각이든 연극이든 영화든, 예술은 언어를 뛰어넘는 힘이 있다. 예술의 힘을 굳건히 믿는 나로서는, 페미니스트 행위 예술가들이 오래전부터 활용해온 예술적 표현 방식이 경제학자들이 모인 자리에서 신선한 힘을 발휘하리라 생각했다.

내 목표는 단순했다. 페미니즘을 경제학의 중심으로, 아니면 적어도 여기 영국 최대 규모의 경제학 연례 학술대회의 중심으로 가져가려는 것이었다. 페미니스트이자 경제학자로서 나는 '페미니즘과 경제학의 공통점이 뭔가요?'라는 질문을 자주 받는다. '글쎄요'라고 대답하고 만다. 지난 세기 내내 페미니스트들이 기울여온 용감한 노력들이 경제학에서만큼은 통하지 않은 듯하다. 사실상 모든 학문이 변했는데 주류 경제학만 제자리다. 경제학 세계에서는 페미니스트 혁명이 일어난 적도 없고 여성은 아예 존재하지 않는다. 여전히 시대착오적이다.

거의 모든 연구 분야에서 경제학은 성sex, 젠더gender, 여성의 자유를 못 본 체 간과한다. 여성의 자유에서 아주 중요한 신체 자율권 문제도 마찬가지다. 내가 연회장을 돌며 경제학자들과 샴페인을 마시고 이야기를 나누는 동안 아무도 이 사안을 입에 올리지 않았다. 무시할 수 없는 묵직하고 큰 문제라는 걸 알면서도 모두 말하기를 꺼리는, '방 안의 코끼리' 같은 존재였다.

내 몸을 가지고 벗기로 한 건 내 선택이었다. 유명한 페미니스트 구호를 인용해 말하자면 개인적인 것이 정치적인 것이다.• 경제학자들이 관심을 두기에 너무 개인적이라고 판단할 만한 건 없다. 알몸도 예외가 아니다. 불평등 같은 경제적 결과는 삶의 가장 개인적인 부분을 파고들며, 그 개인적인 영역은 여성의 신체와도 무관할 수 없다. 이런 의미에서 경제학이 성차별적이라는 것이다. 경제학이 여성의 신체를 진지하게 다루지 않는 한 이 판단은 유효하다.

19세기 경제학자들은 삶의 공적 영역과 사적 영역 사이에 인공 장벽을 세웠다. 그러고는 시장과 정치 같은 공적 영역의 삶만을 중요한 탐구 대상으로 삼았다. 대조적으로 가정, 가족, 공동체 등 사적 영역에서 일어나는 일에는 무관심했다. 여성들의 영역인 데다 너무 가벼운 주제라 여긴 것이다. 노벨 경제학상 수상자 게리 베커••가 그랬듯 경제학자들이 개인적 영역을 연구할 때조차도 그 연구는 자만에 찬 기획, 말하자면 경제학을 모르는 사람들에게 경제학이 세상의 모든 것을 설명할 수 있으며 모든 사회현상은 기초경제학으로 설명된다고 가르치려는 식에 가까웠다.[1] 부분의 합을 넘어 전체를 이루기 위해 각

• 1960년대 후반 급진주의 페미니즘 운동가 중 한 명인 캐럴 해니시Carol Hanisch가 대중화한 슬로건으로, 여성의 신체와 성적 자유 등 사적인 영역에서 여성해방을 추구하는 의미를 담고 있다.

•• Gary Becker. 1950년대 후반 경제학이 기존에 다루지 않았던 인간 행동과 사회현상을 경제학 연구에 처음 접목한 경제학자다.

분야의 지성이 머리를 맞대는 학제 간 기획이 아니라, 경제학이 사회과학의 '우두머리'임을 스스로 증명하려는 것뿐이었다. 내가 보기엔 잘못된 방향이다.

공적 영역과 사적 영역 간 장벽은 진즉에 무너졌어야 했다. 블랙박스를 열지 않고, 즉 가정과 주변 공동체를 살피지 않고 어떻게 빈곤과 불평등 문제를 이해할 수 있겠는가? 오늘날 경제문제의 근본 원인은 시장 바깥에 있는 경우가 많다. 경제를 이해하려면 심리학, 역사학, 철학은 물론 사회도 함께 들여다봐야 한다. 사회과학자들의 대부분은 '대체로 한 학문에서 도출된 지식보다는 학제 간 연구를 통해 도출된 지식이 더 낫다'라는 의견에 동의한다. 경제학자들은 실망스럽게도 무려 57퍼센트가 이 의견에 동의하지 않는다.[2] 뭔가 두려운 모양이다.

연회장에서 샴페인을 마시며 서 있는 수백 명의 경제학자를 보고 있노라면 아무 문제 없다는 착각에 빠지기도 하지만, 실상 경제학은 2008년 경제 위기 때 무너진 명성을 회복하느라 그 어느 때보다 격동을 겪고 있다. 그 후 10년이 지나도록 경제는 위태롭기 짝이 없다. 탈세계화와 장기적인 경기 침체, 그리고 불평등, 긴축, 탈산업화로 촉발된 정치·사회적 불안이 눈앞에 펼쳐져 있다. 기분 좋은 날에는 경제학이 잘 가고 있다고 생각하고 싶기도 하다. 일부 영역에서 혁명이랄 만한 변화가 일어나고 있는 것도 사실이다. 하지만 모든 혁명이 꼭 긍정적인 결과를 가져오는 건 아니다. 경제학이 최근 직면한 난제들을 해결하고자 한다면 기존의 기준에서 벗어날지언정 다른 분야도 끌어안아 새로운 생각과 목소리에 귀 기울여야 한다. 페미니즘도 그

중 하나다. 경제학은 성 요인sex factor을 수용해야 한다.

서양 국가들은 왜 부유한가? 가난은 왜 그렇게 없애기 어려운가? 자유시장의 장점은 무엇이고 단점은 무엇인가? 경제는 어떻게 유능하고 민주적인 국가를 형성해내는가? 왜 불평등은 계속 증가하는가? 경제학자들이 맞닥뜨린 이 같은 여러 큰 질문들에 답하려면 여성의 자유에서 그 실마리를 찾아야 한다. 그 자유에는 여성의 신체 자율권도 포함된다. 이것이 이 책에서 다룰 내용들이다. 이를 간과하기 때문에 경제학자들은 경기 호황과 불황에 대해서도 충분히 설명하지 못한다.

몇몇 학자들은 젠더와 경제적 결과 간 상관관계를 밝히기 시작했고, 이미 1990년대부터 페미니스트 경제학파 선구자들이 세계여성경제학회IAFFE를 중심으로 활동해 왔다. 하지만 페미니스트 경제학자들 지적하듯이 경제학자들은 여전히 젠더에 거의 관심이 없다. 주류 경제학이 노동시장과 임금 관련해서는 젠더 요인을 고려하기도 했으나 페미니스트 사상가들이 만족할 만한 수준은 아니며,[3] 경제성장, 경기 호황 및 불황, 불평등에 대한 이론에는 대부분 성과 젠더 요인이 빠져 있다. 그런데도 경제학자들이 일반적으로 사용하는 가정과 척도, 방법론이 성 중립적일 것이라고 흔히들 (잘못) 생각한다.[4]

이러한 현실 때문인지 경제학계에는 여성이 매우 드물다. 왕립경제학회의 연례 학술대회만 봐도 알 수 있다. 이제까지 노벨 경제학상을 수상한 여성 경제학자는 엘리너 오스트럼 단 한 명이며, 영국과 미국의 경제학도 수를 보면 남학생이 여학생보다 두 배 내지 세 배 많다. 다른 학문 분야에 비해 경제학이 페미니즘에 무관심한 것도,[5] 경제학이 성차별적임을 보여주는 증거들이 계속 나오는 것도 다 이유가 있었던 셈이다.[6] 하지만 여성 경제학자는 모두 젠더에 주목하고, 남성 경제학자들은 모두 반反페미니스트라고 추정하는 것은 옳지 않다. 줄리 넬슨의 지적처럼 여성 경제학자의 수를 늘린다고 해서 해결될 문제가 아니고 경제학의 방법론을 전면 수정해야 한다. 다른 학문들과 달리 경제학을 정의하는 것은 연구 주제가 아니라 세상에 접근하는 방식이기 때문에, 방법론은 경제학에서 몹시 중요하다.[7] '올바른 실행과 과학적 객관성'이라는 그 방법론의 기저에 젠더 편향성gender bias이 자리하고 있다.[8] 경제학은 너무 오랫동안 독립적인 주체성만 중시했을 뿐 사람들이 서로 더불어 살아간다는 점은 도외시해 왔다. 또한 감정은 비이성적인 것이며 따라서 경제모델에서 다룰 가치가 없는 것으로 취급해왔다. 실제 인간의 삶이 경제학에서 일반적으로 가정하는 인간의 삶(여기서 인간은 로봇과 다름없다)과 다른 이유는 임신과 출산, 가정 및 사회라는 변수 때문임에도 이 같은 요인을 경제학은 전혀 고려하지 않는다. 그렇다고 인간은 모두 독립적이고 사적 이익을 추구하며 합리적인 존재라는 경제학의 기존 가정을 버리고, 정반대로 인간은 모두 의존적이고 이타적이며 감정적인 존재로 새로이 가정해야 한다는 건 아니다. 상반되는 이 두 가지 인간의 모습을 살펴, 인간이 매일 어떤 갈등을 겪고 어떻게 그 갈등을 해결하는지 파악하면 경제적 결과들을 보다 잘 설명할 수 있으리라는 뜻이다.

 나 자신도 전에는 경제학이 성 중립적인 학문이라 생각했었다. 하지만 긴 세월 고민과 연구를 거듭하는 동안, 성과 젠더를 등한시하는 바람에 수많은 경제학 분야가 커다란 대가를 치르는 걸 직접 목격했다. 그 대가란 바로 오늘날 직면한 경제문제를 정확히 파악하지도 해결하지도 못하는 것이다. 이것이 내가 이 책을 집필한 이유다.

제1부는 서양이 어떻게 부유해질 수 있었는지를 설명하는 기존의 가설을 개략적으로 소개하면서 최신 이론을 다섯 가지 핵심 교훈으로 압축해 보려고 한다. 그 과정에서 여성이 어떻게 역사 속에서, 그리고 경제 번영의 원인을 묻는 우리 머릿속에서 지워져 있었는지 살필 것이다. 여성을 전혀 떠올리지 조차 않으니 '서양은 어떻게 부유해졌는가?'라는 질문에 어려움을 겪는 건 이상한 일도 아니다. 흔히 여성은 경제성장 과정에 아무런 보탬 없이 혜택만 입은 수동적 수혜자로 간주된다. 잘못된 생각이다. 여성은 경제성장에 중요한 역할을 한 행위 주체였다. 이 책은 역사를 훑어가며 서양이 부유해질 수 있었던 건 여성 덕분이라는 점을 밝힐 것이다. 페미니즘은 경제 번영 이후에 세상에 등장한 게 아니라 경제 번영이 싹트기 전부터 존재했다. 왜 가난에 시달리는 국가가 그토록 많은지 그 원인을 제대로 알려면 정치와 시장 너머의 '사적' 세계, 즉 가정을 샅샅이 살펴야 한다.

제2부에서는 주제를 번영에서 불평등으로 옮겨와. 여성의 자유가 경제 번영에 얼마나 중요한지 알아보는데, 여성의 자유를 바탕으로 계속해서 경제 번영을 이룰 수 있을지 그 여부를 3장에서 살피려 한다. 여성의 자유는 시간이 지남에 따라 자연스럽게 신장될 수도 있고 더욱 위축될 수도 있다. 소득불평등과 마찬가지로 성불평등의 변화 추이도 물결 모양을 띤다. 지난 세월 동안 대부분 성불평등은 완화되기보다 심화되어왔고, 이 점을 통해 기술 변화로 이룩한 경제성장이 성불평등을 해소해주지 못한다는 것을 알 수 있다.

4장에서는 성평등에서 획기적인 진전을 이루지 못하면 최근 증가하는 소득불평등 문제도 해결할 수 없다는 점을 지적한다. 성평등은 경제 규모를 키우는 데도, 공평한 분배를 보장하기 위해서도 필요하다. 소득불평등과 성평등이 서로 연결되어 있음에도 이 같은 사실을 무시해온 현실을 고발하면서 불평등 증가세를 새로운 각도에서 설명해보려고 한다. 전 세계가 겪는 성차별 문제가 여성의 신체 자율권 부족에서 기인한다는 점을 말하고 싶은 것이다. 결론은 명확하다. 여성의 신체 자율권이 보장되지 않는 한 서양의 불평등 문제는 해결될 수 없다. 현재는 여성이 피임과 임신중지조차 마음대로 할 수 없다.[9] 전 세계 임신의 절반이 원치 않은 임신이며[10] 2억 명 넘는 여성들은 피임을 하고 싶어도 현대식 피임법을 이용하지 못한다.[11]

불평등을 다루는 2부의 마지막 장인 5장에서는 무관심 속에 방치되어온 불평등을 조명한다. 여성 내부의 불평등, 즉 몸으로 돈을 버는 여성과 머리로 돈을 버는 여성 간의 불평등이다. 이 문제는 페미니스트들 사이에서도 의견이 분분한데, 일부 페미니스트는 성 노동 관련 정책들을 제안함으로써 오히려 이 불평등을 조장하기도 한다. 성 노동이 사회적 금기에 정면으로 맞서는 일이기는 하지만, 사회정의를 진지하게 고민하는 이라면 누구도 성 노동자를 외면할 수 없다. 궁극적인 질문을 던져보자. 머리로 돈 버는 게 된다면 왜 몸으로 돈 버는 건 안 되는가? 머리로만 돈을 벌라고 하는 건 위선적이고 지적 엘리트주의에 빠진 발상 아닌가? 성 노동은 사회적 인식이라는 것이 가장 취약 지대에 놓인 여성들에게 얼마나 가혹할 수 있는지 여실히 보여준다. 선의의 경우라 해도 다르지 않다.

제3부의 주제는 애덤 스미스 이후로 경제학을 괴롭혀온 결정적인 정치적 논쟁 거리, 바로 시장 대 국가 논쟁이다. 성평등, 그리고 성평등이 가져올 공정한 경제 번영을 누가 실현할 것인지 그 최적의 주체가 시장인지 국가인지 따져볼 텐데, 3부의 첫 장인 6장은 먼저 시장을 둘러싼 페미니스트들 간 찬반 논쟁을 다룬다. 개인의 정치적 입장이 무엇이든, 페미니스트 사상은 많은 시사점을 제공하고, 이를 바탕으로 여성의 보편적인 삶을 개선하고 경제를 활성화할 정책을 밑바탕부터 새롭게 짤 수 있다. 시장과 국가의 이상적인 결합이 무엇인가에 대해서는 페미니스트들 사이에서 여전히 논쟁 중이지만, 제3의 영역을 논해야 한다는 주장에 대해서만큼은 페미니스트들 모두 동의한다. 바로 우리의 삶은 시장 밖, 그리고 국가의 권한 너머에 있다는 점, 좋든 나쁘든 이 '경제적 중간 지대'가 경제적 결과를 이해하고 개선하는 데 핵심 역할을 하리라는 점이다. 후반부인 7장은 국가로 초점을 돌려, 여성의 자유가 서양 국가의 탄생에 어떻게 기여했는지를 살핀다. 서양 국가들이 좀 더 민주적이고 유능한 국가로 변모하고, 궁극적으로 시장과 (완벽하지 않아도) 좋은 관계를 맺어 더 큰 번영을 이룰 수 있었던 데는 여성의 자유가 있었기 때문이다. 여성의 자유가 안겨다 줄 이익은 두말할 필요 없이 더 남아있다. 최근 서양의 경제성장 둔화를 고려하면 꼭 기억해야 할 점이다. 국내 경제든 해외 경제든 시장과 국가 모두 최대치로 활용하려면 여성의 자유에 반드시 주목해야 할 것이다.

왜 경제학자들은 그토록 오랫동안 여성(그리고 여성의 몸)을 도외시했을까? 경제학의 어떤 점 때문에 경제학자들은 성과 젠더를 고려하지 않고, 또 비인간적인 모습으로 경제를 설정했을까? 제4부는 이 질문들에 대한 대답이다. 경제학이 일반적으로 설정하는 가정을 살펴보면 문제의 원인에 접근할 수 있다. 바로 인간은 모두 합리적이고 사적 이익을 추구하며 계산적인 존재라는 가정이다. 여기서 인간은 그저 로봇과 다름없어서 성도 젠더도 존재하지 않는다. 제4부에서는 우선 경제학이 어째서 이런 가정을 하게 되었는지 살펴보고, 이어서 이 가정이 '인간성'이 빠져 있다는 이유로 왜 점점 비판을 받는지에 대해서도 알아본다. 그렇게 된 데는 행동경제학의 역할도 컸다. 실제 인간의 특성을 외면한 탓에 경제학은 빈곤, 경기 호황·불황 같은 흔한 경제적 현상조차도 제대로 설명하지 못할뿐더러 성차별적인 양상까지 보인다. 경제학이라는 학문 위로 변화를 거부하는 마초의 환영이 드리워져 있달까. 마지막 장은 행동경제학의 지나친 면과 부족한 면을 짚어보면서 경제적 사고에 신체, 가정, 사회라는 세 가지 요인을 그 중심에 추가해야 한다는 점을 강조하려 한다. 마초의 환영이 걱정하는 바와 달리 그렇게 하더라도 경제학은 결코 가벼워지지 않는다. 이 세 요인은 꼭 필요하다.

이 책에서 논의하는 내용은 대부분 역사를 바탕으로 한다. 인정하지 않는 경제학자들도 종종 있지만 경제를 이해하려면 역사를 반드시 살펴보아야 한다. 그래서 이 책에서는 경제 번영의 역사부터, 성불평등의 역사, 국가의 역사, 그리고 인간의 역사를 모두 짧게 되돌아볼 것이다. 석기시대부터 산업혁명에 이르는 방대한 역사 여행이 될 테니 안전벨트를 꽉 매는 게 좋겠다.

나도 페미니스트이지만, 페미니스트들이 자본주의와 성 노동에서

만큼은 서로 첨예하게 대립한다는 점을 지적하지 않을 수 없다. 이 책에서는 애매한 중립적 태도를 취하지 않고 대립된 입장들을 모두 가감 없이 따져보려 한다. 화합을 강요하고 규범에 한 치라도 어긋나면 처벌하려 드는 사회의 어두운 면을 보아온 사람으로서 나는 마르크스주의 페미니스트들처럼 시장을 없애야 한다고 말하지 않을 것이다. 시장은 사회로부터 여성을 해방시켜 주었고 실제로 여성의 자유를 구축하는 데 중요한 역할을 해 왔다. 시장이 완벽하다는 말이 아니다. 다만 국가와 사회가 때로 훨씬 나쁜 결과를 가져올 수 있다는 뜻이다. 성 노동이 이 점을 극명하게 보여준다. 사회는 성 노동자에게 낙인을 찍어 지탄하고, 국가는 몸으로 돈 버는 여성들의 삶을 더 힘들게 만드는 법률을 만든다. 머리로 돈 버는 여성들에게는 상관없을 법률을 말이다. 여성의 신체는 오늘날 우리가 맞닥뜨린 전쟁터이다. 감추거나 모르는 척한다고 사라질 전쟁터가 아니다. 그래서 나는 내 알몸 시위가 전혀 부끄럽지 않다.

경제학과 페미니즘, 내가 열정을 쏟는 이 두 주제를 함께 엮어내는 여정에 동행해주길 바란다. 각각을 새롭게 알게 되는 여정이길 바란다.

한국어판 서문

이란에서 여성들이 히잡을 불태우고 머리를 자르며 히잡 의무 착용에 저항하고 있다. 히잡을 제대로 착용하지 않았다는 이유로 도덕 경찰에 체포된 마흐사 아미니가 구금 상태에서 사망했다는 비극적인 사실이 알려지면서 이와 같은 시위가 이란에서 전개되고 있다. 히잡 착용이 아마 한국 여성들에게는 낯설지 않을 것이다. 불과 100여 년 전만 해도 한국 여성들은 머리는 물론 얼굴까지 가려야 했다.• 19세기 와 20세기 초 페미니스트들이 한국에서 '드러낼 수 있는' 여성의 자유를 주장했을 때 이들이 마주한 건 사회적 희롱과 학대였다. 학교는 이러한 사회적 반발에서 여학생들을 보호하고자 우산을 지급해주었

• 조선 시대 양반 여성들은 외출할 때 얼굴을 가려야 했다.

다.• 우산을 쓰면 머리를 완전히 가리지 않고도, 어쨌든 가릴 수는 있기 때문이었다. 2021년으로 가보자. 도쿄올림픽 양궁 금메달리스트 안산 선수가 도쿄에서 귀국했을 때 그녀를 반긴 건 엄청난 비난이었다. 단지 그녀의 헤어스타일이 쇼트커트라는 이유로 말이다. 이란은 물론 한국에서도 여성의 신체는 여전히 전쟁터다.

한국 여성들이 여전히 희롱과 학대에 시달리고 있음에도, 한국 대통령은 여성가족부 폐지를 주장하며 성차별은 옛말이라고 말했다. 하지만 현실은 정반대다. 지난 9월 28일 서울의 한 지하철역 화장실에서 28세 여성이 칼에 찔려 목숨을 잃었다. 그녀를 스토킹해온 남성이, 법원의 판결 선고를 단 하루 남겨놓고, 그날 저녁 피해자를 살해했다. 피해자는 법원의 보호도, 경찰의 보호도, 동료들의 보호도 받지 못했다. 그리고 여성 살해 사건은, 분명히 막을 수 있음에도, 이번이 처음이 아니었다. 6년 전 서울의 또 다른 지하철역 화장실에서 젊은 여성이 살해당한 채 발견되었다.•• 이러한 사건들이 버젓이 벌어지고 있지만, 한국에서 스스로 페미니스트라고 밝히는 여성들은 온라인상에서 수많은 학대와 조롱을 받고 있다.

나 역시 온라인상에서 끝없이 학대를 당한다. 멍청하다느니, 미쳤다느니, 저속하다느니, 창녀라느니 하는 소리를 정기적으로 듣는다. 여성이라면 비슷한 경험이 있을지도 모르겠다. 사실 '창녀'라는 단어

• 1911년 배화학당에서 쓰개치마 사용을 교칙으로 금지하자 학교를 그만두는 학생들이 생겼고 이후 학교에서는 얼굴을 가리고 다닐 수 있도록 학생들에게 검정 우산을 나눠주었다.
•• 2016년 서울 서초동 어느 노래방 화장실에서 남성이 20대 여성을 칼로 찔러 살해한 사건.

는 여성을 상대로 가장 많이 하는 욕설이다. 그 이유는 단순하다. 사회는 독립적이고 당당한 여성들을 위협적인 존재로 느낀다. 사회는 자신을 대변하고, 목소리를 내고, 스스로 선택하는 여성들을 어떻게 상대해야 할지 모른다. 그래서 역사를 통틀어 전염병이 돌아도, 지진이 발생해도, 전쟁이 벌어져도, 기근이 들어도 이는 모두 여성들의 탓으로 돌렸다. 여성을 '통제 하에 두려는' 가쿠장제를 정당화하기 위해서였다. 가부장제를 이용해 여성의 독립을 막고, 목소리를 제한하고 자신감을 떨어뜨리는 건 바로 여성들이 강하기 때문이다.

아이러니하게도 여성들은 앞으로 나아가면 나아갈수록 더 많은 반발에 부딪힌다. 하지만 이 책을 통해서 밝히듯이, 여성의 자유를 가로막는 사람들은 사실상 눈앞의 위험을 보지 못하고 있다. 여성의 자유 실현은 비단 여성을 위해서만이 아니라 모두를 위해서다. 여성 없이는 경제 번영을 이룰 수 없으며, 설령 이룬다 해도 지속할 수 없다. 여성들이 자신의 신체와 삶에 대해 스스로 통제하고 결정하지 못할수록 빈곤의 위험은 커지며, 이는 여성들뿐만 아니라 우리 아이들과 가족, 나아가 경제 전반에도 영향을 미친다. 책을 통해 말할 테지만, 높은 수준의 교육과 투자, 그리고 민주 사회는 여성 없이는 불가능하다. 여성에게 자유가 없는 사회는 보다 빈곤한 사회, 보다 불평등한 사회, 보다 엉망인 사회일 수밖에 없다.

슬프게도, 이 책에서 내내 말하지만, 경제학은 여성을 원하는데 경제학자들은 젠더에 무관심하고 무지하다. 경제학에서 여성과 여성의 신체는 찾아볼 수 없다. 그로 인해 정책적 공백이 발생해, 우리는 '돌봄의 위기'부터 여성 보호시설의 자금난에 이르기까지, 그 결과에 매일같이 고통을 받는다. 우리가 힘들다는 말은 곧 경제가 힘들다는 말이다.

비록 지난 수백 년 동안 여성의 권리와 자유가 좋아졌지만(그 덕분에 확실히 한국 경제가 크게 성장할 수 있었다), 여전히 가야 할 길이 멀다. 다른 부유국들에 비해 한국의 남녀 간 임금격차는 심각한 수준이다. 한국의 성별 임금격차는 31퍼센트로, 유럽 국가들에 비해 무려 3배나 높으며, OECD 38개국 중 가장 높다. 무급 돌봄 책임을 주로 여성에게 전가하는 탓에 여성들이 노동시장에서 불편을 겪고 있음에도, 한국의 돌봄 지출은 국내총생산GDP 대비 영국의 1/2 수준이고 스웨덴과 덴마크에 비해서는 1/4 수준밖에 되지 않는다(출처: 2018 국제노동기구ILO 돌봄노동과 직업에 관한 보고서, 도표 6). 사정이 이러하니, 한국 여성들이 출산을 기피하는 것도 어찌 보면 당연하다. 그 결과 한국은 세계에서 가장 낮은 수준의 출산율을 기록하고 있다.

국가의 미래 번영은 각 부문별로 나타나는 젠더 격차를 얼마나 좁히는지에 달렸다. 여성을 과소평가하고 착취하여 단기적 성장을 이룬다고 해도 지속적인 성장은 불가능하다. 50년 동안 지속되던 성장이 지금 침체기에 빠져 있다면 그 탓은 반反페미니스트들에게 있지 페미니스트들에게 있지 않다.

성평등이 나아가야 할 길은 오로지 하나인데, 역사는 성평등이 그 길로 앞서 나아가기 전에 훨씬 멀어질 수 있다는 걸 보여준다. 지금, 전 세계적으로 여성의 자유 실현에 대한 반발이 거세지는 추세다.

잠자코 있을 여유가 없다. 끊임없이 투쟁해야 한다. 단지 여성들만을 위해서가 아니라, 우리 모두를 위해서 말이다.

한국 여성들에게 지지와 연대를 표하며! 미래는 아무도 모른다. 미래는 우리가 "함께" 만들어 가는 것이다.

2022년 9월 30일
영국 잉글랜드에서 빅토리아 베이트먼

제 I 부

번영

들어가며

왜 어떤 국가는 잘 살고 어떤 국가는 계속 가난할까? 아마 경제학자들의 근본적인 질문일 것이다. 왜 미국의 연간 평균 소득은 59,532달러(국제 달러 기준, 한화 약 7,310만 원)에 육박하는 반면 미국과 그리 멀지 않은 과테말라는 고작 8,150달러(한화 약 1,000만 원)이고, 파키스탄과 수단은 각각 5,527달러(한화 약 678만 원), 4,904달러(한화 약 601만 원)로 과테말라보다도 낮을까?[1] 차이가 너무 난다. 파키스탄의 일 년 소득이 미국에서는 한 달 소득이다. 목숨을 걸고 멕시코 국경을 넘는 사람들, 인신매매 일당들의 배에 올라타서라도 유럽으로 가려고 안간힘을 쓰는 수많은 사람들을 보노라면, 돈이 행복의 전부는 아니지만 빈부 격차는 확실히 해결해야 할 문제임을 알 수 있다.

장수를 누리며 안락한 삶을 사느냐, 질병에 시달리며 가난에 허덕이는 삶을 사느냐는 태어난 국가에 달린 듯하다. 경제학자 브랑코 밀라노비치에 따르면, 전 세계 소득 격차의 최소 66퍼센트는 그들이 살고 있는 나라로 설명할 수 있다.[2] 생활수준을 결정하는 건 능력도, 성실성도, 적극성도 아니고, 어느 국가에서 태어났는가 하는 일종의 추첨 운이다. 미국이나 영국 같은 국가에서 태어났다면 말 그대로 로또에 당첨된 셈이다.

역사를 돌아보면 오늘날 상황을 이해할 수 있다. 그중 특별히 눈여겨볼 만한 사건이 있다. 바로 산업혁명이다. 18세기 말에서 19세기 초 영국에서 발생한 산업혁명은 19세기 전반에 걸쳐 유럽과 미국 전역으로 퍼져나갔다. 이후 서양은 몇 번의 난관에 부딪히기도 했지만 결국 소득 상승 궤도를 탔고, 그 결과는 서양 국가와 '나머지 국가' 간 부의 양극화로 나타났다.

영국 산업혁명의 중심지는 춥고 축축한 날씨의 북부 맨체스터다. 내가 나고 자란 곳이다. 지금 맨체스터는 전 세계적으로 축구로 유명하지만(우리 가족은 맨체스터 유나이티드의 열성 팬으로 나는 어린 시절 연분홍색이 아닌 빨간색 옷을 입고 자랐다), 맨체스터의 진정한 명성은 산업혁명에 있다. 맨체스터가 한때 '코트노폴리스Cottonopolis'로 불리던 시절에 나의 조부모님과 증조부모님은 모두 맨체스터 도심이나 외곽에 있는 면직 공장에 다니며 생계를 유지했다. 내가 꼬마였던 1980년대에 할머니는 빠르게 저물고 있는 한 시대에 대해, 그리고 그 시절 여성들의 삶이 얼마나 고단했는지에 대해 자주 말씀하셨다. 제조업은 쇠락의 길을 걸었고 맨체스터는 전성기가 지난 지 오래였다. 산업화와 면화 제조업이 해외로 수출되면서 우리 가족이 일했던 여러 면직 공장이 문을 닫았다. 하지만 도시 경관은 산업화가 한창 활발했던 시기의 모습을 여전히 간직하고 있었다. 붉은 벽돌로 지은 면직 공장이 하늘을 찌를 듯 높이 솟은 굴뚝과 함께 여기저기 눈에 띄었다. 황폐해질 대로 황폐해져 언제 허물어져도 이상할 것이 없어 보였다. 벽돌은 대부분 부서진 상태였고 창문도 거의 깨져 있었다. 아무도 찾지 않는 면직 공장 안을 모험이랍시고 헤집고 다니는 아이들의 우당탕 소리만 이따금씩 들렸다. 이 산업화의 잔재 중 일부는 창고로 새 쓰임새를 찾았고, 1990년대에 이르러서는 전부 뉴욕식의 로프트형 아파트●로 탈바꿈했다. 굳게 닫힌 공장 문을 뒤로하고 친척들은 의류 생산 현장으로, 수많은 영국 의류 브랜드의 산실인 의상 디자인실로, 작은 양장점으로 뿔뿔이 흩어져 출근하며 반대편 '의류 산업'으로 넘어갔다. 유행에 민감하고 멋진 스타일을 자랑하는 지금의 영국도 초기 산업화 흔적을 감출 수 없듯이, 나의 유년 시절 곳곳에도 그 흔적들이 배어 있다.

나는 어려서부터 영국이 어떻게 산업화에 성공할 수 있었는지, 어떻게 유럽, 나아가 서양 국가들이 세계경제의 주역이 될 수 있었는지 궁금했다. 그런데 답을 얻으려고 펼친 책에는 온통 저명한 남성 엔지니어, 남성 기업가, 남성 과학자들, 순전히 남성들의 이야기뿐이었다. 내 고향 맨체스터를 포함해 대도시의 중심, 햇살 좋은 곳에는 이 남성들의 청동 동상이 전시되어 있다. 나는 문득 궁금해졌다. 내 가족의 역사를 들으며 알게 된 사람들, 면직 공장을 가득 채우며 산업혁명의 중심에 섰던 여성들은 모두 어디로 갔을까? 그리고 그 직전 세대의 여성들은? 오늘날 빈곤국의 여성들과도 달리, 그 여성들은 우리가 흔

● 높은 층고에 구획된 공간 없이 시멘트와 벽돌, 배관 등이 그대로 드러난 주거지 유형.

히 생각하는 것보다 높은 수준의 자유를 누렸다. 서양과 나머지 국가 사이에 가장 달랐던 건 여성의 삶, 즉 여성의 자유인 것 같은데 왜 모든 초점은 항상 남성들을 향할까?

그건 여성의 자유를 경제성장의 동력으로 보지 않고, 경제성장의 부산물로 간주하기 때문이다. 사람들은 역사를 만든 주체는 남성이며, 여성 삶의 변화는 역사 발달 과정에서 일어난 부수적인 일쯤으로 치부한다. 남성이 번영을 주도했고 여성은 혜택을 누렸을 뿐이라고 말이다. 이 책의 시각은 다르다.

1장에서는 경제사학자들의 연구를 종합해, 서양이 부유해질 수 있었던 이유를 둘러싼 여러 주장들을 요약하여 살필 것이다. 동시에 그 주장들 속 허점도 짚어볼 예정이다. 이 허점들은 모두 여성을 제외한 탓에 생겼다. 산업혁명의 원인을 두고 의견이 분분하지만, 어느 의견이든 여성을 도외시한다는 점은 다를 바 없다. 지금 상태로는 '서양이 왜 부유해졌는가'를 밝혀낼 수 없다. 방 안의 코끼리를 못 본 체해서 비롯된 일이다. 따라서 2장에서는 산업혁명 뒤편에 감춰진 이야기, 즉 산업혁명 시기 여성들이 어떻게 서양을 부유하게 만들었는지, 그리고 그보다 수백 년 앞서 여성들이 어떻게 경제성장의 씨앗을 심었는지 그 이야기를 들려줄 것이다.

시작에 앞서, 이야기 속 주인공들은 사회적 기대에 저항해 틀을 부순 일부 여성 과학자들과 여성 기업인이 아님을 밝힌다.[3] 나의 고조할머니를 포함해 모든 여성이 이야기의 주인공이다. 이 보통의 여성들은 일과 가정, 출산에 대해 스스로 결정함으로써 지금 알려진 유명한 남성들 못지않게 경제 번영을 이룩하는 데 크게 기여했다.

1장
서양이 앞서간 숨은 이유

노벨 경제학상을 받은 로버트 루카스는 "일단 성장에 대해 생각하기 시작하면 다른 생각은 할 수 없다"라고 했다. 경제성장률을 나타내는 수치가 그저 작은 숫자로 보여도 그 힘은 엄청나다. 연간 2~3퍼센트의 경제성장률이 근소해 보일 수 있으나 수십 년 동안 이 숫자가 반복되면 경제를 변화시키고 삶을 향상하기에 충분한 힘을 가진다. 매년 경제성장률이 1퍼센트일 경우, 1천 달러로 시작한 소득은 50년 후 1천6백 달러 이상으로 증가한다. 수치를 3퍼센트로 올리면 50년 후 소득은 4배로 불어난다. 5퍼센트까지 끌어올린다면 무려 10배 이상이 된다. 경제성장의 비법이 담긴 블랙박스를 봉인 해제할 수 있다면 오늘날 전 세계 수만 명에게 실로 훨씬 나은 삶을 안겨줄 수 있을

지도 모른다. 하지만 위험부담이 크다.

당연한 소리지만 경제학자들은 경제성장에 단단히 사로잡혀 있다 (이 점이 언제나 궁금했다). '성장 이론'을 다루는 모든 경제학 교재는 성장에 어떤 요인이 중요한지 (아닌지) 증명하면서 오로지 성장 과정 모형을 만드는 데 시간과 에너지를 쏟아붓는다. 나의 학부 시절을 돌아보면 그 모형은 대부분 수학적 모형일 뿐, 실제 세상이나 유구한 우리의 역사와는 관련이 없다. 기술적으로 그럴듯하지만 맥락이 없다. 모형의 가정은 정작 성장에 중요한 요인을 간과하도록 만들어지고, 일부 요인은 정량화하기 어렵다는 이유로 포함되지 않는다. 역사는 경제성장에 대해 더 많은 이야기를 들려준다. 이런 이유로 이번 장에서는 경제성장의 과정을 설명하기 위해 역사가 남긴 방대한 증거를 두루 살펴보려고 한다. 차차 보겠지만 번영을 이룩해나가는 과정은 수학적 모형이 나타낼 수 있는 것보다 훨씬 복잡하고 흥미진진하다. 우리가 지금 알고 있는 것과는 많이 다른데, 이는 경제학자들이 몰성적으로gender blindness, 즉 성과 젠더에 대한 인식 없이 과거에 접근했기에 빚어진 결과물이다.

석기시대부터 오늘날까지
간추린 경제성장사

경제사는 늘 단순했다. 비교적 최근까지도 과거를 토대로 크고 포괄적인 두 가지 가정만 해왔다. 하나는 영국의 산업혁명이 경제 전환

점이었다는 것이고, 다른 하나는 언제나 서양 국가가 선두였다는 것이다.[1] 하지만 경제사가 전 세계로 눈을 돌리고 좀 더 깊은 과거를 파고들면서 우리는 겸손해질 수밖에 없었다. 서양이 우위를 점한 건 당연한 일이 아니라 이례적인 상황이었다. 서양이 용케 세계의 사다리를 탄탄히 오른 것은 고작 지난 200년 동안의 일이지, 그 전까지 있었던 모든 괄목할 만한 사건들은 서양 밖에서 일어났다. 무려 수천 년 동안이나 말이다.

지난 수천 년 동안 주요 기술 발전이 모두 유럽 바깥에서 일어났다는 게 현실이다. 농경 생활의 시작, 제조 기술의 발명, 도시의 건설, 종이와 펜(혹은 점토판과 갈대)의 사용 등 최초의 문명은 모두 현재 눈부시게 빛나는 서양이 아니라 서양 밖에서 발생했다. 그들이 '문명화'되는 동안 유럽인들은 여전히 맨발로 뛰어다니며 야생동물을 쫓고 있었다.

세 곳을 주목할 만하다. 비옥한 초승달 지대로 불리며 메소포타미아로 알려진 중동의 티그리스·유프라테스강 유역, 중국의 황허강 유역, 파키스탄과 인도에 걸친 인더스강 유역이다. 기원전 1만 년에서 6천5백 년 사이에 이들 지역에서 농경 생활이 자리를 잡았고, 머지않아 아프리카 남부 동사하라 지역에서도 농경 생활을 시작했다.[2] 이러한 '신석기 혁명'은 그로부터 2천 년이 지나서야 유럽의 서쪽 변방에 도달했다.

농경 생활이 시작되면서 제조업도 발달했다. 정착 생활을 하기 전까지 인간은 동물의 이동을 따라 일정하게 움직였다. 필수품을 제외한 재산 소유는 삶을 번거롭게 만들 뿐이었다. 농경의 탄생과 함께 인간은 뿌리를 내렸고, 물욕이 강해지면서 잡다한 물건을 소유하기 시작했다. 이렇듯 농경 생활이 시작된 지역, 즉 비非유럽에서 면직물, 도자기, 금속 제품 등을 생산하는 제조업이 발달했다. 청동도 재료로 사용되었다.

기원전 3천5백 년경 청동기시대에는 동서양 간 장거리 교역이 발달했다. 중동과 그 너머 지역 상인들에게 유럽은 천연자원의 메카였다. 영국의 콘월과 웨일스를 비롯해 유럽에서 가장 멀고 추운 지역에 청동의 재료인 구리와 주석을 생산하는 광산이 생겨났다. 영국의(사실상 유럽의) 최초 경제 교역은 말 그대로 원시적인 형태였다.

농업과 제조업이 발달한 지역에 도시도 등장하기 시작했다. 예리코Jericho는 최초의 도시 중 하나로 기원전 7천 년경에 발달했다. 중동 지역에는 인류 최초의 문명이라 일컫는 수메르문명이 생겨났고 도시 우르가 건설되었다. 기원전 3천 년경에는 고대 이집트가 모습을 드러냈으며, 레바논 해안에 거주했던 해상무역의 개척자 페니키아인들은 이집트와 레바논을 잇는 길을 무역로로 활용했다. 해상무역은 이후 고대 그리스로 확대되었다.

도시와 무역이 발달하자 문자와 산수가 필요해졌다. 도시를 꾸려가는 것도, 무역을 이어가는 것도 문자 없이는 힘들었을 것이다. 최초의 기술혁명처럼 최초의 문자 발명도 중동, 파키스탄, 중국에서 일어났다. 문자혁명은 지식의 발전을 가져왔고, 수학의 발달은 건축물의 설계와 건설을 가능케 했으며, 궁극적으로 현대 과학의 기틀을 마련했다.

수백 년 동안 낙후된 상태를 면치 못했던 서양이 이 지역들을 따라

잡다 못해 추월한 것은 기적에 가까운 일이다. 과거에는 역사학자들이 고대 그리스와 로마의 성과를 강조했지만, 그 성과라는 것이 최초 문명들에 얼마나 빚지고 있는지 이제는 모두 안다. 고대 그리스의 뿌리는 페니키아인에게 도전장을 내민 소규모 무역상들로 거슬러 올라간다. 이들은 페니키아인과 리디아인, 바빌로니아인들로부터 화폐, 합자회사, 은행, 보험, 알파벳 등 문자와 상업 기술을 익혔다. 역사를 아무리 살펴봐도 유럽은 혁신을 만들어내는 존재가 아니라 동화하고 흡수하는 존재에 불과했다. 이미 수십 년 전에 케임브리지대 조지프 니덤 교수가 밝혔듯이, 로마인들이 유럽 전역으로 뻗어나갈 당시에도 중국이 여전히 앞서나가고 있었다. 낯설겠지만 세계에서 가장 가난한 지역으로 꼽히는 아프리카도 당시에는 범세계적으로 볼 때 평균에 속했다.[3] 유럽은 확실히 선두 주자가 아니라 후발 주자였다.

로마제국의 쇠퇴와 함께 유럽은 암흑시대에 접어들었다. 현대사는 이 암흑기를 규명하는 데 보다 집중하지만 아무튼 당시 유럽은 불안정했다. 사회는 크게 분열했고, 강력한 하향식 국가에 기대기보다 무역 제도와 정치제도를 밑에서부터 새로 만들어가야 했다. 중세 시대 부의 중심지는 이탈리아였는데, 이탈리아가 쌓아 올린 부의 대부분은 여전히 훨씬 번성했던 동양과의 교역을 통해 이룬 것이었다.

유럽의 다른 국가들에게 이탈리아는 따라 할 수 있을 것 같은 유일한 성장 모델이었다. 그들은 이탈리아를 부러운 마음으로 지켜보면서, 베네치아 같은 도시와 경쟁하려면 동쪽을 개척해서 이탈리아의 독점 무역을 깨부수어야 한다고 판단했다. 스페인과 포르투갈, 그리고 훗날 영국이 되는 국가의 각 왕실은 동양의 문을 열고 오기를 바라며 탐험가와 항해사를 바다로 떠나보냈다. 바스쿠 다가마는 아프리카 남쪽 곶을 돌아 인도양에 입성하여 마침내 포르투갈에 새로운 무역로를 선사했다. 크리스토퍼 콜럼버스는 다른 항로를 택했다. 중국의 뒷문을 열 수 있으리라 기대하며 서쪽으로 나아간 콜럼버스는 어딘지도 모른 채 아메리카 대륙에 발 도장을 찍었다.

뒤이어 유럽이 세계 다른 지역과 교전을 벌이는 암울한 시대가 닥쳐왔다. 유럽은 토착민을 착취하고 죽였으며 담배, 설탕, 면화를 거래하듯 토착민의 삶을 사고파는 노예 매매를 자행했다. 노예 매매는 대규모로 이루어졌다. 배편으로 미국으로 옮겨진 아프리카인의 수는 1,100~1,250만 명에 이른다.[4]

유럽은 아메리카 대륙에서 축적한 부 덕분에 향신료, 비단, 도자기 같은 극동 지역의 정교한 제품들을 더 많이 차지해나갈 수 있었다. 신대륙 식민지에서 동양과의 무역에 필요한 실물, 바로 동양이 그토록 갈망하는 은도 손에 넣었다. 유럽의 관점에서 보면 최초로 글로벌 시대가 열린 셈이다. 16세기 전반의 세계 무역 성장률(연간 2.4퍼센트)은 20세기(연간 3.44퍼센트)와 큰 차이가 없다.[5]

엄밀히 말하자면 스페인과 포르투갈이 최초의 거상이자 식민지 개척자이긴 해도 산업화를 이루고 지속적인 경제성장을 낳은 주역은 아니다. 네덜란드도 발트해와 지중해를 잇는 국제무역에서 명성을 떨치고 유럽 상인으로 이름을 드높였지만, 최초의 산업혁명을 이끌지 못했다. '왜 서양인가?'라는 질문에 단순히 유럽의 대외적인 무역과 정치 활동만으로 대답할 수 없다. 이들의 무역과 정치 활동은 오히려 토착민에게 파괴적이고 폭력적인 만행이었다.[6] 이런 일이 없었더라면 산업혁명은 아마도 좀 더 이른 시기에 더 광범위하게 일어났을지도 모른다. 그 누구도 이탈리아, 스페인, 네덜란드가 아닌 영국이 중앙 무대에 등장하리라 생각지 못했을 것이다.

18세기 말부터 19세기 초, 영국의 산업혁명이 전속력을 내자 동서양 간 판도가 바뀌기 시작했다.[7] 서양이 발전하는 동안 동양은 퇴보했다. 지중해 지역과 유럽 북서부 지역, 아프리카 대륙과 아메리카 대륙, 북아메리카와 남아메리카의 운명도 뒤바뀌었다. 동력이 같았든 아니든 전 세계는 재편되고 있었다.

이렇듯 세계의 역사를 살펴보면 왜 하필 유럽이 경제성장을 이끈 산업혁명의 발원지가 될 수 있었는지 이해하기가 더 힘들다. 산업혁명으로 촉발된 경제성장은 지난 200년 동안 우리 생활수준을 눈에 띄게 변화시킬 만큼 충분히 높은 수준에서 오래 지속되었다. 최근 극동 지역이 다시 부상하고 서양은 경제성장 침체기를 겪고 있다. 이 현상을 이해하기 위해서라도 서양의 부흥 원인을 밝혀내지 않으면 안 된다. 서양이 이 발전을 유지할 능력이 실제로 있는가? 이 질문에 대한 대답도 서양의 부흥 원인을 제대로 파악해야 가능하다. 그 원인이 약이었든 독이었든, 혹은 우연적이고 피상적이었든 근본적이고 장기간에 걸친 원인이었든 말이다.

다섯 가지 교훈

경제사학자들은 지금도 과거와 씨름 중이고 경제성장의 원인을 둘러싼 논쟁도 여전히 치열하다. 그래서 서양의 부흥 원인을 다룬 기존 연구들로부터 내 나름의 다섯 가지 교훈을 꼽아보았다. 방대한 연구 결과를 다섯 가지로 압축하여 간추렸기에 어쩔 수 없이 무리가 있지만 현 상황을 살피는 데 유용할 것이다. 각각의 교훈이 '서양이 부유해질 수 있었던 이유'를 밝히는 데 중요한 내용을 담고 있지만 이들을 하나로 종합해보면 몰랐던 사실이 드러난다. 어떻게 현재에 이르게 되었는지 연구하면서 여성은 전혀 고려하지 않았다는 것이다. 여성의 자유는 방 안의 코끼리 같은 존재다. 여성의 자유에 주목하지 않고서는 '왜 서양인가, 그리고 왜 영국이 최초인가'라는 질문에 제대로 대답할 수 없다.

교훈 1: 시장은 거들 뿐

1776년 애덤 스미스가 국부론을 발표한 뒤로 경제학자들의 시장 집착이 얼마나 대단했던지 아직까지도 20파운드 지폐 뒷면은 애덤 스미스의 얼굴이 차지하고 있다.* 시장 기반의 접근법은 특히 세계 금융 위기 때 엄청난 비판을 받았다.[8] 근본적으로 시장 중심의 성장론은 개인으로서의 인간을 신뢰한다. 시장 중심의 성장론에 따르면 성장은 하향식으로 이루어지는 게 아니라 상향식으로 이루어지는 것이다. 국가 주도로 성장이 창출되는 것이라기보다는 각 개인의 노력을 강조한다. 시장 중심의 성장론은 개개인이 서로 교류하고 새로운 사업을 시작하고 새로운 기술을 찾고 새로운 제품을 만들어낼 수 있도

* 2020년 2월에 화가 윌리엄 터너의 얼굴로 바뀌었다.

록 개인의 자유를 지지한다. 개개인의 모든 노력이 인류 발전의 원천이라 보기 때문에 서로 다른 생각과 발상을 가진 수많은 개인들이 만들어내는 다양성을 중시한다. 또한 시장이 사람들에게 농노제, 노예제, 그리고 여성을 집안에 가두는 가부장적 가족제도에서 벗어날 기회를 제공한다고 말한다. 하지만 사람들이 시장을 인정하든 말든, 역사를 보면 시장만으로는 충분하지 않다. 그 옛날 고대 바빌로니아부터 중세, 근세, 근대 유럽이 남긴 증거를 살피고 경제사학자들의 연구를 종합해보니 기나긴 인류사 속에서 시장이 어떻게 진화했는지 그림이 그려졌다.[9] 시장 중심의 성장론이 맞다면 이 발전상도 단순해야 한다. 즉 서양이 부상하기 전까지는 시장도 별로 발달하지 않았어야 한다. 하지만 사실은 다르다. 시장은 '근대'의 발명품도, 서양의 전유물도 아니었다.[10] 역사를 보면 중동, 아시아, 일부 아프리카 지역에도 고대 시장이 있었다.[11] 물론 지난 200년 동안의 무역 및 시장 활동 규모는 그 이전 시대와는 차원이 다른 수준으로, 그 덕분에 경제성장이 가능했고 동시에 경제가 성장했기에 규모가 그처럼 확대될 수 있었다. 그 결과 증기 엔진부터 컴퓨터에 이르기까지의 신기술이 출현하면서 세상이 더 작고 더 균일해졌다.

정리해보자. 근대의 번영이 있기 훨씬 전부터 시장이 존재해왔다는 사실을 고려하면, 시장이 경제 번영에 주요 요소이기는 하지만 지속적인 경제성장을 이루려면 시장만으로는 충분하지 않다.[12] 불을 지피려면 시장 말고 다른 게 필요하다. 정확히 그게 무엇인지 알려면 시장을 이용한 사람들이 아니라 시장을 이용하지 않은 사람들, 즉 배제되었던 사람들을 살펴야 한다. 어떤 사람들은 시장을 천하다 여겨 자발적으로 배제를 선택했는데, 디드러 매클로스키가 주장했듯이 이런 행동은 경제 번영에 도움이 되지 않는다.[13] 나머지는 스스로 원치 않았지만 배제된 사람들, 바로 인구의 절반을 차지한 여성들이었다. 다음 장에서 다루겠지만, 여성이 시장 활동에 참여했을 때 얻는 이익은 적지 않다. 남성이 관여하는 시장의 이익을 넘어선다. 산업혁명이 시작된 유럽 일부 지역에서 가장 두드러졌던 점 중 하나는 유럽의 나머지 지역은 물론 세계 대부분 지역에 비해 여성의 시장 참여에 대한 제약이 상대적으로 적었다는 것이다.[14]

교훈 2: 중요한 건 제도

시장은 진공상태로 존재하지 않는다. 시장이 제 기능을 발휘하려면 뒷받침해주는 제도가 반드시 필요하다는 뜻이다. 경제학자 더글러스 노스는 경제학 담론에 제도, 특히 민주제와 지금의 법체계 같은 재산권을 보호하는 제도를 도입하여 노벨 경제학상을 받았다.[15] 소유권을 보장받지 못하면 열심히 일할 이유도, 사업체를 차릴 이유도, 미래에 투자할 이유도 없다. 군주나 마피아가 재산을 끊임없이 빼앗는다면 창의적인 욕구가 줄어들 수밖에 없다. 제도가 개인의 창의성을 자극하기보다 타인의 노력에 기대게 하거나 이를 무시하게끔 하는 등 잘못된 자극을 준다면 개인이 서로 교류한다고 해도 결과는 생산적일 수 없다. 그래서 법적·정치적 제도가 경제 번영에 중요하다. 올바른 제도가 뒷받침되면 시장은 우리를 번영의 길로 안내할 수 있다.

그런데 올바른 제도의 중요성을 강조하면서도(누가 나쁜 제도를 원하겠는가), 경제학자들은 제도를 다소 선택적이고 피상적으로 다룬다.

아마 좋은 제도와 관련해 역사적 사례를 찾아봤기 때문에 선택적인 입장을 취하는 걸지도 모르겠다. 가령, 정치제도의 경우 1668년 영국의 명예혁명을 살펴볼 수 있다.[16] 명예혁명은 프랑스혁명보다 덜 유명하지만, 그보다 100년 전에 일어나 권력의 이동을 가져왔다. 즉 비선출직 군주가 아닌 선출직의 의회가 권력을 가지게 되었다. 이제는 이렇게 말해도 무리가 없을 것 같은데, 이처럼 민주제가 도입된 덕분에 그로부터 100년 후 영국에서 산업혁명이 발발할 수 있었다. 사실 명예혁명이 있기 전부터 민주제는 존재했다. 중세 시대에도 의회는 있었다. 중세 의회는 튜더 왕조와 스튜어드 왕조에게 짓밟히기 전까지 실제로 작동했다.[17] 그런 의미에서 명예혁명은 의회 권력을 되찾기 위한 혁명이었다.

'좋은' 제도를 찾아 부국의 역사를 살피기도 하지만, 빈곤국의 역사를 살펴 '나쁜' 제도의 사례를 찾기도 한다. 성경에서도 말하듯이 '구하라 그러면 찾게 될 것이다.' 예를 들어 중동, 아프리카, 중국의 몰락 원인에 대해 조사하다 보면(중동은 이슬람 율법, 아프리카는 식민지화, 중국은 몽골 침략이 원인이었다) 나쁜 제도들이 눈에 띈다.[18] 그런데 좋은 제도는 있었으나 지속적인 경제성장을 달성하지 못한 경우, 나쁜 제도가 존재했지만 경제 번영을 이룩한 경우, 이와 같은 사례는 접하더라도 대충 넘어가거나 가볍게 이해하고 넘어갈 때가 있다. 관련하여 네덜란드 공화국은 민주제를 도입했지만 산업혁명의 발상지가 되지 못했다. 그리고 아프리카가 번영하지 못한 이유를 제도 탓으로 돌리지만[19] 사실 경제학자들이 인정하는 좋은 제도 가운데 일부는 아프리카 일부 지역에서 시작되었다. 아프리카에는 폭군밖에 없다는 말은 유럽 출신 탐험가와 식민주의자, 선교사가 퍼트린 유언비어일 뿐이다.[20] 더욱이 중국은 최근 경제성장의 기적을 맞본 국가인데, 서양 경제학자들이 말하는 성장에 유리한 제도를 갖추고 있지 않다. 꼭 좋은 제도만이 경제성장을 가져오는 건 아니다. 폭넓은 교육이나 기술 지원 같은 한두 가지 훌륭한 정책을 통해 경제성장이 일어나고, 이후 그 경제성장의 부산물로서 제도적 개선이 일어나는 것도 가능하다.[21]

제도를 대하는 경제학자들의 태도는 가끔 선택적일 뿐만 아니라 피상적이다. '제도'라는 용어는 포괄적인 개념이 되었다. 즉 우리가 일상에서 접하는 유인책들, 즉 ('올바른' 제도라는 가정하에) 직접적이든 간접적이든 가능한 최상의 경제적 결과를 낳도록 작용하는 유인책들에 영향 끼치는 모든 것을 지칭한다. 샤일라그 오길비와 A. W. 카루스가 지적한 대로, 그 포괄성 때문에 경제학자들은 상당히 신중하게 굴고 확실한 것만 말하려고 한다.[22] 제도의 복잡성, 제도가 긍정적·부정적 영향을 끼치는 방식, 각 제도가 상호작용하는 방식 같은 건 무시하고 오로지 제도를 흑백논리로 보는 경향이 있다. 게다가 '뭐든 좋겠지' 식의 가정, 즉 어떤 제도가 있다면 그건 당면한 사회문제에 그 제도가 '최적의 해결책'이기 때문일 거라는 가정도 있다. 결국 경제학자들은 최적성의 관점에서 생각하기를 좋아한다.

제도는 여러 가지 얼굴을 가질 수 있으므로 똑같은 제도라도 부국인지 빈곤국인지에 따라 유불리 논의는 달라질 수 있다.

마지막으로 중요하게 지적할 점이 또 있다. '공식' 제도는 커다란 관심을 받지만 '비공식' 제도는 주목을 끌지 못한다. 제도는 오래전부터 또 다른 포괄적 용어인 '문화'와 떼려야 뗄 수 없는 사이가 되었다. 사회학자들은 제도를 연구할 때 좋은 경제가 좋은 문화를 낳고 나쁜 경제가 나쁜 문화를 낳는다고 가정해왔다. 문화가 경제에 영향을 미친다고 저명한 사회학자들이 오래전부터 주장했건만 경제학자들은 논리가 빈약하며 피상적이라고 이 주장을 묵살해왔다.[23] 문화를 고려할 때라도 경제학자들은 문화를 자기들이 말하는 '사회자본' 형태로 재포장하여 다루기 일쑤였다.

그런데 최근 들어 경제학자들이 문화에 진지하게 관심을 기울이기 시작했다. 특히 최근 한 연구는 (시장과 마찬가지로) 공식 제도만 고려해서는 경제 번영을 설명할 수 없다고 주장한다.[24] 그 증거로서 어느 국가에 속해 있든(그래서 어떤 제도하에 있든) 동족 집단이 상대적으로 좋은 경제적 성과를 거둔다는 점,[25] 동일한 공식 제도라도 장소에 따라 효과가 달라질 수 있다는 점을 꼽는다.[26] 확실히 문화가 중요해진 듯하다.

문화를 정의하는 방식은 다양하지만(어떤 연구에서는 그 정의가 무려 164개다),[27] 교육이나 모방 등의 사회 전달 방식을 통해 개개인이 서로 주고받는 정보, 그리고 개인의 행동에 영향을 주는 정보도 문화로 정의될 수 있다.[28] 위험을 대하는 태도, 가족과 낯선 사람을 대하는 태도, 뇌물 수수 용인 등 규칙 위반을 대하는 태도도 문화에 포함될 수 있다. 결정적으로, 디드러 매클로스키가 지적했듯이 문화는 시장과 기업가 정신, 생산을 대하는 태도도 포함한다. 그 태도라 함은 무역과 노동, 생산을 위해 적극적으로 노력하는 행위를 용납하느냐 마느냐에 대한 결정이다(무슨 말인가 싶지만, 지금 당연하다고 해서 과거에도 당연했던 건 아니다).²⁹ 이 논의에 여성을 끌어들이는 데도 문화가 열쇠가 되어준다. 사실 문화를 측정하기는 상당히 어렵다. 그래서 정량적 기법을 선호하는 경제학자들이 문화를 등한시하는 건지도 모르겠다. 최근에는 경제사학자들이 새로운 문화 측정법을 연구하고 있다. 세대에서 세대로 전승되는 믿음과 이야기, 관습 등 민속의 여러 측면을 비교하고 정량화하는 방법을 찾는 식이다.³⁰ 다음 장에서 여성에 대한 태도와 관행의 역사를 살펴볼 것이다.

문화는 공식 제도와 관계없이 경제 번영에 영향을 미치지만, 공식 제도가 발전하고 성공하는 데도 문화가 영향을 끼친다.³¹ 제3부에서 다루지만, 가족 체계 중 여성의 자유를 지지하는 가족 체계는 좋은 제도를 출현시킬 수 있다. 가족이 확장된 혈연집단, 즉 자급자족하고 구성원의 행동을 철저히 감시하는 혈연집단을 포함하는 곳이라면 '가족 외 구성원'들과 신뢰를 형성하고 협력하는 것 자체가 매우 힘들어진다. 신뢰와 협력이 없다면 족벌주의적 관행이 선호될 뿐 폭넓고 깊이 있는 시장이 발달하기도, 국민에게 힘이 되어주는 국가가 출현하기도 어렵다.³² 거의 언급되지 않는 이야기이지만, 이런 가족 체계야말로 여성의 자유에 가장 해로운 체계다. 독립적인 삶을 위한 여성의 능력 계발을 금하고, 집안 살림을 여성의 의무로 규정하고, 집안의 명예를 위해서 때로는 폭력도 불사하며 여성에게 순종을 강요한다.³³ 곧 다루겠지만 여성이 집 밖 시장에서 기회를 찾는 순간 이 같은 가족 체계는 무너지기 시작한다.

여성을 논의에 끌어들이면, 민주제를 도입한다고 해서 기대했던 이익이 늘 따라오는 건 아니라는 사실의 원인을 알 수 있다. 가부장제

문화는 민주주의보다 전체주의를 떠받치는 데 훨씬 유리하다. 반대로 여성이 평등한 대우를 받고 젊은이들이 '아버지'보다 힘이 센 문화에서는 모든 청년들이 침묵하지 않고 당당히 권력자들에게 맞서며 그들에게 책임을 묻는다.

경제 번영을 뒷받침하는 제도들을 만들고 유지해가는 문화적 관습의 뿌리에는 여성의 자유가 있다. 유명 페미니스트*가 외쳤듯이, '개인적인 것이 정치적인 것이다.' 안타깝게도 경제학자들은 아직도 삶의 사적 영역과 공적 영역을 통합하는 데 주저하고 있다.[34]

교훈 3: 시장 안팎의 요구는 결국 자유

경제성장을 논할 때 일반적으로는 대부분의 공을 시장에 돌리지만 경제 발전의 기본 동력인 지속적 과학·기술의 발달은 자유를 필요로 한다. 시장이 요구하는 자유를 뛰어넘는 수준의 자유 말이다.

조엘 모키르에 따르면, 산업혁명을 비롯해 지속적인 경제성장을 이끈 과학·기술 활동이 유독 유럽에서 크게 증가한 원인은 시장만으로 설명할 수 없고 계몽주의가 필요하다.[35] 17세기 후반에 태동해 18세기에 가속화된 계몽주의는 세상을 완전히 새로운 방식으로, 즉 과학적으로 바라보도록 바꿔놓았다. 사람들은 더 이상 운명이나 마법 등 보이지 않는 어떤 신성한 힘이 세상을 움직인다고 생각하지 않았다. 대신 모든 일들이 과학 법칙에 따른 결과물이라고 생각하기 시작했다. 과학 법칙이란 우리 인간이 더 나은 삶을 살고자 자연을 이용하

* 캐럴 해니시, Carol Hanisch.

는 과정에서 연구하고 알아야 하며 활용해야 하는 것이었다. 계몽주의는 개인이 삶을 통제할 수 없다는 느낌, 다시 말해 운명을 좌지우지할 수 없다는 생각을 버리고 자연을 이용함으로써 충분히 발전할 수 있다고 믿게 만들어주었다. 실제로 우리에게 그만한 힘이 있었고, 발전은 가치 있는 일이라는 생각들을 했다. 모키르의 말을 빌리자면 발전은 실현 가능하고 바람직한 것이 되었다.

그때부터 유럽인들은 금식, 기도, 성물 구입이 아니라 혁신과 투자, 그리고 더 오래 더 집중적으로 일하는 데 돈과 시간을 쓰기 시작했다.[36] 과학 발전을 촉진하는 데 중요한 가치, 즉 새로운 발상에 열린 자세를 취하고 수용하는 태도, 신분보다는 능력, 그리고 표현의 자유를 중시하는 태도가 권위주의를 몰아내었다.

하지만 계몽주의를 서양의 부흥 원인으로 꼽기에는 무리가 따른다. 그 당시 다른 지역은 미개했다는 뜻으로 잘못 해석할 가능성이 있기 때문이다. 최근 연구에서 모키르는, 이를 바로잡기 위해, 중국과 중동 사람들의 지적 능력은 충분했지만 정치권력자들이 그 능력을 발휘하지 못하도록 억압했다고 지적했다.[37] 과학이 발전하려면 국가가 성장의 불을 꺼버릴 정도로 너무 거대해져도 안 된다는 것이다. 유럽의 경우 여러 국가로 분할되어 있던 덕에 지식인들이 국경을 넘나들며 억압을 피할 수 있었는데, 이것이 과학 발전을 지속하는 데 결정적이었다.[38]

흥미롭게도 계몽주의는 어떤 면에서 '자본주의' 또는 '시장'과 정반대되는 가치를 추구한다. 계몽주의는 서로 자유롭고 솔직하게 의견을 나누는, 보다 협력적인 연구 정신을 만들어냈다. 시장의 정신과 달리, 과학자들을 움직이는 힘은 대개 돈이 아니라 호기심, 지적 발견, 동료의 인정, 그리고 인류의 고통을 덜어주려는 마음 같은 것이다.

경제학자들은 자유를 생각할 때 항상 시장을 먼저 떠올린다. 상인과 기업가의 자유를 생각하는 것이다. 요즘은 모키르를 따라 지식인(기본적으로 자신들과 같은 부류의 사람들)의 자유를 강조하기도 한다. 그런데 디드러 매클로스키가 부르주아 3부작*에서 제안했듯이,[39] 자유 개념을 훨씬 더 폭넓게 생각해야 한다. 국가가 어디든, 부모가 누구든, 성별이 무엇이든, 이에 구애받지 않고 살 수 있는 게 자유다.

이런 삶을 살려면 자신을 당당하게 드러낼 자유가 필요하다. 화합을 강요하는 사회는 일반적으로 개인의 다양한 시도를 제한한다. 과거 아프리카는 사회적 물의를 일으키는 자를 '말썽꾼'으로 낙인찍어 노예 무역상에 팔아넘기는 등 노예 매매를 사회 통합 수단으로 활용했다.[40] 성공한 사람을 포함해, 세간의 이목을 끄는 사람은 '주술 사용죄'를 적용받곤 했다. 그저 일을 잘해도, 예컨대 새로운 종자로 수확량을 대폭 늘려도 마녀로 몰릴 위험이 있었다.[41] 이러한 분위기는 뭔가 노력하고 새로운 시도를 하려는 개인의 의욕을 꺾는다. 장필리프 플래토에 따르면, 오늘날에도 아프리카 시골 지역에서는 여전히 주술 사용죄가 적용되고 있다. 경제적 기회를 통해 가구 간 격차가 생기면서 오히려 증가하는 추세다. 16~17세기 유럽에서도 주술 사용죄는 빈번했다. 당시 재판받은 10만 명 넘는 사람들 가운데 4만~6만 명이

• 매클로스키의 세 책 《부르주아 덕목Bourgeois Virtues》, 《부르주아 품격Bourgeois Dignity》, 《부르주아 평등Bourgeois Equality》을 말한다.

처형당했는데, 그중 80퍼센트가 여성이었다.[42] 흥미롭게도 산업혁명의 발상지인 영국에서는 그 같은 마녀재판이 상대적으로 적었다.[43] 개인의 차이를 인정하는 문화는 경제성장에도 도움이 되는 법이다.

계몽주의는 포괄적인 의미의 자유가 아닌 엘리트 지식인의 자유에 관한 이야기이기도 하지만, 오로지 남성에 초점을 맞춘 이야기이기도 하다. 시간이 흘러 메리 울스턴크래프트● 같은 이들이 여성도 남성과 똑같이 이성적인 생각을 할 수 있다고 주장했다. 그러나 여성이 여전히 이등 시민에 속하던 시절, 오늘날과 비교해 피임 기술이 거의 전무했던 시절에 '자유' 개념이 발달한 상황이라, 가장 중요한 여성 신체의 자유는 의제에서 빠져 있었다. 여성의 자유나 남성의 자유나 다를 바 없다고 생각했다. 여성과 남성의 결정적인 차이, 즉 임신과 출산을 스스로 통제하지 못하는 한 여성은 결코 자유로울 수 없다는 차이는 보지 못한 채 말이다.

유럽에서 계몽주의가 탄력을 받기 시작한 바로 그 무렵, 유럽의 많은 지역에서는 임신중지, 미혼 여성의 출산, 성매매를 강력히 처벌하는 등 여성의 임신과 출산, 성생활에 대한 제약을 강화했다.[44] 메리 위스너행크스의 지적처럼, 당시 유럽 당국은 다른 어떤 범죄보다도 영아 살해를 중죄로 다스리며 많은 여성을 처형했고(마녀사냥과 별개로) 미혼모의 고용을 금지했다. 그리고 수용 시설을 지어 매춘 여성, 혼전 순결을 지키지 않은 여성('간음자'라 칭하며), 심지어는 예쁘니까 매춘을 하거나 간음을 저지를 위험이 있다고 용모가 아름다운 여성

● Mary Wollstonecraft. 페미니즘의 선구자로 알려진 18세기 영국 페미니스트.

들을 감금하였다. 버려진 아이가 발견될 경우 마을의 모든 미혼 여성의 젖가슴을 살피라고 산파들에게 지시하기도 했다. 18세기의 어떤 독일인 의사는 황당한 제안까지 했는데, 모든 미혼 여성은 한 달에 한 번 대중 앞에서 목욕하여 자신이 처녀임을 '증명'해야 한다는 것이다. 그래야 출산의 흔적이 있는지 확인하고 처벌할 수 있다면서 말이다. 메리 위스너행크스의 말 그대로, "감옥은 본디 재판 전까지 혹은 추방 전까지 사람들을 구금하기 위한 장소였다. 성범죄 명목으로 여성들을 투옥한 일은 유럽에서 감옥을 억류 장소가 아닌 처벌 수단으로 사용한 최초의 사례다."[45] 여성이 자신의 (머리뿐만 아니라) 몸을 자유롭게 사용할 자유는 당시 '자유' 의제에 포함되지 않았으며, 이러한 상황은 오늘날에도 이어져 여성의 신체 자율권을 위태롭게 하고 있다. '국제 금지 규정 global gag rule'●이 보여주듯 피임과 임신중지도 제한적이며, 노르딕 모델●●의 공격 속에서 성 노동자의 권리에 대한 논의도 쉽지 않다.

    제4부에서 자세히 다루겠지만, 계몽주의의 지대한 영향 탓에 경제학은 여성을 소외시키는 방향으로 발전하였다. 앤 매클린톡이 지적했듯이 계몽주의 운동의 중심에는 남성이 성적으로 여성을 지배한다는 은유가 깔려 있었다. 예컨대 자연은 여성, 이성은 남성으로 표현되며, 자연(여성)이란 이성(남성)에 의해 지배되고 길들여지기를 기다리는 존재로 그려졌다. 이국땅 탐험에 대한 묘사도 마찬가지였다. 유럽

●   임신중지를 지원하는 비정부기구에 대해 미 연방정부의 자금 지원을 막는 정책으로 '멕시코시티 정책'이라고도 불린다.
●●   북유럽 일부 국가가 시행하는 성매매 금지 정책으로, 성매매 판매자에 대해서는 처벌하지 않고 구매자를 처벌함으로써 성매매 시장이 축소되는 결과를 가져왔다.

인이 토착민과 처음 마주하게 되는 장면은 흔히, 하얀 피부에 갑옷으로 무장한 강인한 유럽인이 열대의 뜨거운 햇살 아래 알몸으로 누워있는 '쉬운' 여성, 그의 손길을 기다리고 그의 이성을 통해 '문명화'되기를 기다리는 여성을 우연히 만나는 것으로 묘사되었다.[46]

서양의 부흥에 대해 설명할 때 계몽주의를 일반적으로 언급할 테지만, 계몽주의가 배제한 집단을 통해서 무엇이 성장을 주도했는가 못지않게 무엇이 성장을 제한했는지를 확인할 수도 있다. 여성의 자유를 배제하지 않았더라면 서양은 더 빨리 더 강하게 일어섰을지도 모른다. 그러니 여성의 자유도가 그나마 높았던 (그리고 덜 후퇴했던) 유럽 지역에서 산업혁명이 시작된 건 놀라운 일이 아니다.

교훈 4: 성장에 기여한 건 뜻밖에도 고임금

카를 마르크스가 등장한 이래로, 경제성장을 저임금 노동자를 착취한 결과로 이해하는 사람들이 많아졌다. 투자와 확장에 눈이 먼 자본주의자들이 '잉여가치'를 뽑아내고자 저임금 노동자를 착취했다고 말이다. 마르크스는 산업혁명이 인클로저 운동을 통해 농민들에게 토지권을 빼앗은 결과물이라고 주장했다. 인클로저 운동으로 인해 공유지가 사유화되는 바람에 공장 소유주에게 착취당하기 쉬운 '노동 계층'이 생겨났다는 게 마르크스의 주장이었다. 최근에는 산업혁명과 유럽의 발전이 값싼 노예노동 덕이라는 주장이 제기되기도 한다.[47]

하지만 값싼 노동에 의존했기 때문에 경제성장이 고작 이 정도인지도 모른다. 이는 로버트 C. 앨런이 내린 연구 결과로, 앨런은 연구에서 산업화와 지속적인 경제성장이 시작된 곳은 세계에서 인건비가 최고로 낮은 지역이 아니라 상대적으로 높은 지역이었다고 지적했다.[48] 앨런은 산업혁명의 발상지인 영국이 사실상 고임금 국가였다며, 임금이 높으면 공장주는 어쩔 수 없이 인건비를 절약하기 위해 생산을 가능케 할 기계를 찾고 개발할 수밖에 없다고 보았다. 높은 임금 덕분에 '상아탑'에 갇혀 있던 과학적 아이디어가 공장 작업 현장이라는 '실제' 세계에 구현되었고, 그 결과 생산성이 향상되면서 경제성장이 일어날 수 있었다는 것이다. 19세기 후반과 20세기 초 산업화의 중심은 영국보다 훨씬 임금이 높은 미국으로 이동하였다. 이후 더욱 기계 집약적인 경제성장, 대량생산에 기반한 경제성장 노선에 접어들었고, 임금 상승과 생산성 상승 간의 선순환이 일어났다.

앨런의 주장처럼 고임금이 경제성장의 원인이라면 고임금은 어디서 시작되었을까. 앨런은 노동의 '수요'가 많아지면서 임금이 높아졌다고 설명했지만 노동의 '공급' 측면도 고려해야 한다. 그리고 그러려면 인구 재생산과 여성의 자유를 논의에 끌어들여야 한다.

고임금이 경제성장에 유리하다는 주장이, 값싼 노동력을 배경으로 하는 성장 모델과 대치된다고 해도, 앨런의 연구는 최근 열띤 논쟁을 불러일으키고 있다. 제기된 반론은 크게 세 가지다. 첫 번째 지적은 앨런이 영국의 임금을 지나치게 높이 잡았다는 것,[49] 두 번째는 유럽 다른 지역의 임금도 더 높게 책정해서 봐야 한다는 것이다.[50] 세 번째는 제인 험프리스의 연구에서 보듯이 여성과 아이들에게는 고임금이 제공되지 않았다는 것이다.[51] 아일랜드 출신을 포함한 이주 노동자들의 보수도 형편없었다. 그러니 산업혁명의 배경으로 고임금을 논하는 것은 계몽주의와 마찬가지로 대부분 남성(그것도 백인 남성) 중심적인 사고에서 비롯됐을 뿐이다.

영국에 저임금 노동이 있었는지 증명한다고 치자. 저임금 노동이 산업혁명의 방해물이 아니라 산업혁명의 동력이었음을 증명하는 건 다른 문제다. 상관관계가 곧 인과관계를 뜻하지는 않기 때문이다. 임금이 더 높았더라면 산업혁명이 훨씬 더 빨랐을지도 모른다. 이 책에서 차차 설명하겠지만, 저임금이 혁신의 필요성을 줄여 산업혁명을 더디게 만들었을 수도 있다.[52] 그게 사실이라면 저임금은 이중으로 비극적이다. 노동자들에게는 물론 경제에도 도움이 되지 않기 때문이다. 모두가 패자인 셈이다. 영국이 어느 정도로 임금이 높았는가, 그리고 그것이 여성의 삶과 얼마나 관련되어 있는가에 대해서는 논쟁이 가능하지만, 저임금이 지속적인 경제성장에 방해가 될 수 있음은 부인하기 어렵다. 영국은 세계 어느 지역보다 여성의 자유 수준이 높았다. 당시 영국 여성들이 오늘날과 비슷한 수준의 자유를 누렸더라면, 영국은 훨씬 더 눈부신 경제성장을 이뤄냈을 수도 있다.

교훈 5: 성장이 멈추는 원리

경제성장이 왜 시작되는지 이해하는 것으로는 충분하지 않다. 경제성장이 왜 멈추는지도 우리는 알아야 한다.[53] 앞서 말한 대로, 산업혁명이 일어나기 수백 년 전에 먼저 팽창의 신화가 있었다. 경제가 역동할 수 있었던 어떤 역사적 시기가 있었다는 말이다.[54] 역사에서 운명이 뒤바뀌는 순간이 여러 번 있었다. 지중해와 북서부 유럽 사이(1350년 이후),[55] 서아프리카와 아메리카 대륙 사이(1500년 이후),[56] 미국

남부와 북부 사이[57]의 운명이 뒤바뀌었다. 아시아와 유럽 사이에서도 (1800년쯤),[58] 20세기 중반 라틴아메리카와 아시아 사이에서도[59] 운명의 역전이 일어났다. 문명의 발상지인 그 어떤 문명국가도 서양만큼 생활수준을 크게 변화시킬 정도로 충분히 높은 수준에서 오랫동안 경제성장을 유지하지 못했다.

역사는 경제성장의 둔화 이유를 최소한 세 가지는 알려준다. 첫 번째는 인구 증가이고, 두 번째는 환경 파괴이며 세 번째는 정치다. 세 가지 이유를 각각 살펴 서양이 지금과 같은 경제적 활약을 계속 펼칠 수 있을지 알아볼 것이다. 그리고 젠더에 주목한다면 여성의 자유가 얼마나 중요한 요소인지도 알게 된다.

1. 인구

산업혁명이 태동하기 직전, 영국이 기적적으로 일어서기 시작하자 토머스 맬서스는 아이러니하게도 이 상황을 비관했다. 지속적인 경제성장과 관련해 맬서스는 잘 알려진 대로 암울한 전망을 내놓았다. 맬서스에 따르면 인구는 '기하급수적'으로 늘어나는 반면, 지구의 식량 및 원자재 제공 능력은 '산술급수적'으로 향상되기 때문에 인구 증가 속도를 따라가지 못한다. 맬서스는 신기술 등으로 경제성장이 언제 촉발되든 불행은 불 보듯 훤하다고 믿었다. 임금이 증가하면 사망률이 자연적으로 줄어든다는 게 그의 설명이었다. 바꿔 말하면, 출산율은 증가하지만(당시 피임법은 오늘날 같지 않았다) 사망률은 낮아져 인구가 증가한다는 것이다. 맬서스는 인구가 늘어나면 식량과 원자재 가격이 상승하고, 그에 따라 임금의 '실제' 가치가 줄어들고 생산

비용이 증가하리라 내다봤다. 그러므로 증가한 인구는 생활수준의 퇴보를 가져올 수밖에 없다.[60] 기술 발전은 임금이 아닌 인구 밀집도만 높일 뿐이다. 맬서스는 자신의 이론을 믿어 의심치 않았기에, 정부나 혁명가들의 빈민 구제 시도를 견딜 수 없었다. 또한 맬서스는 소득 재분배가 목표인 프랑스혁명이 성공한다고 해도 인구만 늘어날 뿐 목표한 효과를 거두지 못하리라 전망했다.

하지만 맬서스의 이론과 달리 지난 200년 동안 경제가 성장할 수 있었던 건 인구 증가와 임금 상승이 동시에 일어난 덕분이다. 맬서스의 덫●에서 탈출했다는 말이다. 경제학자들은 맬서스의 덫에 갇히지 않을 수 있었던 이유로 숙련된 노동자들이 가져온 지속적인 기술 발달을 꼽는다.[61] 지속적인 기술 발달도 있었지만 출산율도 감소했었다. 출산율 감소는 기술 발달과 관련 있는데, 기술이 발달하자 자녀 계획에 변화가 일어났다. 많이 낳아 제대로 교육할 수 없다면 적게 낳아 잘 가르치자는 쪽으로 생각이 바뀌었다.[62] 양보다 질을 우선한 것이다. 이런 변화는 무역에도 영향을 끼쳐 세계는 '서양과 나머지 지역'으로 나뉘게 되었다. 서양이 산업화되자 '나머지 지역'은 농산물 수출에 집중했다. 농산물 수출은 숙련된 노동자가 필요하지 않고, 자녀 계획과 관련해서도 굳이 '양보다 질'의 전환을 요구하지 않는다. 그래서 서양이 1인당 임금 상승이 오르는 등 경제성장의 혜택을 누리는 사이, 나머지 지역은 인구가 증가할수록 생활수준이 나빠졌다.[63]

오늘날 맬서스식 모델에서(경제학자들은 통합형 성장 이론이라 부른다)

● 인구 증가 속도가 지구의 자원 제공 능력을 능가함.

출산율은 경제적 계산에 지나지 않는다. 문제는 출산율과 여성의 신체적 자유를 따로 떼어서 생각할 수 없고 또 그렇게 해서도 안 된다는 것이다. 경제학자들은 오랜 세월에 걸쳐 나타난 출산율의 변화를 순전히 선택에 따른 결과로 설명한다. 즉 여성들이 처음에는 자녀를 많이 갖기로 선택했다가, 적어도 서양에서는 19세기 말과 20세기 초에 이르러 경제성장을 경험하며 여성들이 적은 수의 자녀를 갖기로 선택을 바꿨다고 말이다.[64] 마치 피임이 지난 수백 년 동안 확실하게 존재해왔다는 듯이 피임을 당연시하고 있다.[65] 또한, 임신이 여성에게 선택이 아닌 시절에도 여성이 임신을 자유롭게 선택할 수 있었다고 믿는다. 대부분의 경우 임신은 피할 수 있는 게 아니었다. 경제 번영은 여성이 신체 자율권을 행사하는 세상으로 세상이 바뀐 덕분이라는 걸 인정해야 한다. 동시에 여성의 신체 자율권 결여는 수많은 빈곤국들이 어째서 여전히 가난에 허덕이는지도 설명해준다. 여성의 신체 자율권이 중요하다는 것을 경제학자들이 간과하는 현실을 고려하면, 세계 빈곤층을 도울 방법에 관심이 증가하는 추세임에도 빈곤국 여성의 피임을 지원하는 국제 기금은 오히려 줄어드는 이 상황이 그다지 놀랍지 만은 않다.[66] 전 세계적으로 2억 명이 넘는 여성들이 임신을 원치 않아도 피임법을 이용조차 못 하고 있다.[67]

<u>2. 환경</u>

인구 증가만이 과거 지속적인 경제성장을 방해한 건 아니다. 환경도 마찬가지였다. 환경과 관련한 사건 중 일부는 단지 불운 탓으로 경제성장 과정에 아무런 영향을 미치지 않은 것 같지만 그 나머지는 모

두 직접적인 영향을 끼쳤다. 세계경제사와 관련해 믿을 만한 해석을 내놓기로 유명한 재러드 다이아몬드 교수는 중동의 뒤바뀐 운명과 지정학적 변화에 주목했다. 최근에 브루스 캠벨은 지중해가 경제적 성공을 거둔 건 환경적 조건 때문이라고 주장했다.[68] 세월이 흘러 17세기 유럽의 위기를 초래한 직접적인 원인으로 소빙하기를 꼽는데, 그 당시 유럽은 정치·경제·사회적으로 대혼란을 겪었다. 현대에 와서 환경오염이 심해지자 환경 파괴가 지속적인 경제성장을 방해한다는 주장을 외면할 수 없게 되었다. 스턴 보고서*는 다음과 같이 결론 내렸다. "지구온난화를 막지 못하면 결국 경제성장도 없다. 기후변화의 해결은 장기적 관점에서 성장 친화적인 전략이다. 빨리 행동에 나서야 비용과 지출을 줄일 수 있다."[69]

맬서스가 우려한 인구 증가도 환경 파괴와 명백 관련이 있다. 경제학자들은 맬서스를 잊었지만 환경 파괴는 맬서스를 잊어서는 안 된다며 맬서스를 잊는 오만함을 경계하라고 말한다.[70] 환경을 걱정하는 사람들은 청정 기술에 주목한다. 하지만 여성의 신체 자율권 보장이 청정 기술보다 비용 면에서 효율적이다. 그 증거로, 온실가스 감축 프로젝트인 드로다운 프로젝트(지구환경에 관심 있는 사람들과 과학자 및 학자들이 모여 만든 프로젝트)가 제시한 80가지 지구온난화 해결책을 보면 가족계획과 여성 교육이 10위를 차지했다.[71] 태양광 발전소나 풍력발전소 설치보다 높은 순위였다. 지속적인 경제성장을 원한다면 여성의 신체 자율권 보장은 필수다.

- 영국의 경제학자이자 세계은행 부총재를 역임한 니컬러스 스턴이 발표한 보고서로 지구온난화의 위험성을 경고한다.

젠더 문제도 환경 파괴를 야기한다. 비록 그 영향이 간접적이고 크지 않을지라도 말이다. 젠더 문제는 경제 측정법 선택에 영향을 주고, 선택한 경제 측정법은 정부가 우선순위를 정하는 데 영향을 미친다. 환경을 파괴하는 활동이 국내총생산GDP 향상에 도움이 된다고 판단할 경우, 그에 따른 피해는 외면하고 오히려 환경 파괴를 부추길지도 모른다. 경제 측정법에 재화와 서비스 생산을 포함하면, 건강한 삶에 기여하고 환경 피해를 줄이는 활동에는 무관심해질 수 있다. 그러면 이 같은 활동과 경제가 잠재적으로 형성해온 균형이 무너져 환경뿐 아니라 삶을 돌보고(제공하고) 만들어내는 데(재생산하는 데) 필요한 우리의 일상 에너지와 활력도 고갈된다.[72] 비나 아가왈은 이렇게 말했다. "여성을 지배하고 억압하는 행위와 환경을 지배하고 착취하는 행위에 중요한 연관성이 있다."[73] 환경과 돌봄·재생산 노동 사이에는 공통점이 있는데, 그건 바로 사람들이 당연시하며 경제적으로 중요한 가치로 보지 않고 평가절하 한다는 것이다. 결국 모두 고갈 위기에 처했고 그에 따라 인간의 생존 능력이 감소한 건 당연한 결과일지도 모른다.[74] 환경과 비非시장 활동•이 경제 측정법에 포함된다면 정치인과 정책 입안자들의 경각심을 일깨울 수 있을 것이다. 그래서 페미니스트 경제학자들은 경제성장의 척도를 폭넓게 확대해야 한다고 주장한다. 이들은 구체적으로 건강한 삶과 지속 가능성도 척도에 포함시킬 것을 요구하며 '사회적 공급'과 '사회 재생산'이라는 개념을 만들었다.[75]

• 돌봄 및 가사노동 등.

건강한 삶을 위하여 기존 GDP의 대안으로 가사노동 등 비非시장 활동과 환경을 고려한 지표들이 많이 고안되어 있다. 그중 하나가 복지 GDP다. 복지 GDP는 윌리엄 노드하우스와 제임스 토빈의 초창기 연구를 바탕으로 참진보 지수GPI, Genuine Progress Indicator와 함께 개발되었다.[76] 여러 국가와 경제 기관 및 싱크 탱크들이 앞다퉈 자체 지표를 개발하면서, 사실상 기존 GDP의 대안은 계속 늘어나고 있다. 돌봄 노동의 가치를 측정하는 방법이 무수히 만들어졌고, 지금은 그중 최상의 측정법이 무엇일지에 대해 진지한 논의가 이뤄지고 있다.[77] 몇년 전, 지속가능개발목표SDGs가 발표됨에 따라 건강한 삶과 지속 가능성에 대한 관심이 높아졌지만 아직 기존 GDP를 대체할 지표에 대한 합의가 이뤄지지 않았다. 아직까지는 GDP가 가장 널리 쓰이는 지표다.

젠더 문제는 환경 파괴의 원인뿐 아니라 그 결과를 이해하는 데도 중요하다. 아가왈은 이렇게 지적했다. "환경 파괴의 가장 큰 피해자인 동시에 환경 보존 운동에 앞장서는 사람들은 다름 아닌 가난한 농촌 여성들이다."[78] 세나이 하브테지온은 이렇게 말했다. "그 지역 여성들에게 천연자원은 경제 수단이다. 음식을 만들고 난방을 하려면 식수, 식량, 연료를 모두 확보해야 했다. 그렇기 때문에 환경 파괴의 가장 큰 피해자는 여성이다. 그럼에도 정책 결정 시 여성은 배제당할 때가 많다. 여성들이 위험을 면하거나 피하기 위해 반드시 알아야 할 정보와 기술(수위 상승을 피해 수영이나 나무에 오르는 등)을 익히는 데 사회·문화적 규범이 제약을 가하고 있다. 복장 규정은 재난 상황에서 여성의 움직임을 제한한다. 긴급한 상황에서 여성들은 수영이나 달리기를 못하는 어린아이마저 책임져야 한다."[79] 여성이 기본적인 자유조차 누릴 수 없는 국가에서 지속적인 경제성장이란 있을 수 없다.

3. 정치

환경 파괴 이외에 경제성장이 멈추는 이유를 정치로도 설명할 수도 있다. 미국 북부와 남부의 뒤바뀐 운명, 1650년 이후 아프리카의 침체[80]는 유럽의 정치적 간섭 제도가 초래한 부정적인 영향 때문이었다.[81] 아메리카 대륙의 경우, 경제학자들에 따르면 유럽인들은 채광 가능한 자원이 확실히 존재하고, 노예 기반의 생산체계를 설정하기에 좋은 '규모의 경제'를 갖춘 지역에 채광 제도를 도입했다. 이후 다른 지역 비해 비교적 잘 살았던 이 지역들은 극심한 불평등에 시달렸다. 또한, 눈에 보이지 않지만 경제적으로 잠재적 가치가 있고 거주하기에 좋은 조건을 갖춘 그 밖의 지역에는 가난한 유럽인들이 이주해와 그들이 본래 사용하던 민주제도를 정착시켰다.[82] 이 제도들은 토착 평원 인디언*에게 공평하게 작용하지 않았다. 지구상에서 가장 키가 큰 사람들에 속했던 토착 평원 인디언은 유럽인이 들이닥치기 전까지는 높은 생활수준을 누린 것으로 보인다.[83] 아프리카의 경우, '낙후'의 원인으로 노예무역과 식민지화에 주목해야 한다. 최근 연구에 따르면 아프리카는 상대적으로 늘 빈곤하지만은 않았다. 아프리카가 빈곤국으로 전락한 건 유럽에 침략당한 뒤부터였다. 노예무역과, 낮은 수준의 국가발전, 인종갈등, 만연한 불신 등이 서로 상호작용하면

* 북미 중부의 평원 지대에 살았던 원주민으로 주로 들소를 사냥했던 전형적인 아메리칸인디언.

서 경제성장에 불리한 정치제도를 만들어냈고, 식민화도 정치제도에 나쁜 영향을 주었다. 이는 식민주의의 독재적인 성격과 엘리트 계층의 '기회주의'의 때문인데, 식민지 시대의 부와 명성은 노력이 아닌 침략자들과의 정치 공작을 통해서만 쌓을 수 있었다.[84] 다시 말해 "식민주의에서는 사회에 봉사하지 않고도 정치적 야망을 실현할 수 있었다."[85] 식민지로 전락하기 전, 사실 아프리카 지역의 둘 중 하나는 의회가 통치자를 감시하는 구조였으며, 중앙집권 국가 중 90퍼센트는 사법부를 갖고 있었다. 하지만 20세기에는 그러한 구조를 갖는 지역은 4곳 중 1곳뿐이었으며, 사법부를 가진 국가도 40퍼센트에 불과했다.[86]

꿀단지를 지나치지 못하는 꿀벌 같은 외부 정치 세력뿐 아니라 내부 세력도 지속적인 경제성장을 가로막을 수 있다.[87] 유럽의 간섭을 받지 않고도 경기 침체와 성장 둔화를 경험하는 지역들이 있다. 경제 번영에는 승자도 있지만 패자도 있다. 이 점을 기억하면 누워서 침 뱉기 같은 행동들이 어떻게 가능한지 이해할 수 있다. 경제 발전은 창조적 파괴를 동반한다. 신식 기계가 낡은 기계를 대체하고, 혁신적인 제품이 기존의 제품을 몰아내는 식이다. 이 같은 창조적 파괴 과정에서 규모가 확장되는 분야가 있는가 하면 반대로 줄어드는 분야가 발생한다. 호황을 겪는 산업이 있다면 사라지는 산업도 생긴다. 경제 발전을 추구하는 한 피할 수 없는 과정이다. 그런데 이런 변화의 흐름을 일부러 막아서는 세력이 항상 있다. 기존 방식으로 이득을 보는 세력, 옛 기술을 보유한 세력, 그리고 누군가의 성공으로 자신의 정치권력을 잃을까 두려워하는 세력이다.[88]

"경제 발전 과정에서 생겨난 기득권층은 갈수록 힘이 세져, 정치 세력을 등에 업고 경제성장을 방해하는 정책 변화를 야기한다." 《국가의 흥망성쇠 The Rise and Decline of Nations》의 저자 맨서 올슨의 주장이다. 올슨이 지적하는 문제는 소비자(값싸고 혁신적인 제품으로 이득을 얻는 현재와 미래의 수많은 소비자)나 신세대(보다 적합한 신기술을 가진 세대)보다 기득권층의 말이 정부에 더 잘 먹힌다는 것이다.[89]

이런 상황을 방지하려면, 조엘 모키르가 주장한 대로 정부가 불간섭주의 노선을 택해 어느 집단의 편도 들지 않아야 한다.[90] 모키르에 따르면 영국이 18세기 말부터 지속적인 경제성장을 누릴 수 있었던 것은 애덤 스미스를 믿고 자유방임주의를 선택했기 때문이다. 이와 관련하여 면직물 생산지의 중심지였던 중세 이탈리아와 비교해볼 수 있다. 중세 이탈리아는 면직물 생산을 놓고 유럽 북서부와 경쟁이 치열해지자 품질 유지를 명분으로 여러 금지 규정을 제정했다. 신기술 사용 금지, 새로운 염색법 사용 금지 등이었다. 하지만 결과는 경쟁력의 상실이었다.

역사학자들이 보기에 자유방임주의 접근법은 확실히 긍정적인 면을 갖고 있다. 하지만 부정적인 면도 갖고 있었다. 19세기 영국이 급속히 산업화되자 영국 도시들은 비위생으로 인한 질병이 들끓었고, 국민의 건강뿐만 아니라 경제성장에도 타격을 주었다. 시장만으로는 이 문제를 해결할 수 없었다. 해결한다고 해도 그 해결 방식이 경제성장을 방해하는 방식일 수도 있다. 경제 번영을 위해서는 비非간섭주의도 간섭주의도 취하지 않고, 어떤 간섭이 합리적이고 아닌지 판단하는 정부가 필요하다. 즉 어느 외부 집단의 이익을 대변하지 않고 스스로 생각하고 질문하는 정부가 필요하다. 정부는 경제적 변화에도 적응해야 한다. 어떤 한 시점에서 효과적이었던 정책이 다른 시점에서는 잘 작동하지 않는 경우가 있다. 교육제도, 복지제도, 국민 건강 정책도 실패하지 않으려면 경제와 발맞춰 가야 한다.[91] 민주주의는 올바른 자극을 준다는 측면에서, 이 같은 정부를 가지려면 꼭 필요하다. 곧 다룰 테지만 민주주의는 여성의 자유와 관련이 깊다.

소결론

 서양의 부흥 원인을 논하는 여러 이론에서 다섯 가지 교훈을 도출해보았다. 그 과정에서 경제성장에 필요한 핵심 요인도 몇 가지 살폈다. 경제학자와 역사학자들은 경제성장의 촉발 원인으로 시장, 제도, 과학, 임금을 주로 언급한다. 그런데 이 핵심 요인들은 200여 년 전에 영국이 경험한 산업혁명을 겪어보지 않은 지역에서도 발견된다. 서양의 경제 번영에 대해 이야기할 때 중요한 뭔가를 빠뜨렸다는 말이다. 네 가지 요인(시장, 제도, 과학, 임금)과 달리 그 뭔가는 특히 서양에서만 발견된다. 무엇이 경제성장의 점화 스위치를 눌렀고, 무엇이 서양에 지속적인 경제성장을 허락했는지 그 뭔가는 말해줄 수 있다. 그리고 다른 지역들도 서양처럼 될 수 있는지에 대해서도 말이다. 그 뭔가는 방 안의 코끼리다. 바로 여성의 자유다.
 서양의 여성들이 완벽한 자유를 누렸다고 오해해서는 안 된다. 다른 지역 여성들에 비해 상대적으로 그나마 더 자유로웠다는 말이다.

서양이 지닌 막강한 이점은 바로 여성의 자유였다. 앞서나가고 싶다면 이 가치를 반드시 기억해야 할 것이다.

2장
경제성장의 비결

국제연합UN은 설립 50주년이 되던 해인 1995년 베이징에서 189개국이 만장일치로 채택한 선언문을 발표했다. "지속적인 경제성장과 사회 발전, 환경보호 및 사회정의를 토대로 빈곤을 퇴치하려면 여성이 사회·경제 발전에 참여해야 하고 기회 역시 공평해야 하며, 지속 가능한 발전의 수혜자이자 책임자로서 남녀가 똑같이 적극 노력해야 한다." 2012년 세계은행 연례개발보고서도 이와 동일한 내용을 담고 있다. 더욱이, 성평등은 "그 자체로 중요한 과업이자 스마트 경제학"이라고 언급했다.[1] 이제 성평등이 '경제성장에 이롭다'는 생각은 국제 성장 의제의 중심이 되었다.

그럼에도 경제성장의 이론 전문가가 모인 상아탑은 여전히 젠더에 무심하다. 서양의 발전 요인을 둘러싼 토론에서 경제사학자들은 그저 아이작 뉴턴, 제임스 와트, 이점바드 킹덤 브루넬*, 리처드 아크라이트** 등 오직 남성들만 언급한다. 경제사학자들의 이런 태도를 보면 오늘에 이르기까지 여성은 아무 역할을 하지 않은 것 같다. 여성의 자유는 오로지 경제 번영의 부산물로 논의될 뿐이다.[2]

젠더를 고려하는 사안을 두고 경제학자들 간 합의가 사실상 거의 이뤄지지 않았다. 성평등이 경제성장을 촉진한다고 주장하는 경제학자도 있지만, 경제성장의 밑바탕은 여성 착취라며 정반대를 주장하는 경제학자도 있다.[3] 하지만 그런 경험적 증거만으로는 논쟁을 해결할 수 없다.[4] 객관적 증거가 필요한데, 세계은행 연구원들조차 성평등과 경제성장 간 상관관계를 보여주는 증거를 찾기가 쉽지 않다고 토로하곤 한다.[5]

이번 장은 역사가 남긴 모든 증거를 살핀다. 먼저 자유를 정의하고, 짧게나마 전 세계를 둘러보며 산업혁명이 도래하기 직전 여성의 자유 측면에서 서양과 '나머지 국가'가 서로 얼마나 달랐는지 살펴볼 예정이다. 다음으로, 서양에서 여성의 (상대적인) 자유가 경제성장을 어떤 경로로 뒷받침했는지, 투자와 교육에서부터 기업가 정신과 민주주의에 이르기까지 그 다양한 뒷받침 경로를 확인해보고자 한다.

여성을 경제성장의 피동적 수혜자로 보는 경우가 많다. 남성 발명가와 남성 기업가들이 부를 창출했고 여성은 그 덕에 권리를 누리게 되었으니 남성들에게 감사해야 한다고 말이다. 경제가 성장한 이후

* 영국의 토목·조선 기술자. 대서양을 횡단하는 증기 기관선을 건조했다.
** 영국의 발명가. 방적기계를 발명했다.

로 흔히 그 밖의 모든 것은 경제성장을 달성함으로써 생겨난 부산물로 이해하는 경향이 있다. 이제는 달리 생각해야 할 때다. 여성을 경제성장의 피동적 수혜자가 아닌 능동적 기여자로 생각해야 할 때다. 다음 3장에서 다룰 텐데, 경제성장은 여성의 자유로 시작되었음에도 여성들에게 늘 보답하지는 않는다. 자유가 먼저고, 그 다음이 성장이다.

케세라세라●

인정한다. 나는 완벽주의자다. 심기가 불편하다면 무언가가 내 뜻대로 되지 않아서다. 도리스 데이는 자신의 유명한 노래 〈케세라세라〉에서 "나는 앞으로 뭐가 될까요?" 하고 엄마에게 물었던 당시를 회상한다. 언뜻 성의 없는 것 같으나 심오한 답변이 돌아온다. "케세라세라. 뭐가 되든 될 거야." 하지만 미래가 정해져 있다는 운명론은 나에게 통하지 않는다. 편안한 삶을 누릴 만큼 돈이 충분하다고 해도 돈이 행복을 보장해주지 않는다는 걸 우리는 안다. 돌아보면 열악한 환경임에도(가령 실내 화장실이 없다든지) 그 속에서도 어떻게든 행복을 누렸던 과거 수많은 사람들이 있다. 귀족 엘리트 계층의 여성들은 상대적으로 부유하게 태어나, 아름다운 실크 가운을 걸치고 원할 때마다 차와 케이크를 즐겼지만 자신이 새장에 갇힌 새와 다르지 않다고

● 일어날 일은 일어난다는 뜻.

느꼈다. 풍족했지만 삶에 대한 자기 통제권이 없었으며, 가벼운 일탈도 용납되지 않아 발각되면 남편의 손에 끌려 정신병자 수용소에 갇혔다. 이 여성들이 바라는 건 단 하나, 삶을 마음대로 살아보는 것이었다.

그런데 경제학자들은 경제적 성공을 가늠할 때 사람들의 구매력을 본다. 구매력이 증가하면 경제가 좋아진다고 판단하는 식이다. 적어도 아르마티아 센의 연구 결과가 발표되기 전까지는 그랬다. 그는 경제 발전은 돈이 아니라 자유에 관한 것이라고 주장한다.[6] 센에 따르면 경제 발전은 하나의 과정으로 이 과정 속에서 사람들은 삶을 스스로 돌볼 능력을 얻는다. 부유한 서양 국가와 빈곤국들 간 차이는 자신의 삶을 원하는 대로 스스로 통제할 수 있느냐에 있지만 대부분 이를 간과한다. 이 차이는 오늘날 유럽과 과거 유럽(지방 영주가 '농노'를 통제했던 봉건제도 시절의 암흑기 유럽) 간에서도 나타난다. 센에 따르면 빈곤을 특징짓는 건 돈의 부족 외에도, 강압적인 관계, 선택의 자유 결여, 정치적 권리의 부재 및 경제적 기회와 보호받을 기회 박탈이다.

자유에 관한 센의 생각은 철학자들이 논할 법하다. 영국 철학자 아이제이아 벌린은 자유를 부정적 자유와 긍정적 자유로 구분한 것으로 유명하다. 부정적 자유는 타인의 간섭으로부터의 자유이고, 긍정적 자유는 밖으로 나가 무언가를 할 수 있는 자유다. 다시 말해 자유는 타인의 비非간섭과 스스로 삶을 꾸릴 수 있는 역량을 요구한다.[7] 센의 자유 개념과 '역량 중심 접근법'(철학자 마사 누스바움과 공동으로 개발했다[8])은 다른 두 가지 개념과 밀접한 관련을 맺는다. 바로 자유의지와 자율권이다. 세계은행이 정의한 바에 따르면 자유의지는 '삶에 대해 스스로 결정하고, 그 결정대로 행동하며, 폭력과 보복과 두려움 없이 원하는 결과를 달성하는 능력'이다. 자율권은 그보다 광범위한 개념으로, 세계은행은 '열악한 환경에 처한 사람들이 자신의 삶에 영향을 끼치는 제도를 만들고 조율하는 과정에 직접 참여하고, 그 제도에 영향력을 행사할 뿐만 아니라, 통제권을 갖고 책임을 묻기 위해, 개인 자산과 역량을 확대하는 것'이라고 정의한다. 더욱이 자율권은 자유의지의 집약체로 대변될 수 있으며, 더 나아가 '자원 통제, 자기 결정권, 그리고 변화를 일으키는 능력'이 자율권일 수 있다.'[9] 정리하자면, 자율권의 다른 말은 자원이자 자유의지, 변화의 비결이다.[10]

이제 경제학자들은 과거보다 자유를 자주 논하지만, 여전히 시장을 벗어나서 생각하지는 못한다. 경제학이 자유라는 용어를 채택했을 때, 경제학자들은 자유 발언, 자유 탐구 같은 것들을 떠올렸다. 하지만 서양이 부유해질 수 있었던 이유와 관련하여 자유를 떠올릴 때 상인, 기업가, 엘리트 지식인의 자유만 떠올려서는 안 된다. 그리고 센이 인지했듯이, 공적 영역, 시장, 정치 포럼, 지식 토론 맥락에서만 자유를 생각해서도 안 된다. 여성의 자유도 마찬가지로 결정적인 역할을 했다. 이는 삶이 집이라는 사적 영역에서 시작된다는 걸 알려준다.

세계 여성의 자유에 관한
아주 짧은 여행

경제사학자 얀 라위턴 반 잔덴, 아우케 리즈프마, 얀 콕은 공동 집필한 저서에서 서양이 부유해진 까닭과 관련해 여성의 자유의지를 강조했다.[11] 이들이 옳은지 알아보려면 과거 서양의 여성들이 다른 지역의 여성들보다 상대적으로 얼마나 더 자유로웠는지 살펴봐야 한다. 특히 그 수준이 오늘날에 비하면 현저히 낮기 때문에 더욱 확인이 필요하다. 보통 여성의 노동시장 참여도와 남녀의 임금격차, 여성 국회의원의 비율 등을 측정해 성평등지수를 도출한다. 그런데 경제사학자 사라 카마이클과 알렉산드라 드 플레이즈트, 얀 라위턴 반 잔덴이 머리를 맞대어 새로운 지수를 고안해냈다.[12] 성불평등의 근본적인 원인인 가정 내 관습을 과거부터 측정하여 반영한 지수로, 가정 내 관습이 얼마나 '여성 친화적'인지 보여준다 하여 '여성친화지수'라 부른다. 이 여성친화지수는 세계 여러 곳의 각 가정 규범이 여성의 자유의지에 도움이 되는지 그 여부를 알아보는 데 효과적이다. 이들 경제사학자들은 여성친화지수와 성평등지수를 바탕으로 동양 문명국들의 쇠락과 서양 신흥 부국의 탄생 간 상관관계를 연구했다. 이들이 얻은 결과는 다음과 같다.

1500년에서 2000년 사이, 유라시아 대륙에서 '뒤바뀐 운명'이 나타난 건 식민지 제도, 다시 말해 신석기혁명 이후 고대국가의 탄생 과정에서 생겨난 계급제도 때문만은 아니었다. 젠더 요인이 있었다. 1500

년 이후 유라시아 대륙의 일부 지역은 경제성장을 경험했다. 이 지역들은 다른 지역들과 달리 여성을 고려하는 제도를 갖고 있었다.[13]

이 세 명의 경제사학자는 중동 및 아시아 지역의 세계 최초 문명국들이 지속적인 경제성장을 맛보지 못하고 쇠락한 것이 여성을 구속했기 때문이라고 이해한다.

유럽은 천 년 동안 세계경제에서 뒤졌지만 산업혁명이 발생하기 전까지 수백 년 동안 비장의 무기를 갈고닦았다. 바로 여성의 자유였다. 유럽, 특히 유럽 북서부와 다른 지역은 여성의 사회적 지위에서 확연한 차이를 보였다. 유럽 여성들의 삶이 완벽했던 건 아니지만 다른 지역의 여성들에 비해, 그리고 오늘날 빈곤국 여성들에 비해서는 상대적으로 더 자유로웠다.[14] 그 당시 여성의 자유 수준을 알아보려면 가정생활을 들여다보면 된다. 인구통계학자 모니카 다스 굽타가 지적한 대로, "의식하지 못하는 사이 친족 체제가 개인의 가치관에 영향을 미치고 사회구조에도 영향을 미치기" 때문이다.[15] 마르크스의 정신적 동반자로 유명한 프리드리히 엥겔스는 역사적으로 남자의 전유물이었던 사유재산이 여성 억압(노동자계급 억압과 더불어)을 낳았다고 분석했다.[16] 이와 달리, 프랑스 인류학자 클로드 레비스트로스는 친족 체제가 여성 억압의 주범이라고 주장했다. 가족이나 씨족 형성이 여성 억압을 야기했다는 것이다.[17]

국가마다 가족 체계가 상당히 다르지만 속한 지역이 같을 경우 일정한 공통점이 있다. 그래서 각 지역 여성들의 생활을 비교하면 여성친화지수에 살을 붙일 수 있다.[18] 역사 여행을 시작하기에 앞서 주목해야 할 점이 있다. 바로 가난과 혼인의 합의 여부, 성적 자유다. 엥겔스는 연구에서 재산권에 주목하라고 말한다. 레비스트로스는 연구에서 여성은 권리를 가진 존재이기보다 하나의 재산일지도 모른다고 지적한다. 그 증거는 정략결혼이라는 형태로 여성을 선물, 공물 또는 가족 간 교환물로 제공한 사례가 될 수 있다. 그렇다면 가정생활 내에서 여성의 가치를 매기는 방식을 살펴야 한다. 만약 여성의 가치를 그의 신체와 출산 능력으로만 매긴다면, 여성의 성적 명예는 그 무엇보다 중요하므로 여성에게 신체적 자유란 없을 것이다.

먼저 가정생활의 출발점이 결혼이라는 점에서 유럽과 아시아의 결혼문화를 비교해보고자 한다. 중세 유럽에서는 신부가 동의해야만 결혼이 가능했던 반면,[19] 아시아에서는 신부의 동의 따위는 중요하지 않았다. "인도와 중국에서는 조혼이 일반적이었으며 1950년대까지만 해도 결혼하려면 부모의 승낙을 먼저 구해야 했다(적어도 여성은 그랬다)."[20] 북유럽 여성은 결혼하면 양가와 떨어져 독립해 살았다. 이와 달리, 아시아 여성은 결혼하면 대개 시부모와 함께 살았다. 여성의 자유의지가 제한받을 수밖에 없었다. 실제로 중국과 인도는 며느리를 한결같이 애처롭게 묘사한다.[21] 다스 굽타는 다음과 같이 말했다.

여성은 남성에게도 밀리지만 결혼하면 나이순에 따른 위계질서에서도 밀린다. 어린 신부는 한 명의 주변인으로서 자율성이라고는 기대할 수 없이 남편의 집에 들어간다. 신부 위로는 많은 사람들이 있는데, 남자뿐만 아니라 신부보다 나이가 많은 여자들도 있다. 전부 신부의 의사결정에 관여하는 사람들이다 북유럽 여성들은 남편에게만 종속될 뿐 친척들에게까지 종속되지는 않는다. 나이순에 따른 위계질서가 상대적으로 없었다는 점에서 북유럽 여성들은 그나마 자율적으로 살림을 꾸려나갈 수 있었다.[22]

부인을 여러 명 두는 일부다처제와 퍼다*는 유럽보다 아시아에서 흔하다. 비록 유럽에서도 상속 우선권이 남성에게 있었지만 여성도 남편이 죽으면 남편의 재산을 물려받을 수 있었고, 남자 형제가 없을 경우 여성이 부모의 재산을 물려받을 수 있었다. 유럽과 달리 "부계 사회질서가 한국과 중국, 인도 북서부에서는 매우 엄격히 작동했다." 아버지는 상속받을 아들이 없으면 딸에게 상속하지 않고 양자를 들이거나, 아들을 낳기 위해 다시 혼인하거나 첩을 두었다.[23] 비나 아가왈은 재산을 모두 남자에게만 상속함으로써 성차별이 발생했다고 말한다.[24] 성별에 따른 공평하지 못한 재산 분배는 경제 번영에 도움이 되지 않는 것으로 나타났다. 여성의 경제적 진출을 막아 저임금 현상을 초래하기 때문이다.[25]

중동 여성은 인도와 중국 여성에 비해 지위가 비교적 나았다. 특히 재산을 소유할 수 있었고 부모님 재산의 절반을 상속받을 권리가 있었다. 결혼하더라도 남편 가족에게 종속되지 않았으므로 아버지와 남자 형제들에게 지속적으로 보호받을 수 있었다. 하지만 단점도 있었다. 당시 여성의 순결은 곧 집안의 명예였기에 중동 여성은 집안 남자들의 철저한 감시 속에 살았다. 순결을 지키지 못하면 가혹한 벌을

* purdah. 여성으로 하여금 얼굴과 신체를 드러내는 것을 금하는 이슬람 국가의 관습.

받았다.²⁶ 중동 여성이 재산 측면에서 아시아 여성과 유럽의 기혼 여성보다 형편이 나았다고 해도, 성적 관습과 정략결혼(나이가 한참 많은 남자와 결혼했다), 엄격한 남녀 차별 정책 등은 이들에게 자율권이 거의 없었다고 말해준다.²⁷ 그래서인지 중동은 여성 취업률이 가장 낮은 곳 중 하나다. 중동은 성범죄를 우려하며 여성의 시장 참여를 막았다. 중동에서 여성의 경제활동은 곧 궁핍과 자포자기를 뜻했다. 반면 유럽, 특히 유럽 북서부에서는 결혼은 당사자 간의 합의였고 여성의 시장 참여도 활발했다.²⁸ 비록 어떤 종류의 재화를 생산하거나 판매하는 일은 불가능했지만(상공업자들의 협동조합인 길드의 힘이 센 지역은 유독 심했다) 그래도 여성에게 취업과 시장 참여의 기회(양질의 기회는 아니었다 해도)는 항상 있었다.²⁹ 역사학자 로렌스 퐁텐에 따르면 법이 충분히 유연했던 지역의 여성들은 시장 참여의 기회와 더불어 비교적 높은 수준의 법적 자율성도 함께 누렸다. 또한 시장에 참여할 기회가 없다는 것은 곧 빈곤 구제 비용의 발생을 의미하므로 이런 결과를 원치 않았던 지역의 여성도 법적 자율성이 상대적으로 높았다.³⁰ 더욱이, 유럽 북서부는 핵가족 체계였다. 역사학자 마사 하웰의 주장대로 핵가족 체계에서 여성은 대가족 체계와 달리 생계를 위해 똑같이 일해야 했다.³¹

아프리카의 사회의 중앙 조직은 소규모 가족 즉 혈통 집단이다. 인원은 대략 100~200명으로 모두 조상이 동일하고 혈연 공동체인 씨족으로 묶여 있다.³² 부계 혈통(사하라사막 이남의 북아프리카)이거나 모계 혈통(서아프리카와 적도아프리카), 아니면 부계와 모계를 모두 따르는 혈통(남아프리카)일 수 있다. 모계사회 여성들은 이혼이나 재산 축적을 통해 또는 지도자가 됨으로써 자유의지를 널리 발휘할 수 있었을 것이라고 생각한다.[33] 경제적 자율성도 아시아 여성과 중동 여성들보다 더 높았다. 특히 서아프리카 여성들은 농사와 교역활동에 종사했다.[34] 하지만, 자녀 양육의 책임도 여성에게 있었다. 남편은 육아에 거의 참여하지 않았다. 어릴 때부터 결혼생활을 시작한 탓에 대가족을 이루는 경우가 많았다는 걸 고려하면 자녀 양육은 여성에게 큰 부담이었을 것이다.[35] 유럽과 달리 아프리카에서는 결혼이 당사자 간의 합의가 아니라 혈통 간 교류였으므로 여성은 출산과 양육이라는 고된 노동에서 벗어날 수 없었다.

유럽 여성과 달리 아프리카 여성은 결혼과 배우자를 스스로 선택할 수 없었고, 게다가 아프리카는 일부다처제가 일반적이었다. 넓은 땅에 비해 일손이 부족하여 아프리카 남성에게 여성은 하나의 생산 요소였다.[36] 마르크스의 표현을 빌리자면 일종의 '잉여가치'였다.[37] 클레어 로버트슨은 이렇게 말했다. "식민지 이전의 아프리카는 인구가 부족하여 노동력을 획득하고 통제함으로써 부를 축적할 수 있었다. 남성은 여성이 생산한 잉여농산물로 더 많은 부인과 자녀를 얻었고, 그들을 통해 더 많은 부를 쌓아 정치권력도 얻었다."[38] 캐서린 코쿼리 비드로비치는 다음과 같이 지적했다.

중앙아프리카 간다족의 족장은 수백에서 많게는 수천 명의 부인을 거느렸다고 한다. 19세기의 족장 무테사는 부인이 300~400명이었다. 사람들은 공직에 진출하기 위해 딸을 족장에게 바쳤고 죄를 용서받고 싶을 때도 사면을 원할 때도 족장에게 딸을 주었다.[39]

여성들이 노동에 참여하고 여성들이 가진 땅 지식을 활용했더라면 생산성이 증가했을지도 모른다. 가족 부양을 위한 여성들의 노동 욕구가 노동력 부족 현상과 맞물려 확실히 생산성을 높여주었을 것이다. 그런데 문제는 노동 참여 욕구와는 별개로, 아프리카 여성은 유럽 남성들과 달리 생산성 증대에 필요한 자본과 힘, 기술을 갖고 있지 않았다. 클레어 로버트슨의 말을 한 번 더 인용하겠다. "자원은 여자를 떠나 남자에게 가곤 했다."[40] 더욱이 유럽에서는 17세기 이후로 주술사용죄와 마녀재판이 종적을 감췄지만 아프리카에서는 아니었다.[41] 바꿔 말하면, 아프리카 여성은 안전하고 싶다면 새로운 시도(품종 개량 등)나 기존의(남자의) 권위에 맞서면 안 되었다. 어릴 때부터 남자에게 순종해야 한다고 배웠고 그렇게 자랐으며, 고통스러운 의식도 치러야 했다. 아프리카 여성을 피해자로 묘사하는 게 잘못일 수 있지만, 이들에게 선택권이나 통제권이 충분했다고 말하는 것 역시 잘못이다.[42]

아직 신붓값과 지참금을 이야기하지 못했다. 조사한 바에 따르면 인류 사회의 66퍼센트(사하라사막 이남 아프리카 등)는 신붓값 풍습을, 4퍼센트(남아시아 등)는 지참금 풍습을 갖고 있다.[43] 신붓값 풍습은 토지 중심의 농경 사회에서 발견된다. 지참금 풍습은 시장경제 사회에서 발견되는데 여성의 시장 참여가 불가능하고 결혼하면 곧바로 (지참금을 갖고) 남편 집안의 호적에 등록되는 지역에 한정된다. 경제사학자 마리스텔라 보티치니와 경제학자 알로이시우스 시오우가 말하길 지참금이 딸들에게 주는 유산이었다면 남자 형제들은 열심히 일하려고 했을 것이다. 여자 형제가 결혼하고 나면 남은 재산은 남자 형제의 몫

이므로 더 열심히 일할 이유가 생기기 때문이다. 유럽은 신붓값보다 지참금이 더 일반적이었으나 점점 사라져갔다. 여성의 경제활동이 증가하고 가족 체계가 바뀌었기 때문이다.[44] 지참금이 오히려 더욱 당연해지고 있는 지금의 인도와 상당히 비교된다.[45] 확실히 인도 여성들은 지금 다른 세상 속에 살고 있다.

세계 여성들의 삶을 서로 비교하고 정리한 다음, 이를 바탕으로 유럽 여성과 다른 지역 여성들의 경험적 차이를 수치로 나타내야 한다면, 그 정량적 평가 척도는 평균 초혼 연령일 것이다. 다음 장에서 설명하겠지만, 초혼 연령이 높다면 결혼 강제성이 비교적 약했고 여성이 자유의지를 보다 발휘할 수 있었을 것으로 해석할 수 있다. 산업혁명이 시작된 북유럽의 가장 큰 특징은 여성들의 평균 초혼 연령이 20대 중반이었다는 점이다.[46] 반면 중동 여성은 사춘기가 지나면 바로 결혼했고[47] 중국 여성은 평균 14~18세에 결혼했으며 아프리카와 인도는 오늘날까지도 조혼이 일반적이다.[48]

그렇다고 해서, 유럽 여성의 삶이 다른 지역의 여성보다 수월했다고 이해해서는 안 된다. 유럽에서 여성의 법적·정치적 권리는 남성들과 달리 형편없었으며, 19세기 말~20세기까지 혼인법은 여성을 피부양자로 규정했다. 또한 남성들과 달리 여성 문맹률은 높았고,[49] 여성의 진학률과 정규 실습생 비율은 매우 낮았다.[50] 여성이 남성과 똑같은 일을 해도 그 임금은 남성 임금의 절반도 못 되는 수준이었다.[51] 또한 결혼하면 아내로서 재산을 소유하거나 마음대로 처분할 수도 없었으며 부동산 거래는 생각조차 못 할 일이었다.[52] 하지만 그럼에도, 앞서 살펴보았듯이 여성으로 태어날 거면 그 밖의 다른 지역보다는

<표 2.1> 1790년 이전 여성의 평균 초혼 연령

	평균 초혼 연령
영국	25.2
벨기에	24.9
네덜란드	26.5
스칸디나비아 국가●	26.1
독일	26.6
프랑스	25.3

출처: 그레고리 클라크,《Farewell to Alms》(2007) 76쪽, 표 4.2.

유럽(특히 유럽 북서부)이 나왔다.[53] 역사학자 메리 위스너행크스의 지적대로, "남유럽과 동유럽 출신은 북유럽 여성의 자유를 놀라운 듯이 바라봤다."[54] 북유럽 남녀의 평균 초혼 연령은 20대 중반이나, 남유럽과 동유럽 여성들은 10대가 되면 자신보다 훨씬 나이 많은 20~30대의 남성과 결혼했다. 당연히 북유럽 여성들보다 자율성이 없었다.[55]

16~17세기 사이 유럽 전역에 일어난 변화로 여성은 자유를 더욱 억압받았다. 여성의 경제활동에 대한 일종의 반발로 해석될 수 있었다.[56] 변화의 영향으로 엄격한 로마법이 시행되었고 여성은 거주지 안에서 누렸던 모든 법적 권리를 잃었다. 기혼 여성에 대한 감시가 더욱 심해졌고 임신중지 처벌도 강화되었으며 마녀재판의 비율도 높아졌다. 영국도 똑같은 변화를 겪었지만 상대적으로 그 영향은 미미했다.

● 덴마크, 노르웨이, 스웨덴, 핀란드, 아이슬란드 등 북유럽 5개 국가.

영국은 다른 유럽 국가와 달리 관습법을 따랐기 때문에 로마법이 통하지 않았다. 또한 개신교가 국교로 채택되면서 영국은 성sex과 여성의 신체에 개방적인 태도를 취했다. 영국에서는 (네덜란드와 스칸디나비아 국가들도 마찬가지로) 마녀재판이 거의 없었다. 비록 완벽과 거리가 멀고 국제관계에서 영국이 보인 성차별적인 태도(여성과 인종 사안에서)를 보면 확실히 영국도 부족했지만, 그럼에도 다른 국가에 비해서는 성평등 수준이 그나마 높았다.57 여성의 삶을 들여다보면 서양이 왜 다른 지역보다 앞으로 치고 나아갈 수 있었는지 그 답을 찾을 수 있다. 그리고 왜 영국이 1등을 차지했는지도 말이다.

개인과 자유의 탄생
그리고 유럽 여성의 홀로서기

오늘날 우리는 개성을 존중하고 중요하게 생각한다. 저마다 취향도 다르고 좋고 싫은 것도 제각각이다. 영락없는 영국인이라고 하겠지만 나는 개인적으로 차와 케이크 없이는 못 산다. 그런데 현대적 의미의 '개성'은 비교적 최근작이다. 과거에는 개인보다 가족을 우선했다. 가족 단위도 오늘날에 비춰보면 평범하지 않다. 가족은 최소한의 생활수준을 보장하는 생계 안전망이었다. 이때 가족은 개개인이 모인 집합체라기보다 하나의 조직체였다. 권리에는 책임이 따른다. 개인의 자유는 불가피하게 (악의 없이) 제한될 수밖에 없었다. 부유한 구성원이 가난한 나머지 구성원들을 모두 부양해야만 했다. 가장 큰 제약은 결혼에서 나타났다. 정략결혼은 '가족 우선주의'를 여실히 보여주는 사례다.

정략결혼에서는 '올바른' 배우자 선택이 집안을 위해 무엇보다 중요하다. 두 집안이 상호 이익을 위해 결합하는 형태가 정략결혼이다. 부모님이 배우자를 선택하며 배우자 탐색은 자녀가 어릴 때부터 시작된다. 그 결과 소녀는 스스로 책임지고 배우자를 찾을 수 있는 나이가 되기도 전에 결혼식을 올린다. 조혼을 추진하는 이유는 자녀가 커가면서 정략결혼을 거부하거나, 이른바 여성의 '미덕'인 순결을 의심받을 수 있기 때문이다.

앞서 살펴봤듯이 이와 같은 전통적 가족 체계는 세계 곳곳에서 발견된다. 중국은 최근까지도 결혼이 개인 간 결합이 아니라 집안 간 계약이었다. 집안이 걸려있기에 결혼은 개인의 일이 될 수 없었다. 인도와 중동은 여전히 정략결혼이 흔하고, 거부하면 여성은 심한 벌을 받는다. 라틴아메리카는 콜롬비아*로 불리던 시절에 추장이 마을에서 가장 아름다운 처녀들을 귀족들에게 나눠주었다.[58] 정략결혼은 한때 유럽에서도 흔했고 고대 그리스에서는 30~40대 남자들이 무조건 자신보다 절반 이상 어린 여성과 결혼했다.

알베르토 알레시나와 파올로 줄리아노가 연구에서 지적했듯이 정략결혼은 집안에만 도움이 되었을 뿐 여성들은 이로 인해 자유를 억압당했다.[59] 배우자를 스스로 선택하지 못한다는 건 부부간 힘의 균형에도 영향을 준다. 상호 선택으로 이뤄진 결혼에서 부부는 평평한 운

• 아메리카 대륙에서 스페인과 포르투갈의 지배를 받았던 식민지를 일컫는다.

동장을 나란히 공유한다. 하지만 정략결혼은 다를 수 있다. 더욱이 정략결혼은 부부간 나이 차가 큰 경우가 많은데 이는 가정 내 불평등을 낳는 또 다른 요인이 될 수 있다. 오늘날 서양에서 결혼은 두 당사자의 선택 문제이다. 자기가 선택한 사람과 결혼할 자유가 있으며 강제성 결혼은 법에 따라 무효가 될 수 있다. 이러한 현대적 의미의 결혼은 어디서 출발했을까?

9세기 가톨릭교회는 '상호 동의' 원칙을 채택했다. 12세기까지 교회는 결혼의 유효성 인정 근거는 성적 결합이 아니라 상호 동의라고 분명히 밝혔다. 요즘 말로 하면 마음이 가야 몸도 가는 것이다.[60] 당시 결혼은 원칙적으로 남녀 모두에게 개인의 선택이었다. 강제에 못 이겨 결혼한 여성은 결혼 무효를 선언할 수 있었다. 그리고 교회의 관점에서 결혼 강요는 죄악이기에 이 여성의 부모는 (죄를 저지른 사람으로서) 성찬을 받지 못한다.

하지만 현실은 원칙대로 흘러가지 않았다. 원칙상 여성의 동의가 있어야 결혼이 가능했지만 여성은 현실적인 제약 때문에 결혼의 자유를 행사하기가 어려웠다. 재정적인 이유였다. 여성이 노동을 통해 스스로 생계를 책임질 수 없는 한 청혼을 받으면 부모님의 뜻에 따라야 했다. 부모님이 원하면 결혼해야 했다. 거절의 대가는 극심한 가난 또는 매춘부의 삶이기 때문이다. 여성이 결혼과 배우자를 자유롭게 선택하려면 일과 경제적 능력이 필수다. 시장은 여성에게 그 기회를 제공한다. 일과 경제적 능력이 있다면 여성은 자유를 억압하는 사회 규범에 맞설 수 있다. 이를 위해서는 시장이 먼저 유연해야 할 것이다. 새로운 사람이 진입하지 못하도록 규정과 조합을 만들어 규제해

서는 안 된다는 말이다.[61]

영국에서는 일찍이 시장이 발달했고 완벽하진 않더라도 여성들에게 경제적 기회를 제공했다. 여성은 시장을 통해 얻은 경제적 자유로 집안 남자들의 손아귀에서 벗어날 수 있었다. 중세 영국은 인구의 절반이 노동자였고 여성의 경제활동은 지극히 정상적인 일이었다.[62] 16~18세기 혼인 기록을 살펴보면 영국 여성의 평균 초혼 연령은 25세로 보인다. 그리고 여성의 적어도 10퍼센트는 독신이었던 것 같다. 다른 지역과 비교해 눈에 띄는 특징이 아닐 수 없다. 예를 들어 이탈리아 여성의 평균 초혼 연령은 10대 후반이었다. 물론 오늘날의 빈곤국도 다르지 않다.[63]

중세 말부터 16세기 말까지 이탈리아와 스페인, 포르투갈은 외부 세계에 거대 항구도시를 건설하는 데만 혈안이 돼있었을 뿐 국내의 외지고 낙후된 곳은 돌보지 않았다. 반대로 영국은 국내에 활발한 통합 시장을 형성했다. 지리적 이점도 있었지만 중앙집권 국가의 출현으로 도시 간 장벽이 허물어지면서 가능했다.[64] 그러자 국제무대에서 존재감이라곤 없었던 영국이 경제발전에 필요한 초석을 마련했다. 특히 시장을 통해 여성에게 기회를 제공했기 때문이었다.

'국부론 대 여성'의 네 가지 관전 포인트

시장은 여성에게 자유를 안겨주었고 여성은 최소 네 가지 경로를 통해 경제 번영에 이바지했다. 미리 밝히자면 여성의 자유 실현은 인구 동태와 임금, 민주주의, 유능한(또는 무능한) 국가의 출현, 인적 자본, 투자, 기업가 정신, 제도에 영향을 미쳤다.

1. 인구, 출산율, 임금

앞 장에서 살펴본 대로 로버트 C. 앨런은 저임금이 아닌 고임금이 경제성장에 도움이 된다고 주장했다. 저임금 체제에서 기업가는 생산성을 높이기 위해 굳이 신기술과 기계 생산을 도입할 필요가 없다. 저렴한 노동력을 이용하면 그만이다. 영국의 노동자 임금이 높았다고는 하나 다른 지역에 비해 얼마나 높았는지는(그리고 어떤 집단에서 높게 나타났는지) 아직 명확히 밝혀지지 않았다. 그럼에도 확실한 피임법이 없었던 당시 영국에서 여성의 자유가 고임금에 어떻게 이바지했는지 살펴볼 필요는 있다.

맬서스는 '남녀의 사랑'이 국가의 천연자원을 고갈시켜 최저임금을 초래할 위험이 있다고 말했다. 그리고 발생 가능한 두 가지 경제적 결과를 제시했다. 저임금 균형 상태와 고임금 균형 상태다. 저임금 균형 상태는 경제 상황과 관계없이 출산율이 높을 때 발생한다. 조혼과 여성의 신체 자율권 부재로 대표되는 가족 체계에서 찾아볼 수 있다. 맬서스에 따르면 저임금 균형 상태는 인구가 자원보다 훨씬 많아져 기근과 영양실조를 야기한다. 그래서 사망률도 함께 높다.

고임금 균형 상태에서는 출산율이 경제 상황에 따라 달라진다. 대가족 체계와 달리 핵가족 체계에서는 자녀를 재정적으로 부양할 만큼의 여유가 되면 결혼하고 출산을 한다. 그래서 인구 증가에 대한 부담이 적다. 인구 수가 국가의 부양 능력에 따라 조절되기 때문에, 간단히 말해서 굶어죽는 사람이 없다. 사망률에 기대기보다 출산율을 조절하여 인구 성장을 억제하면 인구 수와 자원 간 균형을 보다 효과적으로 유지할 수 있다. 그리고 사망이 아닌 출산으로 인구 성장을 억제함으로써 훨씬 덜 가혹한 인구 조절 체제population regime가 만들어진다. 인구 수를 조절하면 국가는 고임금을 지원할 수 있었고 그에 따라 국민 생활수준도 높아질 수 있다.

고임금 균형 상태의 핵심은 가족 체계다. 인구통계학자 존 하즈날은 가족 체계를 두 가지로 분류했다. 우리가 아는 대가족 체계와 핵가족 체계다. 하즈날에 따르면, 역사적으로 어느 지역이든 대가족 체계가 지배적이었다. 그런데 산업혁명이 발발하기 200년 전부터 유럽 북서부에서는 대가족 체계가 합의 기반의 핵가족 체계로 전환되었다.[65] 그러자 이곳 여성들은 어린 나이에 결혼하지 않고 배우자와 결혼 시기를 자유롭게 선택했다. 그리고 자유를 맛본 여성들은 양가 부모 누구와도 합가를 원치 않았다. 바꿔 말하면, 자유로운 연애와 함께 젊은 연인들은 재정적으로 안정이 됐을 때 결혼했다. 그 결과 초혼 연령이 높아졌으며 무엇보다 경제 상황이 결혼에 큰 영향을 미쳤다. 경제 상황이 나쁘면 좋아질 때까지 결혼을 미뤘다. 실직의 위험 속에서 가정을 꾸린다는 건 모험이었다. 산업혁명 이후 경제가 발전하자 사람들의 결혼 시기가 빨라졌다. 경제 상황이 결혼에 영향을 미침으로써, 출산율은 국가의 부양 능력과 비례했다.[66] 또한 유럽은 대개 일부일처제였다. 인류 사회의 85퍼센트가 일부다처제였다는 사실을 고려하면 주목할 만한 특징이다.[67] 일부일처제로의 전환만으로도 평균 초혼 연령이 높아졌고 출산율이 40퍼센트로 낮아졌으며 저축률은 70퍼센트까지 올라갔다. 1인당 GDP는 170퍼센트 증가했다.[68]

시장은 여성에게 기회를 제공함으로써 일종의 해방구 역할을 했다. 여성은 시장에서 얻은 기회로 조혼에 저항하고 스스로 삶을 꾸려갈 수 있었다.[69] 이는 가족 체계의 변화를 가져왔고 궁극적으로 기계화와 기술 발전을 가능케 했다.

2. 투자와 기술

여성의 자유 실현과 이로 인해 출현한 합의 기반의 핵가족 체계는 경제 번영에 필요한 저축과 기술 발전에도 영향을 주었다.

대가족 체계와 달리 핵가족 체계에서는 성인이 되면 독립을 해야 한다.[70] 그래서 기술 습득이 무엇보다 중요했다. 평균 초혼 연령이 20대 중반이었다는 사실은 젊은 사람들이 견습생이 되는 등 기술을 습득하는 시간을 가졌다는 걸 말해준다. 또한 비교적 늦은 결혼과 줄어든 가족 규모는 교육 증진을 가져와 경제 번영에 필요한 기술 발전을 낳았다. 자녀 수가 줄어든 만큼 재정적 여유가 생겨 교육에 더 집중할 수 있었던 것이다. 대가족 체계로는 심지어 오늘날에도 가난을 면하기 어렵다고 한다. 형제자매가 많으면 특히 동생이 많으면 감내해야 할 것이 많을지도 모른다.[71] 제인 험프리스가 조사한 바에 따르면 대가족에서 자란 아이들은 일찍이 일터로 내몰렸기에 교육을 충분히 받지 못했다.[72] 제이콥 바이스도르프와 마크 클렘프는 집집마다 자녀수가 1명 감소하면 문맹률이 7.3퍼센트 낮아지고 전문 기술자 비율도 7.9퍼센트 증가한다는 연구 결과를 내놓았다.[73] 여성의 자유 실현으로 출현한 핵가족 체계가 경제 발전에 기여했다고 모두 말하고 있는 것이다.

또한 핵가족 체계에서 부모는 미래를 미래 저축할 여유가 생겼다. 자녀에게 노후를 맡기지 못하므로 저축은 필수였다. 저축에 대한 관심이 커지자 투자 규모도 크게 증가했다.[74] 퇴직연금과 종신연금 등 민간 자본시장도 덩달아 발전했다.[75] 금융기관은 수령한 분담금으로 국채를 매입했고 정부는 국채 발행을 통해 차입 및 투자 능력을 키울 수 있었다. 앞으로 다루겠지만 영국의 재정 시스템은 18~19세기 사이에 발달하기 시작했다.

3. 자본주의 정신

막스 베버는 개신교 윤리가 서양을 부유하게 만들었으므로 종교개혁이 자본주의를 낳았다고 주장했다. 영국처럼 개신교를 믿는 국가에서는 기업가 정신과 근면 성실, 저축 문화가 발달했다.[76] 하지만 '자본주의 정신'은 여성의 자유 실현 덕분이다. 대가족 체계와 핵가족 체계를 비교해보면 명확해진다.

부모의 뜻에 따라 결혼하고 시부모와 함께 살아야 하는 대가족 체계에서 어린 아내는(가끔 남편도) 사생활이 거의 없다. 대가족 체계에서 결혼과 배우자는 집안 형편이 결정한다. 반대로 핵가족 체계에서는 결혼과 배우자를 능동적으로 선택할 수 있고 결혼하면 독립된 가정을 이룬다. 결혼하면 부모님의 지원을 받을 수 없었던 영국에서 특히 그랬다.[77] 즉 영국에서는 경제력을 갖춘 다음에야 결혼했다. 독립된 가정을 갖는 문제는 전적으로 노력 여하에 달려 있었다. 직장에서 얼마만큼 인정받는지, 저축을 어느 정도로 할 수 있는지 등이 매우 중요했다. 소득이 가족을 부양할 만큼이 못된다면 결혼은 불가능했다. 확실한 피임법이 나오기 전까지 결혼의 다른 말은 부양해야 할 자녀의 출산이었다. 성생활을 원한다면 그에 따른 결과도 책임져야 하므로 충분한 경제력을 갖춰야 했다. 사랑에는 책임이 따랐기에 부단히 열심히 일하고 노력해야 했다. 열심히 일하지 않으면 성생활도 없었다.[78]

자본주의 정신은 근면 성실, 기술 연마, 기업가 정신, 미래를 위한 저축, 이 모든 걸 포함한다. 그리고 가족 체계가 여성의 자유를 실현할 수 있도록 변하지 않았더라면 자본주의 정신은 없었다.[79]

4. 민주주의와 국가

경제학자들에 따르면 가족 간 결속력이 끈끈하다는 말은 가족들이 서로를 그만큼 돌보고 챙긴다는 뜻이다. 그런데 핵가족 체계에서는 가족 구성원이 외부 사람들과도 소통하고 일할 수밖에 없다. 그 덕분에 국가의 탄생에 필요한 협동 정신과 신뢰가 발달할 수 있었다.[80] 여기서 중요한 건 핵가족 체계는 여성의 자유를 보장할 때, 즉 여성이 결혼을 자유롭게 선택할 수 있을 때 가능하다는 것이다. 그러므로 국가의 탄생과 여성의 자유는 밀접한 관련이 있다.

더욱이 전체주의가 아닌 민주주의 국가를 원한다면 여성의 자유는 더욱더 중요해진다. 역사학자 에마뉘엘 토드는 민주주의의 출발점이 가정이라고 말했다.[81] 우리가 인생을 시작하는 곳, 즉 처음 '사회화'를 시작하는 곳은 가정이다. 여성은 목소리를 낼 수 없고 '연장자'가 지배하는 가부장적인 가정에서는 권위를 받들고 따라야 한다고 배운다. 서열이 우선하기 때문이다. 반대로 남녀가 평등하고 어린 사람도 목소리를 낼 수 있는 합의 기반의 가정에서는 민주주의를 배운다. 민주주의하에서는 모두 발언권을 가지며 상의와 토론을 통해 의견을 형성하고 상대방에게 책임도 묻는다. 누구든 침묵하지 않고 말할 수 있다.[82] 그렇다면 전체주의에 가까운 비민주적인 정치제도의 뿌리는 가부장적인 가정일지도 모른다. 가부장제에서 권력자는 평범한 남성이고 나머지 가족 구성원은 비민주적인 지배 방식에 저항하지 못한다.

민주주의는 유럽 북서부에서 시작되었다. 유럽 북서부의 일반적인 가족 체계는 여성이 비교적 자유의지를 발휘할 수 있고 평등을 누릴 수 있는 구조였다. 바꿔 보면 가정의 권력 불평등을 해결하지 못하고서는 경제 번영을 가로막는 '나쁜' 제도를 없앨 수 없다는 뜻이 된다. 전체주의와 가부장제가 한 몸이라면 '개인적인 것이 정치적인 것'이라는 페미니스트들의 구호는 틀리지 않은 것 같다.

여성의 자유는 비단 민주주의뿐만 아니라 오늘날 서양이 당연시하는 유능한 국가와도 밀접한 관련이 있다. 여성이 참정권을 얻자 국가가 공공재와 의료 서비스 및 교육을 제공하는 정도로 발전했고, 그 결과 20세기에 경제 번영이 계속될 수 있었다는 연구 결과가 있다.[83] 복지 제도가 가장 먼저 출현한 곳도 여성의 자유가 비교적 높았던 유럽의 일부 국가였다.[84]

전통 사회에서 복지 제공자는 가정이었다.[85] 고소득 구성원이 저소득 구성원을 부양했으며 여성은 자녀와 노인을 돌보고 결혼 시장의 제물이 되어 가족의 생계를 지원했다. 개인의 자유와 가족의 이해가 충돌할 수밖에 없었다. 시장은 이런 관행에서 벗어날 수 있도록 탈출구와 해방구를 제공했지만 복지에 공백이 생겼다. 복지국가는 시장과 협력해 여성의 자유의지 실현과 경제 번영을 한꺼번에 뒷받침해줄 수 있다.

구빈법으로 알려진 영국의 초기 복지제도는 시장에 부담이 된다기보다는 긍정적인 평가를 받았다.[86] 영국과 유럽의 다른 국가 간 복지제도를 비교해본 테이스 람브레히트는 영국에서 "노인 돌봄은 지역사회의 책임이었다"고 밝혔다.[87] 돌봄을 책임짐으로써 영국의 복지제도는 여성의 경제적인 능력과 활동을 모두 지원했다.[88] 람브레히트가 말하길 가부장제를 취하는 국가들은 돌봄을 전적으로 여성에게 맡기는 가부장제를 정부 지출을 줄이는 수단으로 이용한다.[89] '보수' 정부와 가부장제는 여성의 '무급노동'을 이용한다는 점에서 본질적으로 맞닿아 있다. 그 결과는 경제성장 발전의 저해라는 역효과다. 물론 영국의 복지제도는 에이드리엔 로버츠[90]의 지적대로 전혀 완벽하지 않았고 복지사업과 관련한 법들이 비난을 받으면서 그 영향도 복합적으로 나타났다. 지금도 개선해야 할 점이 분명히 있다.

소결론

1869년 존 스튜어트 밀은 여성 억압이 "인류 발전을 방해하는 주요 요인 중 하나"라고 했다. 그가 옳았지만 이 발언에 귀 기울이는 경제학자는 (페미니스트 경제학자 외에) 거의 없다.[91] 지난 긴긴 역사는 경제 번영의 핵심은 여성의 자유라고 분명히 말한다. 여성의 자유는 임금 상승과 기술발전, 저축률 증가, 기업가 정신을 만들어내며 민주적이고 유능한 국가를 탄생시켰다.

제 II 부

불평등

들어가며

제1부에서 살펴본 대로 서양이 번영할 수 있었던 건 여성의 자유 실현 덕분이었다. 그렇다면 최빈국이 가난에서 벗어나고 서양이 더욱 번영하려면 무엇보다 여성이 자유로워져야 한다는 말이 된다. 제2부는 이 질문으로 시작하고 싶다. '여성의 자유는 (그리고 이로 인한 경제 번영이) 시간이 가면 저절로 증진될까?' 곧 논할 테지만 안타깝게도 아니다. 제2부에서는 석기시대부터 현대에 이르는 역사 여행을 통해 여성의 자유가 어떻게 확대되고 감소되어 왔는지 살펴볼 예정이다. 다소 역설적이나 여성은 경제성장을 돕지만 언제나 경제성장의 덕을 보는 건 아니다. 영국 산업혁명기에 일어났던 일들이 그 이유를 말해준다. 교훈이 있다면 여성은 한시도 방심해서는 안 된다는 것이다.

성평등의 역사를 되짚어보고 성불평등과, 또 다른 불평등인 소득 불평등이 서로 어떤 연관이 있는지 알아보고자 한다. 경제학자들은 대개 성불평등과 소득불평등을 각각 따로 논한다. 하지만 젠더에 관심을 갖지 않고서는 소득불평등을 해소할 수 없다.

소득불평등은 내가 태어나기 얼마 전부터 시작되었고, 우리 집은 누가 봐도 사다리의 아래 칸을 차지하고 있었다. 내가 유년 시절을 보냈던 영국 북부에서는 다른 지역이 남긴 찌꺼기가 곧 생활용품이자 식량이었다. 뭐든 쓰임새가 있었다. 버릴 건 하나도 없었다는 말이다. 어느 날 나의 조부모님은 나를 시장에 데려가 잡지 한 권을 사주셨다. 가판대에서 흔히 판매하는 종류의 잡지는 없었다. 모두 손때가 많이 묻은 한물간 잡지들로 아마 개인 병원에서 중고로 구매해온 잡지들이 아니었나 싶다. 근처 가판대에서는 형체를 알아볼 수 없이 부서진 비스킷을 팔았다. 이곳 사람들은 슈퍼마켓에서 판매하는 깔끔하게 포장된 비스킷 따위에는 절대 돈을 쓰지 않았다. 하지만 시장에서 판매하는 비스킷도 너무 비쌀 때가 있었다. 그럴 때면 할아버지와 나는 수로를 따라, 이제는 비스킷 공장으로 변한, 벽돌로 지어진 낡은 공장의 뒷문에 줄을 섰다. 여기서는 비스킷을 가장 싼 가격으로 몇 포대나 살 수 있었다.

어릴 때 나는 모두 이렇게 사는 줄 알았다. 하지만 커가면서 어떤 사람들은 분명히 깔끔하게 포장된 예쁜 비스킷과 막 인쇄된 잡지를 사 보리라 확신했다. 그렇지 않고서야 어떻게 그 많은 찌꺼기가 전부 우리 차지가 될 수 있겠는가? 18살에 고향인 영국 북부를 떠나 케임브리지대학교에 입학했을 때 난생처음 그 '어떤 사람들'을 실제로 마주했다. 이 사람들은 아니나 다를까 매주 막스앤드스펜서Marks & Spencer와 같은 대형 쇼핑몰에서 물건을 구매했다.

내가 계층(정확히 학문적) 사다리를 오르기 시작하는 동안, 안타깝게도 나의 모든 지인들은 친한 친구를 포함해 제자리에 머물러 있었다. 나는 특별한 경우였지, 다시 말해 그들이 보기에 나는 특별한 경우일 뿐, 일반적인 경우는 아니었다. 지금 내가 사는 지역의 정 반대편에는 임신으로 학교를 그만두고 GCSE*는 한 번도 치러본 적 없는 내 친구들과 가족들이 살고 있었다. 나는 삶에 대한 환상이 없다. 삶이란 부유한 서양에서도 쉽지 않다.

그런데 사람들은 '계층' 문제에는 갈수록 관심을 가지면서 젠더 문제에는 언제나 무심하다. 나는 14살 때 이걸 깨달았다. 그 당시 부모님이 이혼하고, 어머니 홀로 나와 내 여동생 둘을 돌봤다. 끼니를 거르기 일쑤였고 중고품 가게를 드나들어야만 했다. 젠더 문제는 방 안의 코끼리다. 성불평등을 외면해서는 소득불평등도 해소하기 어렵다.

제2부의 마지막 장인 5장은 아무도 주목하지 않는 또 다른 불평등에 주목한다. 머리로 돈을 버는 여성과 신체로 돈을 버는 여성 간 불평등이다. 최빈곤층 여성들에게 특히 큰 고통을 주는 불평등인데, 그 해결 방식이 옳지 않다. 계몽주의와 19세기 가정생활 규범이 낳은 사회적 금기 탓에 이 불평등이 생겨났다. 반드시 해결해야 함에도 등한시해온 이 불평등을 해결하려면 성$_{sex}$과 여성의 신체를 향한 기존의 사회적 고정관념을 버려야 한다. 그 효과는 성 노동자의 삶을 개선하는 수준 이상이 될 것이다. 성 노동자가 외면 받는 현실도 여성이 사

* 영국의 중등교육 자격시험.

회에서 '제자리'를 면하기 어려운 현실도 모두 똑같은 사회적 금기 때문이다. 그 금기에는 여성의 신체가 모든 죄악의 근원이라는 생각이 그 저변에 깔려 있다.

  정리하자면, 더 부유하고 더 평등한 세상을 향한 출발점은 여성의 자유 실현과 확대다.

3장

성차별의 시작

제1장에서 여성의 자유 실현이 경제 번영을 이룩하는 데 핵심이라고 말했다. 세계경제포럼이 발간한 '성별(젠더)격차보고서Gender Gap Report'에 따르면 전 세계 성별 격차는 32퍼센트다. 성불평등의 정도를 포괄적으로 나타내는 수치로 건강, 교육, 노동시장, 정치 활동 등에서 이 같은 결과를 기록하며 성불평등이 해소되지 않았음을 보여주었다.[1] 그런데 우리는 시간이 흐르면 저절로 좋아질 것이기 때문에 그저 기다리면 된다고 생각하는 경향이 있다. 그 예로 클라우디아 골딘은 미국의 소득 격차가 19세기 말에는 50퍼센트 이상을 웃돌았는데 1930년에 이르러서는 40퍼센트 이상 정도로 감소했다고 보고했다. 그 후 미국의 소득 격차는 변동이 없다가 1980년에 다시 감소하

기 시작했고 현재는 정확히 15퍼센트다(도표 3.1 참조).[2] 하지만 성별 격차는 가부장제와 함께 줄어들기도 했지만 다시 또 회복하곤 했다. 역사는 여성의 편이 아닌 적이 많았고 경제성장도 여성에게 힘을 실어주지 못할 때가 많았다.[3] 왜 성평등이 좋아졌다가 나빠지기를 반복했는지 그 이유를 이번 장에서 살펴본다. 그리고 마지막에 우리는 한 가지 교훈을 얻을 것이다. 성평등은 저절로 주어지지 않는다는 교훈을 말이다.

성차별의 세 가지 기원

우리는 보통 여성은 언제나 역사적으로 억압받아왔고 여성해방의 역사도 100년 밖에 되지 않았다고 생각한다. 그리고 '언제 성차별이 시작되었는가?'보다는 '성차별은 언제 사라질까?'라고 묻곤 한다. 하지만 《결국은 여성 Women After All》을 집필한 인류학자 멜빈 코너는 수렵·채집 생활을 했던 원시 조상들은 우리가 상상할 수 없을 정도로 남녀의 구분이 없는 평등한 삶을 살았다고 말한다.[4] 코너에 따르면 당시 자연과 가까운 사람은 남성이 아닌 여성이었고 따라서 원시 세계의 지배자는 여성이었다.

그렇다면 언제부터 여성이 소외되기 시작했을까? 아이러니하게도 기술과 제도가 발달하고 나서부터다. 1만 년 전, 정확히는 기원전 1만~6500년 사이에 세상이 크게 달라졌다. 신석기혁명이 일어난 것이다. 인류는 농경 및 정착 생활을 시작했고 코너의 말대로라면 그때

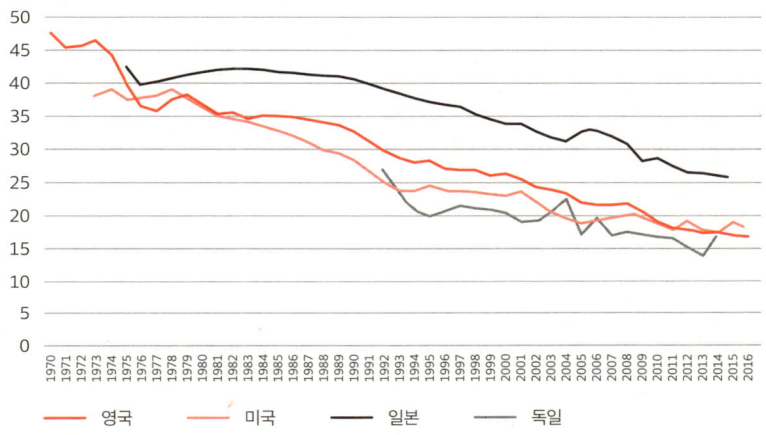

<도표 3.1> 1970~2016년 영국, 미국, 일본, 독일의 성별 간 임금격차(%)

출처: OECD (https://data.oecd.org/earnwage/gender-wage-gap.htm#indicator-chart)

부터 "남자들끼리 서로 싸워 죽였고 이긴 남자는 여자와 패한 남자를 모두 노예로 삼았다." 이 시기에 주목해 오늘날까지도 여전한 성불평등에 접근한 사람은 코너가 최초가 아니다. 페미니스트로 보기는 어려우나 마르크스의 유명한 지지자이자 동지였던 엥겔스는 《가족, 사적 소유, 국가의 기원》을 통해 성불평등 문제를 넓게 다루었다.[5]

엥겔스는 독일에서 비교적 부유한 가정에서 태어났지만 커가면서 좌파 성향을 띠었다. 아버지는 정신 차리라는 의미에서 아들을 영국 맨체스터로 보내 노동자로 살게 했다. 엥겔스는 제분소 등 공장에서 일했는데 생각을 고쳐먹기는커녕 가족들의 기대와는 정반대로 더욱 노동자들의 편에 섰다. 마르크스가 빈부 격차의 주범으로 자본주의를 비난했다면 엥겔스는 그사이 남녀 차별에 주목했다.

　엥겔스는 수렵·채집 생활을 했던 원시사회를 '원시 공산사회'라고 칭했다. 여기서는 모두가 평등했고 공동의 목표를 달성하기 위해 모두가 함께 협동했다. 남자는 수렵 활동을 여자는 채집 활동을 담당하며 남녀가 맡은 역할은 달랐으나 모두 똑같이 생존을 위해 노력했고 똑같이 그 노력을 인정받았다. 그런데 수렵·채집 생활을 그만두고 농사를 짓기 시작하면서 달라지기 시작했다.

　엥겔스의 핵심은 농경 생활로 소유권이 생겨났다는 것이다.[6] 특히 소와 같은 가축에 주목했다. 마르크스에게 사유재산은 부의 불평등을 낳은 장본인이었지만 엥겔스에게 사유재산은 성불평등의 원인이었다. 엥겔스에 따르면 농경 사회에서 집을 떠나 가축을 몰고 보살피는 일은 남자의 일이었고 여성의 일은 집에 머무르면서 자녀를 키우는 것이었다. 피임법이 발달하기 전까지 여성은 임신과 모유 수유에서 자유로울 수 없었다. 따라서 엥겔스는 남성이 소유권을 가졌으리라고 판단했다. 엥겔스는 농경 사회에서 여성은 "남성의 성적 욕구를 해소해주는 노예이자 자녀 출산 도구에 불과했다"라고 말했다.

　성불평등 기원에 대한 엥겔스의 이 같은 분석은 오늘날에도 유효하다. 다소 생소하고 마르크스에서 살짝 벗어나있더라도 말이다. 비록 엥겔스의 관심은 사유재산이었지만 최근 연구도 그의 말대로 성불평등이 수렵·채집 생활에서 농경 생활로 대전환이 일어나면서 발생했다고 말한다. 하지만 성불평등의 수준은 지역마다 달랐다. 그 정도는 그 지역의 환경 즉 지리적·기술적 여건에 따라 상당한 차이를 보였고 농업기술의 발전에도 영향을 미쳤다.

여성이 유독 사용하기 힘든 농업기술이 있다면 그건 바로 힘센 사람에게 특히나 유리한 쟁기였다. 쟁기를 다루려면 상당한 힘이 필요했기에 경제사학자들은 여성의 적이 쟁기였다고 말했다. 오랜 세월 쟁기를 사용해온 국가는 지금도 성평등지수에서 좋지 못한 성적을 기록한다. 알베르토 알레시나, 파올로 줄리아노, 네이선 넌이 1,200개가 넘는 민족을 조사해본 결과 과거 쟁기를 주로 사용했던 국가에서 오늘날 성불평등이 높게 나타났다. 역사의 그림자는 길다.[7]

인류학자 바버라 스뮈츠는 성불평등과 관련해 다른 것에 주목한다. 그렇지만 그 역시 신석기혁명에서 비롯한다.[8] 엄마가 누구인지는 언제나 분명하지만 아빠가 누구인지는 그렇지 않다는 점을 언급하며 스뮈츠는 가부장제가 진화론적인 반응이라고 주장한다. 스뮈츠에 따르면 여성을 억압하고 감시하려는 남성들은 진화론적 관점의 이 불확실성을 이용했다. 섹스는 남성의 지배 욕구를 보여준다. 남성은 자신의 유전자가 잘 전달되었는지 확인하고 싶어 했다. 수렵·채집 사회에서 농경 사회로 전환되면서 남성에게 지배 욕구가 생겨났다. 바뀐 사회에서 식량을 구하러 다니는 일은 더 이상 여성의 일이 아니었다.

성불평등의 기원이 사유재산이든 쟁기나 가부장제든 분명한 건 기술혁명은 여성에게 불리하게 작용했다.

농업에서 제조업으로

농경 사회는 생활방식을 바꿔 놓았고 바뀐 생활방식은 또 다른 시대를 열었다. 제조업이 발달한 것이다. 유목민으로 살 때는 잦은 이동으로 최소한의 물건만 소유할 수밖에 없었다. 하지만 정착 생활을 시작하자 이 같은 제약은 사라졌고, 베틀과 물레 등 다양한 기술이 발달하면서 면직물, 도자기, 금속 제품을 생산하기 시작했다. 농사는 힘이 중요했지만 제조업은 힘보다 기술이 우선이었다. 하지만 기술이 발달해도 가부장제가 이미 깊이 뿌리내렸기에 여성이 제조업에 참여하기까지는 몇 백 년이 걸렸다.[9] 특히 가부장제는 국가가 출현하자 더욱 공고해졌다.

농경이 발달하고 도시가 생겨나자 국가가 출현했다. 농경 생활은 정착을 의미하며 나아가 국가도 생겨날 수 있다는 말이 된다.[10] 지방과 도시는 통치가 필요했고 당연히 그 통치 방식은 지금처럼 민주적이지 않았다. 최초의 정치제도는 가부장제를 모델로 삼았기에 국가는 가부장제 가정처럼 독단적이고 고압적이었다. 정치제도는 결국 가족 구성원들이 서로를 대하는 방식에도 영향을 주었다. 대등한 관계이든 권력을 쥔 구성원에게 순종하는 구조이든 정치제도에 따라 가정생활의 모양이 달라졌다. 정치제도와 가부장제는 서로가 서로에게 반응했다. 엄밀히 말해 가부장제는 세계에서 제일 먼저 발전한 지역 즉 신석기혁명이 일어난 지역에서 최초로 생겨났다.[11] 중동과 인더스강, 중국 이 세 문명국에는 가부장제가 발달했고 그 밖의 지역에서는 가족 구성원이 대등한 관계를 이뤘던 신석기혁명 이전의 가족 형태가 유지되었다. 바로 서유럽 같은 지역에서는 말이다.

평등의 강화

초창기의 낙후된 유럽이 오히려 여성 친화적이었다고 한다. 14세기 중반에 발발한 흑사병은 성평등에 도움이 되었다. 역사상 가장 충격적인 사건으로 기록된 흑사병은 유럽 인구를 1/3 내지 1/4로 크게 감소시켰다. 그러자 노동력이 부족해졌다. 남성 소작농의 임금이 상승했고 농장주들은 어떻게든 부족한 노동력을 메워야 했다. 농장주와 소작농 간 힘겨루기에서 소작농이 이기자 경제 불평등이 완화되었다. 젊은 세대는 노동력 부족 현상을 기회 삼아 부모에 대항할 수 있는 협상력을 키웠다. 특히 어린 여성들에게 그 효과가 컸다. 10대 소녀들도 경제적 능력을 갖게 된 것이다. 경제력이 생기자 삶이 달라졌고 여성의 달라진 삶은 가족 구조도 변화시켰다. 핵가족이 출현한 것이다.[12]

젊은 여성들은 경제적 자유를 바탕으로 배우자와 결혼, 결혼 시기를 스스로 선택하고 결정할 수 있게 되었다. 제1부에서 살펴본 대로 경제활동을 시작한 여성들은 마음에 드는 상대를 만날 때까지 결혼하지 않았다. 어느 누구도 결혼을 강요할 수 없었고 배우자를 직접 선택했기에 평등한 결혼 생활이 가능했다. 하지만 배우자를 자율적으로 선택하는 대신 결혼하면 경제적으로 독립해야 했다. 결혼 후 독립해서 살 신혼집을 직접 마련해야 했기에 연인들은 그때까지 결혼을 미룰 수밖에 없었다. 그래서 평균 초혼 연령이 20대 중반이었다. 제1부에서 논했듯이 핵가족은 여러모로 경제성장에 도움이 될 수밖에 없었다.

흑사병 또한 예기치 않게 여성의 자유를 확대해주었다. 우리가 육식을 즐기게 된 것과 관련있는데, 흑사병으로 인한 노동력 부족으로 임금이 상승하자 사람들은 전과 달리 고기를 많이 사 먹었다.[13] 그러자 농민들은 농사를 그만두고 가축을 기르기 시작했다. 쟁기는 지배력을 잃었다. 1270년 영국은 작물 재배가 아닌 축산으로 47퍼센트의 농업 수익을 얻었다. 그런데 이 수치는 1450년에 이르자 무려 70퍼센트로 증가했다. 여성이 농업에서 일자리를 얻기 시작했다.

사회는 여성들이 힘을 갖는 걸 거부했다. 남성들은 여성이 힘을 갖지 못하도록 여성의 자유를 제한했다. 어디서 일하고 어떤 일을 해도 되는지, 돈을 빌리고 써도 되는지, 심지어 어떤 옷을 입고 입으면 안 되는지도 규정했다.[14] 바뀐 가족 형태는 여성에게 자유를 주었으나 그 실현은 가정 밖의 제도에 달려있었다.[15] 예를 들어 영국와 네덜란드는 비교적 덜한 편이었으나 독일과 프랑스는 길드와 법이 여성의 정식 취업이나 전문 기술직 취업을 가로막았다. 이런 곳에서는 여성이 가정을 벗어나 공적 영역으로 진출하기가 어려웠다. 집 밖의 제도가 점점 평등해지는 가족 형태를 닮아가기 전까지는 그랬다.

농장에서 공장으로

19세기 전반에 영국 노동력의 1/3은 이미 여성들이었다.[16] 하지만 신석기혁명 때와 마찬가지로 혁신적인 기술 발전이 일어났던 이 시기는 여성들에게 축복이 아닌 괴로움을 안겨주었다. 여성들이 맨체스터 면직 공장의 새로운 소득원이었지만(노동자의 58퍼센트가 여성이었다)[17] 그렇다고 모든 여성들이 공장 노동자였다고 이해해서는 안 된다. 탄광과 철강 산업 등 중공업이 급속히 발달했고 중공업은 남성 노동력을 원했다. 중공업이야말로 힘과 자본의 결합이었고 이는 화가 토머스 하트 벤턴이 뉴욕의 뉴스쿨대학교 벽에 그린 그림에 아주 잘 나타나 있다.● 농업이 기계화되면서 영국 곳곳에서 여성과 아이들이 일자리를 잃었다. 시커멓고 악마 같은 공장이 가내수공업을 밀어내면서 농촌의 여성들은 농사 벌이를 보충할 수단을 잃어갔다.

여성이 할 수 있는 일이라곤 점차 집안일과 옷 짓기 뿐이었다.[18] 여성은 경제활동의 기회를 박탈당했을 뿐만 아니라 집에서는 집안일 등 무보수 노동을 점점 더 강요받았다. 노동시장이 바뀌면서 여성의 결혼도 빨라졌다. 여성의 평균 초혼 연령은 25세에서 23세로 낮아졌고 출산율도 증가했다.[19] 베이비붐이 찾아온 것이다. 그 결과 여성들은 옛날처럼 잦은 임신, 잦은 수유 그리고 고된 집안일에 시달렸다.

산업혁명 이전에는 여성의 경제활동이 당연했다.[20] 오히려 산업혁명 발생으로 여성들은 일자리를 잃었고 노동시장에서의 남녀 간 격차도 커졌다.[21] 산업혁명이 끝나갈 무렵 경제활동에 종사하는 여성은 5명 중 1명뿐이었다.[22]

노동운동이 활발히 전개되는 가운데 남성 노동자들은 여성과 어린이의 고용을 제한하는 규정을 밀어붙였다. 노동조합원들은 임금 인상과 근로 환경 개선을 요구했지만 여성 노동자가 많은 가사노동 분

● 토머스 하트 벤턴의 벽화 〈오늘날의 미국 America Today〉을 말한다.

야는 열외로 두었다. 영국 빅토리아 시대와 19세기 미국에서는 가사노동이 여성들이 얻을 수 있는 유일한 일자리였다.

바야흐로 '남성 생계 부양자 모델'이 탄생했다. 집안에서 남녀의 역할이 나뉘었다. 남자는 집안 경제를 여성은 집안일을 책임졌다. 역사의 유물인 줄로만 알았던 과거의 가족 형태가 19세기에 다시 부활해 이상적인 모델로 자리 잡았다.[23]

미혼의 젊은 여성들과 달리 기혼 여성들이 경제활동을 하는 경우는 드물었다. '가정성 이념cult of domesticity'●은 성불평등뿐만 아니라 민족·인종 간 불평등도 야기했다. 테레사 아모트와 줄리 매사이에 따르면 중산층 백인 여성들은 자신을 대신해 집안일을 도맡아줄 여성 하녀를 값싼 임금에 고용했고 이 하녀들은 대부분 유색인종이거나 고국을 갓 떠나온 이주민들이었다. 하녀를 고용함으로써 중산층 백인 여성들은 집안에서 나름대로 '높은 서열'을 차지할 수 있었다.[24] 1900년도에는 그 어떤 분야보다도 가사노동 분야에서 여성 비율이 높았고 흑인과 유럽(특히 아일랜드) 출신의 이주 노동자들이 그중 40퍼센트를 차지했다.[25]

여성은 산업혁명의 초석을 마련해주었지만 아무런 보답을 받지 못했다. 남성들에게 계몽주의와 산업화는 인간 대 자연 투쟁을 뜻했고 이 투쟁의 승자는 남성이었다. 하지만 비교적 힘이 없는 집단에서는 또 다른 투쟁이 분명히 일어나고 있었다. 그 투쟁은 자연이 아닌 인간사회가 일으킨 투쟁이었다.[26] 페미니스트들은 참고만 있지 않았다.

● 　남자는 돈을 벌고 여자는 살림을 해야 한다는 식의 생각.

18세기 메리 울스턴크래프트는 여성의 권리를 주창하며 평등권을 요구했다. 그 뒤를 이은 페미니스트들은 가사노동의 고단함을 지적하며 한 걸음 더 나아갔다. 애나 휠러와 윌리엄 톰슨은 1825년 《인류 절반의 호소》에서 이같이 말했다. "여성 억압이 남성을 무지와 독재라는 악덕에 가두었듯이 반대로 여성해방은 남성들로 하여금 지성과 행복, 자유를 누리게 해줄 것이다."[27] 19세기 말 미국에서는 여성운동이 힘을 얻고 있었다. 남북전쟁 탓에 흑사병 때와 마찬가지로 남성 인력이 부족해지면서 여성운동이 더욱 힘을 얻을 수 있었다.[28] 하지만 이때의 여성운동은 분열된 여성운동으로 젠더와 인종 문제가 함께 교차하는 현상을 보지 못한 채[29] 누구는 평등권을 요구하고 누구는 '모성' 복지제도를 요구하며 의견 불일치를 겪었다. 지금도 이 갈등은 계속되고 있다.[30]

20세기

여성의 경제활동이 19세기에 급감했으나 20세기가 되자 다시 활발해졌다. 클라우디아 골딘에 따르면 여성이 노동시장에 복귀하자 경제가 처음에는 하락세를 보이다가 이후 천천히 회복되는 U자 곡선을 그렸다.[31] 앞서 역사 여행을 통해 알아보았듯이 경제는 U자 곡선을 오랜 주기 반복한다. 19세기든 20세기든 미혼 여성의 경제 활동은 언제나 활발해서 미혼 여성에게는 큰 변화가 없었다. 20세기 초반 미국에서는 미혼 여성의 경제활동 참여율이 40~50퍼센트였는데 이 수치는 수십 년 동안 큰 증가 없이 현재 약 60~65퍼센트를 기록한다. 눈에 띄는 변화는 기혼 여성에게서 나타났다. 미국 노동력에서 기혼 여성이 차지하는 비율은 압도적으로 증가해서 1900년도에는 그 비율이 고작 6퍼센트였다면 2000년도에는 73퍼센트에 달했다.[32]

여성 노동력이 늘어난 데는 페미니즘의 역할이 컸다. 페미니즘은 난데없이 등장하지 않았다. 19세기에 여성의 경제활동이 비교적 높았던 지역에서 페미니즘이 발달했다. 면직물 생산으로도 유명하지만 에멀라인 팽크허스트●가 살았던 곳으로도 유명한 내 고향 맨체스터도 그중 하나였다.[33] 이후 새로운 경제 물결이 여성에게 또 다른 기회를 제공하면서 페미니즘이 급속히 확산했다. 두 번에 걸친 세계대전은 노동력 품귀 현상을 낳았고 두 번째 세계대전이 끝남으로써 찾아온 '황금기'가 또 다른 노동력 부족 현상을 낳으며 여성과 유색인들은 변화를 일으키기에 보다 충분한 협상력을 갖게 되었다.[34] 더욱이 경제 발전과 더불어 제조업이 해외로 수출되면서 서양은 새로운 산업인 서비스 산업에 진출했다.[35] 사무직부터 판매직과 고객 응대직까지 새로운 취업 기회가 열렸고 그 분야는 중공업과 달리 남성만 편애하지 않았다. 그러자 여성들은 정치적·사회적 변화를 촉구했다. 일자리 경쟁이 치열해지자 남성들은 기혼 여성의 취업을 제한하는 등 장벽을 쌓았다.[36] 남성들이 고소득 분야의 일자리를 독점하는 사이 여성들은 주로 단순 사무직이나, 아니면 가사 일손이 줄어들자 생겨난 일자리, 가령 아동·노인 돌봄 및 요식업 등에서 일자리를 얻었다. 이와 비슷

● Emmeline Pankhurst. 20세기 초 영국에서 여성 참정권 운동을 벌였다.

한 분열이 인종과 민족 간에도 발생할 수 있다. 서비스 부문은 양분화에 대한 이야기이며 현재도 계속되는 이야기다.

미래

역사상 기술의 발달은 경제 번영을 가져왔으나 소득불평등(지금도 여전하다)과 성불평등을 낳았다. 하지만 기술이 반드시 성불평등을 초래하는 것은 아니다. 과거의 기술은 남성들의 편이었는지 몰라도 신기술은 남녀를 따지지 않는다. 클라우디아 골딘의 표현대로 기술은 이제 힘을 넘어 지능까지 대체한다.[37]

힘을 대신하던 기술이 이제 지능마저 대신하면서 누구든 생계 위협에서 자유롭지 않다. 그래서 컴퓨터가 넘보기 힘든 인간의 감정과 인간이기에 가능한 능력들이 더할 나위 없이 소중해질 것으로 보인다. 빠르게 성장하는 산업을 보면 여성 노동자가 많다.[38] 비록 이 산업의 임금은 낮은 편이나, 인간이기에 가능한 감정과 능력이 가치를 더해감에 따라 결국 임금도 높아질 가능성이 크다. 사이버 페미니스트*들은 디지털 기술의 발전으로 인간-기술 간 경계는 물론 성별 개념도 모호해지고 있다고 말한다.[39] 과거 운명이 뒤바뀐 적이 있듯이** 지금 형국도 남성이 아닌 여성에게 유리한 쪽으로 바뀌고 있다. 그런데 변화를 가져올 신기술이 있어도 사용하지 않으면 의미가 없다. 사회

* 온라인상 성차별 근절을 목표로 한다.
** 서양의 부상과 동양의 쇠락을 말한다.

는 바뀐 기술에 바로 적응하지 않는다. 가부장제 문화가 팽배한 지역에서는 성 중립적인 신기술도 남성들 차지일 가능성이 크다. 신기술이 가져다주는 새로운 기회를 여성들이 누리려면 법 개정 등 여러 변화가 일어나 이를 뒷받침해주어야 한다. 이를 위해서는 변화를 촉구하는 페미니즘도 필요하지만 기술의 발전 방향도 여성의 사회적 지위를 고려해야 한다. 경제학자들은 기술이 자신이 설정한 경로와 방향대로만 움직이는 외인성을 띤 작용력이라고 평가한다. 그렇다면 기술은 성평등과 임금평등에도 가공할 만한 영향을 줄 수 있다. 그런데 경제학자들의 말과 달리 역사는 기술이 외부의 영향을 쉽사리 받는다고 말한다. 즉 주변 자원이 기술이 나아가는 방향에 영향을 미친다.[40] 성불평등도 하나의 자원으로서 기술의 방향에 영향을 줄 수 있다. 정리하자면 기술이 성평등과 젠더 정체성 형성에 영향을 미치는 사이 성평등도 기술의 방향과 그 활용도에 영향을 미친다.[41] 사회학자 주디 와이즈먼은 이렇게 말했다. "기술은 본디 가부장적인 특징도 해방적인 특징도 없다. … 기술의 정치성은 성별 간 권력관계를 재논의하는 데 꼭 필요하다."[42]

소결론

참정권 운동 시절부터 이어진 20세기 여성운동은 단지 새로운 땅을 개척하기만 한 것이 아니라 잃어버린 땅도 되찾아왔다. 산업화의 영향으로 '남성 생계부양자 모델'이 탄생하면서 수많은 여성들이 일터에서 쫓겨났다. 여성 소외는 힘센 노동조합운동과 정부 개입이 원인이었다. 노동조합운동은 남성의 이익만을 대변했고 7장에서 소개할 테지만 정부 개입은 여성을 남성에게 의존하도록 만들었다. 이런 현상은, 이 책의 마지막인 제4부에서 다룰 예정인데, 경제학자들이 부추기기도 했다.[43]

지금처럼 여성이 살기 좋았던 적이 없었다는 말을 들으면 여성들이 마주하는 건 어떤 역사적인 시선이다. 이 시선은 여성들이 한없이 고마워해야 한다고 말한다. 이 시선은 이제 여성들은 더 이상 걱정할 게 없고, 미래를 낙관해도 좋으며, 무엇보다 경계를 풀어도 된다고 말한다. 하지만 역사는 여성들에게 방심하지 말라고 일러준다. 앞으로 나아가기도 하지만 뒤로 후퇴할지도 모른다고 말이다.

4장

소득불평등과 성性

지난 10년간 우리는 1929년 대공황 이래로 가장 심각한 세계적 경제 위기를 겪었다.• 그뿐 아니라 날로 심해지는 불평등, 임금 정체, 경제성장 둔화도 경험했다. 경제가 불안정하면 정치도 어지러울 수밖에 없다. 지금 서양은 정치사를 다시 쓰는 중이다.

이번 장에서는 소득불평등의 장기적 동향을 간략히 알아보고 소득불평등의 심화 현상을 보통 어떻게 설명하는지 살펴보고자 한다. 토마 피케티의 설명처럼 대부분의 설명이 젠더를 배제한다는 걸 알 수 있을 것이다. 이와 더불어 기존 연구를 토대로 소득불평등과 성불평

• 이 책의 출간 연도는 2019년이다.

등 간 상관관계도 짚어볼 예정이다.[1] 마지막으로 현 상황에 대한 새로운 진단법을 제시하고자 한다. 그건 성$_{sex}$을 제일 먼저 그리고 핵심적으로 고려하는 것이다.

가난과 불평등

최근 두 권의 베스트셀러에서도 언급됐지만 인류 역사상 소득불평등은 상승 아니면 하락 이라는 두 가지로만 나타나지 않았다.[2] 대신 상승과 하락을 거듭 반복하는 파도 모양을 그렸다. 한때 경제학자들은 경제사를 토대로 낙관적인 모습을 보였다. 경제 발전 과정에서 불평등이 처음에는 증가할 수 있으나 사이먼 쿠즈네츠의 주장대로 그건 일시적일 뿐 시간이 흐르면 자연히 해소될 현상이며 결국 누구나 똑같이 경제 발전의 혜택을 누리리라 믿었다.[3] 정리하자면 불평등은 처음에 증가했다가 경제 발전과 함께 감소하는 뒤집힌 U자 곡선을 그린다고 믿었다. 적어도 한동안은 사실인 것 같았다. 서양은 1930년대부터 불평등이 감소했다. 감소세는 20세기 중반을 넘어서도 계속되었다. 그러다 경제학자들의 낙관주의가 어느새 비관주의로 바뀌었다. 1970년대 들어서 불평등이 상승 곡선을 그리기 시작하더니 서양은 21세기 초까지, 지난 수십 년 동안 역사상 최악의 불평등을 경험했다.[4]

19~20세기에 서양은 성장 가도를 달리면서 다른 지역보다 눈에 띄게 앞서나갔다. 이와 함께 전 세계는 역사상 가장 극심한 불평등을

맛봤고 1980년대에 국가 간 빈부 격차는 정점에 달했다. 그런데 최근 몇 년 사이 그 격차가 좁혀지기 시작했다.[5] 인구 대국인 중국과 인도, 그리고 그 밖의 다른 지역이 상대적으로 부유한 서양을 따라잡기 시작한 것이다. 올레 해머와 다니엘 발덴스트룀은 1970년도부터 현재까지의 전 세계 소득불평등을 계산해보았는데, 1970년도에 약 0.7이었던 세계 지니계수가 현재 0.6 이하로 떨어진 걸 확인할 수 있었다. 이는 국가 내 불평등이 감소했다기보다는 국가 간 빈부 격차가 완화된 결과다.[6] 맥스 로저의 지적대로 1970년대의 세계 소득분포는 고소득 균형 상태와 저소득 균형 상태 이 두 가지로 나뉘어져있었고, 이를 중심으로 국가는 양분화되었다. 그런데 최근 들어 소득분포가 올바른 방향으로 선회하면서 이 극과 극의 양분화가 사라졌다. 전 세계 사람들의 소득이 전보다 높아졌다는 방증이다.[7]

전 세계 빈곤율을 보여주는 데이터는 이제 안심해도 좋다고 말한다. 인류 역사상 인간의 삶은(사실상 수천 년 동안) 비참했다. 지저분하기가 이를 데 없었고 생활 방식도 짐승과 다르지 않았다. 수명 역시 짧아 40세면 이미 고령이었는데 이만큼 사는 것도 운이 좋아야 가능했다. 경제는 늘어나는 인구를 감당하지 못했다. 사망률도 높아 자식이 부모보다 먼저 세상을 뜨는 경우가 허다했다. 당시로서는 이런 삶이 일반적이었을지도 모른다. 그러다 약 200년 전에 눈에 띄는 변화가 일어났다. 전 세계 인구는 무한히 팽창했고 그럼에도 사람들은 갈수록 부유해졌다. 전 세계적으로 빈곤율이 크게 하락했다(도표 4.1 참조). 수치만 감소한 게 아니라 극빈곤을 경험하는 사람이 실제로 줄어들었다. 세계은행이 추산한 바에 따르면 1970년도에 극빈곤자 수는

22억 명이었는데 2015년도에는 그 수가 7억5백만 명으로 절반 이상 줄어들었다.[8]

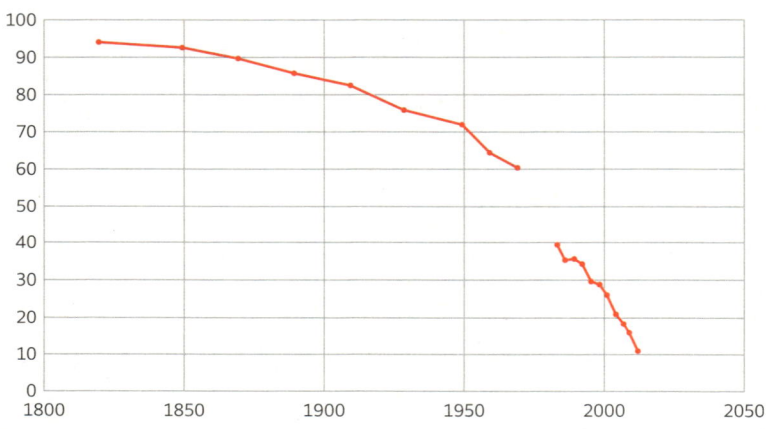

<도표 4.1> 1820~2013년 인구 대비 전 세계 빈곤율

출처: 1970년까지는 Bourguignon and Morrisson (2002), pp. 731-2, 1980년부터는 World Bank from 1981 (https://data.worldbank.org/indicator/SI.POV.DDAY)

하지만 마냥 좋지만은 않았다. 전체적인 그림이 상당히 밝고 빈곤율이 감소하고 있다고 해서 모두가 혜택을 받았다고 해석해서는 안 된다. 지난 30년 동안 빈곤율이 하락했던 까닭은 중국 등 동아시아 지역이 발전했기 때문이었다. 사하라사막 이남의 아프리카와 남아시아는 여전히 매우 가난하다. 이 지역의 극빈곤자 수는 거의 그대로다. 그와 달리 동아시아와 태평양 지역은 극빈곤자 수가 1987년에는 약

9억 명이었으나 2013년에는 7천1백만 명으로 크게 감소했다.[9]

소득불평등은 세계적으로는 감소했으나 서양에서는 오히려 증가했다. 미국에서는 상위 1퍼센트가 국가 전체 소득의 1/5을 담당하고 상위 10퍼센트가 그 절반을 채운다. 유럽은 미국보다 조금 나은 편으로, 영국의 경우 상위 10퍼센트가 국가 전체 소득의 40퍼센트를 담당하고 프랑스와 독일에서는 상위 10퍼센트가 1/3을 책임진다. 이러한 소득 불균형은 근로자들 사이에서도 나타난다. 일반 사원과 임원 간 소득 격차가 크다. 1990년대에 임원은 일반 사원보다 약 60배는 더 많은 임금을 받았다. 현재는 200배 이상 차이가 난다. 한편 노동자 계층의 실질소득은 그대로거나 감소했다. 1969년에는 25세 남성의 3/4 정도가 4인 가족을 부양할 만큼의 임금을 받았다. 2004년에는 30세가 돼야 그 정도의 임금을 받을 수 있었다.[10]

브랑코 밀라노비치의 유명한 '코끼리 곡선'은 이 현상을 한눈에 정리한다. 밀라노비치는 세계 최빈곤층부터 최부유층까지 소득 집단의 실질소득이 얼마나 증가했는지 1988년부터 쫓아가봤다. 그러자 코끼리 옆모습을 닮은(그렇게 닮지는 않았다) 곡선이 그려졌다.[11] 이 곡선을 보면 하위 75퍼센트와 상위 10퍼센트의 소득은 증가했지만 그 사이에 낀 중간 계층만은 예외였다. 이 중간 계층은 서양의 경우 노동자들이 속한 계층(국제 용어로 중상층)으로 이 사람들은 고통에 신음하고 있다. 세상은 발전하고 있지만 빈곤과 불평등 문제는 여전히 심각하다.

증가하는 서구의 불평등

경제학자들은 서양의 불평등 증가 원인으로 두 가지에 주목했다. 이 두 가지를 알면 왜 다른 지역에서는 불평등과 빈곤이 감소했는지도 이론상 알 수 있다. 무역과 기술이 바로 그 두 가지다.[12] 먼저 무역에 대해 살펴보면 세계화는 막강한 힘을 발휘해 경제를 재편하고 세계를 하나의 단일 시장으로 만들었다. 세계가 갈수록 작아지고 평평해짐에 따라 각국은 비교적 값싼 생산이 가능한 재화와 서비스를 수출하는 데 집중했다. 특히 갖고 있는 자원이 숙련노동자든 단순노동자든 그에 상관없이 자원에 맞춰 재화를 생산했다. 잘 사는 국가는 상대적으로 숙련노동자들이 더 많다. 그래서 서양의 국가들은 숙련노동자만이 만들 수 있는 재화와 서비스를 생산하는 데 열을 올리고, 전문 기술이 필요치 않은 재화는 가난한 국가에서 수입한다. 가난한 국가는 단순노동자들이 대부분이기에 인건비가 저렴하다. 지금 부유국은 중국과 방글라데시 등에서 전문 기술이 필요 없는 재화를 수입한다. 그 결과 빈곤국에서는 단순노동자의 인기가 많아져 임금이 상승한다. 반대로 서양에서는 수입품에 밀려 단순노동자들이 설 자리를 잃는다.[13] 더욱이 숙련노동자가 빈곤국에서는 귀하기 때문에 숙련노동자들은 원하면 빈곤국에 기술을 팔아 더욱 이득을 취할 수도 있다. 다른 지역의 단순노동자들과 달리 서양의 단순노동자들은 피해자가 되었다. 이제 국외의 노동자들과 경쟁해야 했고 임금과 일자리마저 감소하는 피해를 입었다.[14] 중국산 수입품이 늘어나면 미국 제조업계에서 일자리가 140만 개 사라질 수 있다고 한다.[15] 단순노동자의 임금이 빈곤국에서는 증가하고 부유국에서는 하락하면서 빈곤국과 부유국은 어느 한 지점에서 교차하기 시작했다. 달리 말하면 국가 간 빈부 격차는 줄었으나 서양에서는 불평등이 도리어 증가했다. 서양의 단순노동자들은 숙련노동자들에게도 밀려났지만 이제는 국외의 단순노동자들에게도 자리를 내주는 처지다.[16]

이런 이유로 세계화를 반대하는 목소리도 최근에 나오고 있지만 경제학자들은 불평등이 심해진 건 무역보다는 기술 때문이라고 말한다.[17] 컴퓨터가 출현하자 숙련노동자는 전보다 생산성이 좋아져 돈을 더 많이 벌었다. 반면 소매업과 고객 응대업, 청소 및 돌봄 분야에 종사하는 노동자들은 달라진 게 없었다. 생산성이 그대로니 임금도 그대로였고 결국 숙련노동자와 단순노동자 간 임금격차만 더욱 벌어졌다. 기술의 발전이 단순노동장에게 도움이 되었던 시절도 있었다. 산업혁명 때를 되돌아보면 당시 숙련노동자였던 직조공과 방직공은 기계화로 인해 일자리를 잃었다.[18] 하지만 클라우디아 골딘과 로렌스 카츠가 말한대로 19세기 후반부터는 신기술이 숙련노동자에게 재앙이 아니라 축복이었다. 따라서 골딘과 카츠는 미국이 20세기에 고속 성장과 불평등 감소라는 두 마리 토끼를 다 잡을 수 있었던 건 교육을 확대한 덕분이라고 말한다. 1980년대 이후로 기술을 배우려는 사람들이 많았다. 하지만 그 기회가 충분하지 않아 숙련노동자와 단순노동자 간 임금격차가 커졌다. 골딘과 카츠의 분석대로라면 교육의 기회가 충분하지 않았던 이유는 한부모가정과 소수민족의 빈곤, 빈곤이 낳은 갖가지 문제, 대학 등록금 인상과 관련 있다.[19] 골딘과 카츠는 구체적으로 이렇게 지적했다. "교육의 기회 부족은 … 1980년대에

학력 간 임금격차를 더욱 벌어지게 만들었고 가구간 소득불평등도 증가시켰다."[20] 최신 기술의 발달은 컴퓨터가 소득분포의 중간에 자리한 준숙련 노동자와 중간관리직 노동자들을 빠르게 대체했다는 걸 의미한다. 자율 주행 자동차부터 온라인 판매업, 온라인 법률상담 등 컴퓨터를 바탕으로 한 기술들은 노동자의 생산성을 높여줄 수 있다. 하지만 동시에 일자리를 줄이며 잉여 인력을 양산하기도 한다. 칼 프레이와 마이클 오즈번은 앞으로 20년 안에 2개 중 1개 일자리가 컴퓨터로 인해 사라질 것이라고 내다봤다.[21]

   미래는 모래시계 모양일지도 모른다. 상위의 숙련노동자는 상대적으로 안전하게 자리를 지킬지 몰라도 중간층은 빠르게 기회를 박탈당할지도 모른다. 전문 기술을 익힌다면 위로 이동하겠지만 그게 아니면 하위 계층으로 떨어질 수 있다. 안타깝게도 현재로서는 후자가 가능성이 크다. 영국의 옥스퍼드대학교 연구원들은 국민 대다수가 계층 사다리를 오르지 못하고 도리어 내려가리라는 예측을 내놨다.[22] 게다가 생산성의 증가가 미미한 저임금 산업도 많아지는 추세다. 경제는 성장하지만 불평등은 심각해지고 있다.

   경제학자들이 불평등의 증가 원인으로 무역과 기술을 지목했다면 1980년대에 토니 앳킨슨은 자유방임주의 등 사회·정치적 요인을 탓했다.[23] 조지프 스티글리츠도 앳킨슨에 동의하며 불평등 증가는 불가피하다고 말했다. 즉 불평등의 증가가 정치적 선택이라는 것이다.[24] 이에 동조한 다른 경제학자들도 경제학과 정치학이 서로 밀접한 관계라고 주장했다. 구체적으로 세계화의 영향으로 인구와 자본 유동성이 증가하자 정부의 과세 및 규제 능력이 감소했고, 그러자 정부 정책이 자유시장을 지원하는 쪽으로 바뀌었다는 게 그들의 주장이다. 그런데 피터 린더트는 반대로 "불평등은 1970년도부터 증가했는데 이는 불평등이 사회복지비 감소와는 하등 관련 없다는 걸 보여준다"고 방대한 자료를 바탕으로 주장했다.[25] 논란의 여지가 있는 주장이기는 하나 한 가지 시사하는 바가 있다. 불평등의 증가 원인을 정치에서만 찾을 게 아니라 그게 무역이든 기술이든 시장 영향력도 무시해서는 안 된다는 것이다.

아직까지 토마 피케티를 다루지 않았다. 다시 말해 지금까지 우리는 소득불평등만 살펴봤을 뿐 부의 불평등은 논하지 않았다. 피케티는 그의 저서 《21세기 자본》에서 소득불평등이 부의 불평등을 낳았다고 말했다.[26] 피케티는 고소득자가 저축과 투자를 할 여유도 있지만 부의 세습을 통해 '기울어진 운동장'을 다음 세대에서 더욱 기울어지게 만들 수도 있다고 말했다. 게다가 부의 세습으로 부자들의 수익률(r)이 국가 경제성장률(g)보다 커지면, 다시 말해 부의 가치가 평균 임금보다 더 빨리 상승하면, 부자들은 일반인들이 범접하기 힘든 수준의 부를 쌓아올린다. 그래서 피케티는 모든 국가가 부유세를 도입해야 한다고 주장했다. 하지만 여기서 우리가 주목해야 할 것은 부자들의 수익률(r) 상승이 아니라 국가 경제성장률(g)의 하락이다. 국가 경제성장률(g)이 부자들의 수익률(r)을 따라잡으면 평균 임금이 더 빨리 상승할 수 있다. 모두가 성장의 혜택을 본다는 뜻이다. 불평등을 줄이려면 경제를 성장시켜야 한다. 소득불평등이 증가하고 경제성장이 감소하면 부자들의 수익률(r)이 국가 경제성장률(g)보다 커진다. 차후에 다루지만 소득불평등 증가와 경제성장의 감소 사이에는 공통된 원인이 있다. 아무도 관심을 기울이지 않는 원인이다. 바로 여성의 신체 자율권 부족에서 비롯된, 전 세계적인 성차별 문제이다. 소득재분배 정책만으로는 해결될 수 없는 문제다.

성불평등과 소득불평등

불평등을 다룰 때 사회학은 성별 격차와 인종 격차를 빠짐없이 언급하는 반면 경제학은 보통 그 반대다. 사회학자 캐슬린 가이어는 피케티의 저서 《21세기 자본》를 읽고 이같이 비평했다. "그렇게 미덕이 많다는 자본은 정작 성별 격차에는 무관심하구나."[27] 정치이론가 질라 아이젠슈타인은 소득불평등과 부의 불평등에 대해 나름의 의견을 개진한 남성 경제학자와 남성 정치인, 남성 종교인들이 보인 모순에 대해 이 같이 말했다. "이 남성들은 날로 증가하는 불평등을 걱정하지만 그 원인이 구조적 인종차별과 가부장제에 있다고는 생각지 못한다."[28] 불평등은 물론 사회계층 이동을 측정할 때도 성별 격차를 고려하지 않는다. 사회계층 이동을 측정할 때 보통 아버지와 아들 간 직업을 비교한다. 즉 그 자체로 성별 격차를 고려하지 않는다. 성별 격차와 관련해, 소득5분위에서 1분위를 차지하는 최빈곤층의 경우 남성은 성인이 되어도 가난할 비율이 30퍼센트지만 여성은 47퍼센트다.[29] 소득불평등을 측정할 때는 가구 간 소득을 비교한다. 밝혀진 바에 따르면 가정에서 남녀는 평등하지 않다. 이 점을 고려하면 소득불평등을 측정할 때도 마찬가지로 실제 현실이 반영되지

않는다.[30]

　있는 그대로의 사실을 보자면 가난한 여성이 부자 여성보다 많다. 2014년을 기준으로 전 세계의 억만장자 중에서 여성은 10.5퍼센트이고 그중 2.6퍼센트만이 자수성가했다.[31] 포브스가 선정한 400대 부자 순위를 보면 유산으로 부자가 된 사람은 남성보다 여성이 많다(도표 4.2 참조). '노력으로 부자가 된' 여성은 거의 없다는 뜻이다. 국제연합(UN)은 전 세계 빈곤층의 70퍼센트가 여성이라고 발표했다. 비록 최빈곤층만 조사했고 남녀를 구분해 빈곤 수치를 계산하기란 어렵다는 이유로 논란이 일었지만 말이다.[32] 한부모가정의 경우에도 중에서도 미혼부보다는 미혼모가 가난하게 살 가능성이 훨씬 크다.[33] 최

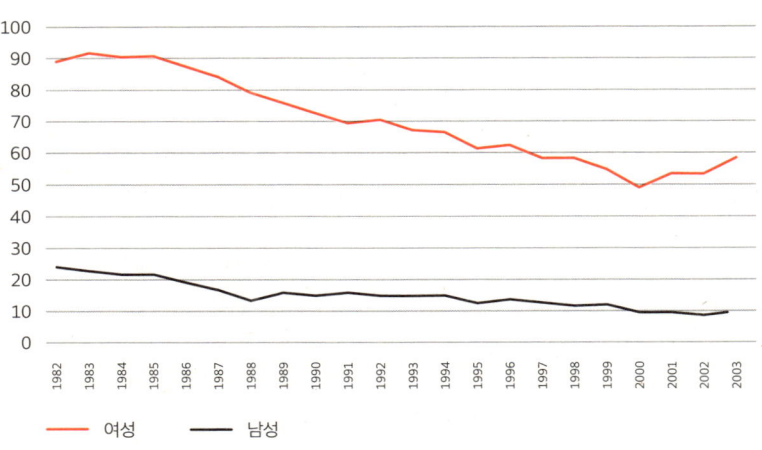

〈도표 4.2〉 포브스 400대 부자: 1982~2003년 부의 상속 비율

출처: Edlund and Kopczuk (2009), 164쪽, 표 4.

근 한 언론 캠페인 구호대로 '가난은 성차별주의자다.'[34]

전 세계적으로 여성의 연간 소득은 남성의 57퍼센트밖에 되지 않는다. 소득이 없는 여성도 포함되기 때문에 이 수치는 성별 간 임금격차보다 크다.[35] 여성이 많은 직종은 남성과 똑같은 기술을 사용해도 여성의 임금이 낮다.[36] 앨리스 케슬러해리스 등의 역사학자들은 여성의 임금이 낮은 이유는 시장의 힘market forces 때문이 아니라 성차별적인 사고방식 때문이라고 말한다. 이 사고방식에 따르면 '여성'이 하는 일은 남성보다 수월하므로 남성과 똑같은 임금을 받을 수 없다. 특히 돌봄을 여성의 일로 간주한다. 돌봄 일자리는 고령화가 진행되고 여성의 경제활동이 늘어나자 계속 증가해왔다.[37]

불평등을 해소하려면 성별 격차를 줄이는 노력을 해야 한다. 유급과 무급에 관계 없이 돌봄 노동에 관심을 기울여야 성별 격차를 줄일 수 있다.[38] 국제노동기구ILO는 가정에서 돌봄을 오로지 여성에게만 전가할 때 시장 내에서 직간접적인 불평등이 발생한다고 지적했다. 직접적으로는 여성에게 유급노동을 할 수 있는 기회가 사라지고 간접적으로는 여성이 많은 직종은 사회적으로 저평가를 받을 수 있다. 여성이 무급 돌봄의 3/4분을 책임진다. 20억 명이 무보수로 진종일 일하는 셈이다.[39] 여성이 자율적으로 시장 경제활동이 아닌 가정 내 돌봄을 선택했다고 생각해서는 안 될 것이다. 가정에서 오는 무언의 압박을 무시해서는 안 된다. 그 증거로 전 세계 임신 중 44퍼센트는 원치 않은 임신이라고 한다.[40] 이는 여성의 돌봄 노동이 비자발적임을 보여주는 증거가 될 수 있다.

이쯤에서 성불평등과 소득불평등을 다룬 연구와 작별하고 싶지만

[41] 역사학자 스테파니 쿤츠가 지적한 모순도 살펴보지 않을 수 없다. 쿤츠는 성불평등과 소득불평등이 서로 반대 방향으로 움직였다고 주장한다. 성불평등이 감소하자 소득불평등이 증가했다는 것이다. 한편으로는 여성의 경제활동 참여가 가구 소득의 증가를 가져왔다. 이를 증명하듯이 "여성의 소득이 제자리에 머물렀더라면 지난 50년 동안 불평등의 증가 속도가 52.6퍼센트는 더 빨랐을 것이다"라고 지적하는 연구도 있다.[42] 그런데 다른 한편으로는 남성과 여성이 고소득자끼리 결혼하는 경향이 나타나면서 상위 계층과 하위 계층 간 소득 격차가 더 커졌다. 만약 미국에서 남녀 커플이 무작위로 맺어진다면 세계 지니계수는 0.43이 아닌 0.34로 떨어진다.[43] 사회학자들은 가정생활에서도 차이가 커지고 있다고 지적한다. 상위 계층은 점점 직업적 안정을 이룬 이후에 결혼하고 자녀를 낳지만, 하위 계층에서는 여성이 어린 나이에 출산하고 홀로 자녀를 키우는 미혼모 가정이 증가하는 추세다.[44] 이때 대부분 의도치 않은 임신과 출산으로 가난에 시달리는 경우가 흔하다. 하지만 기술을 배우거나 일을 하기도 여건상 쉽지 않다. 미국에서는 젊은 미혼 여성이 출산한 자녀의 60퍼센트가 원치 않은 임신으로 태어났다고 한다. 성별 간 임금격차에 무급 돌봄의 책임까지 더해지면 미혼모의 세전 빈곤율은 50퍼센트 달하고 이 경우 원치 않은 임신은 부담이다.[45] 그런데도 여성들은 여전히 피임과 임신중지에서 자율권이 없다.[46] 맞벌이가 일반적인 상위 계층과 달리 하위 계층은 한부모가정이 많아지고 있다. 대개 미혼모 가정으로 여성은 양육과 경제활동을 병행하느라 미혼부 가정보다 형편이 나쁘다.[47] 빈곤이 대물림되는 결과가 발생할지도 모른다.[48]

좌파 성향의 일반적인 소득재분배 정책은 계층에 초점을 맞추기 때문에 불평등 문제를 완전히 해결하기에는 부족하다. 불평등을 해소하려면 성평등을 위해 노력해야 한다. 동일노동 동일임금 원칙과 함께 여성의 신체 자율권을 보장하고 평생 직업훈련과 교육의 기회를 제공해야 하지만 남성 생계 부양자 모델이 바탕인 지금의 정책과 노동시장 구조로는 불가능하다. '선분배'는(6장에서 자세히 다룰 예정이다) 시장 성과에서 여성이 차별받지 않도록 보장함으로써 여성과 미혼모가정이 시장 성과를 누릴 수 있도록 해준다. 그런데 성평등을 위해서도 노력해야 하지만 돌봄 노동의 공평한 분배를 위해서도 노력해야 한다.[49] 여성이 돌봄을 도맡는 불평등한 현실은 19세기에 생겨난 '가정성 이념'● 때문이다.[50] 가정이 평등하지 않은 한 시장도 평등할 수 없다. 마찬가지로 시장이 평등하지 않은 한 가정도 평등할 수 없다. 가정과 시장은 서로 상호작용한다. 여성의 신체 자율권을 폭넓게 보장하는 데에 관심을 기울인다면 불평등의 해결책도 보일 것이다.

세계 곳곳의 성차별

서양에서 소득불평등이 증가했다면 그건 서양 여성뿐만 아니라 전 세계 여성들이 신체 자율권을 충분히 행사하지 못하는 현실과 관련이 있을 것이다.[51]

- 남자는 경제활동을 여성은 집안일을 해야 한다는 고정관념.

섹스를 언급하는 순간 훌륭한 경제학자라면 누구라도 맬서스를 먼저 떠올릴 것이다. 역사상 경제학자들은 '우울한 과학'●을 하는 사람들이었고 그 대표격이 맬서스였다. 맬서스는 철저히 비관론자였다. 기독교를 믿으면서도 소득재분배나 생활 보조금 등을 통한 빈민 구제를 비판했다. 그에게 '남녀 간 사랑'은 인구 과다로 식량이 고갈되고 종래에는 전 세계 인구가 최저 수준에도 못 미치는 생활을 하게 된다는 의미였다. 다시 맬서스 이론을 살펴보면 섹스와 불평등은 서로 얽혀 있다.

맬서스의 경제모형은 현대 경제학자들에게 대체로 의심받고 있는 형국이나 그의 인구론만은 여전히 많은 신뢰를 받고 있다. 지난 35년 동안 세계에 커다란 변화들이 일어났다. 그중 하나는 세계경제가 하나로 대거 통합됨에 따라 유효 노동력 공급이 매우 많아졌다는 것이다.[52] 그러자 서양에서는 노동자들이 점차 협상력을 상실했고(이는 불평등을 증가시켰다), 기업은 값싼 노동력을 자본으로 삼기 시작했다(이는 투자율 감소와 금리 저하, 생산성 둔화를 가져왔다).

지금 과거와 똑같은 문제를 겪는다면 우리는 역사를 통해 앞날을 예측할 수 있다. 16~18세기 유럽은 흑사병으로 줄어든 인구가 다시 회복되자 계속해서 저임금 문제에 시달렸다. 저임금이 계속되자 경기가 침체되기 시작했다. 하지만 유럽 내 모든 지역이 불황을 맞이한 건 아니었다. 밥 앨런의 말대로 유럽 북서부만은 예외였다.[53] 영국과 네덜란드는 저임금 문제 없이 지속적인 경제성장을 누렸다. 산업혁

● 경제학을 비판적으로 칭하는 말.

명의 발상지이자 세계를 이끌었던 국가는 저임금 국가가 아니라 고임금 국가였다. 임금과 생산성은 서로 선순환 관계다. 고임금은 기술을 발전시켰고 신기술은 노동자의 생산성을 높였다. 그 결과 임금이 상승했고 생산성은 더욱 높아졌다. 간단히 말해 투자가 활발했다.

제1부에서 말한대로 유럽 북서부가 어떻게 고임금 체제를 유지할 수 있었는지 궁금하다면 여성의 경제적 지위를 살피면 된다. 유럽 북서부의 여성들은 일찍이 경제적 자립을 이루었다. 경제활동을 했기 때문에 결혼과 출산도 20대 중반이 지나서야 했다. 그 덕에 인구 수가 줄어들면서 임금이 최저 생활을 유지하는 수준 이상으로 유지되었다. 고임금은 생산성을 증가시켰고 늘어난 생산성은 고임금을 뒷받침해주면서 경제 선순환이 일어났다. 이러한 경제 선순환은 1970년대까지 지속되었다. 그런데 그 이후로 부유국에서 임금이 정체되고 경제성장이 둔화되기 시작했다.

세계화가 일어나면서 다른 지역이 발전했고 서양은 그 영향에서 자유롭지 못했다. 그런데 세계 대부분의 지역은 서양과 달리 경제 선순환이 아닌 악순환을 겪었다. 저임금의 값싼 노동력과 투자와 개발에 대한 동기 부족이 서로 상호작용했다. 그 이면에는 여성이 임신을 스스로 선택하지 못하는 현실이 자리한다. 경제적 자립의 기회가 사실상 거의 없는 현실에서 어린 여성들이 부모에 맞서 결혼을 거부하기란 불가능에 가깝다. 이 여성들에게 임신이란 결혼과 마찬가지로 선택이 아니다. 20세기에 질병 퇴치를 위해 전방위적인 노력을 기울이면서 사망률이 감소했다. 동시에 출산율은 여전히 높아 이때 세계 인구가 크게 증가했다. 1920년도에 세계 인구 성장률은 연간 0.6퍼센트로 1760년도와 비슷했다. 1962년에 2.1퍼센트까지 증가했던 세계 인구 성장률은 다시 천천히 감소해 약 1.2퍼센트가 되었으나 1962년에 태어난 사람들이 지금까지도 노동력 공급을 담당하고 있다. 인구는 여전히 증가하는 추세이고 그 속도는 지난 역사와 비교해 2배 이상 빠르다. 1962년도에 세계 인구는 30억 명이었으나 지금은 70억 명에 달하고, 2100년이 되면 110억 명이 될 것으로 예상한다.

세계화와 더불어 전 세계적으로 노동인구가 급격히 팽창하고 있는 가운데, 이주나 무역을 통해 서양 기업에 진출하는 사람들이 많아졌다. 그에 따라 서양의 임금 상승률이 낮아져 고임금과 고생산성 균형이 무너졌다(2019년 현재도 마찬가지다).[54] 생산성, 경제성장, 투자율, 임금 모두 감소했고 불평등이 증가했다. 서양 국가들은 국민의 최저 생활수준을 보장하기 위해 최저임금 즉 최저생계비를 지급할 뿐, 전 세계 인구의 급격한 증가라는 문제의 본질을 해결할 수는 없다.

이민을 제한하거나 무역 장벽을 높이는 방안 대신 보다 근본적인 해결책이 필요하다. 바로 여성의 신체 자율권을 보장하는 것이다. 여성이 자유의지 즉 신체 자율권을 행사할 수 있다면 집안 형편에 따라 임신과 출산을 선택할 것이고 그러면 인구 증가로 인한 임금 하락 현상을 막을 수 있다. 그런데 여성이 신체 자율권을 행사할 수 있으려면 경제적으로 자립 가능해야 한다. 여성에게 교육의 기회, 취업의 기회, 정치 참여의 기회(피임과 관련해 목소리를 내는 등)가 있어야 한다. 경제적 불모로 어린 나이에 결혼해 많은 자녀를 출산하는 대신 경제적 자립을 이룰 수 있다면 여성은 신체 자율권을 행사할 수 있다. 경제적 자립은 여성에게 조혼을 거부하고 독립적인 삶을 꾸리며, 결혼 시기와 배우자를 스스로 선택할 힘을 준다. 그에 따라 자궁의 소유주는 진정으로 여성이 된다. 여성은 자신의 이익을 위해 행동할 때 세계 경제에 이바지할 수 있다.

많은 변화가 이뤄져야 한다. 유니세프UNICEF에 따르면 20~24세 여성 중 18세 이전에 결혼한 여성이 과거 영국과 비교해 기타 서양 국가와 중앙아프리카에서는 41퍼센트이고 사하라사막 이남 아프리카에서는 38퍼센트이며 남아시아에서는 30퍼센트다.[55] 전 세계 조혼의 절반은 아시아에서 일어나며 인도가 그중 1/3을 차지한다.[56] 그리고 전 세계에서 여성 5명 중 1명은 18세 이전에 결혼한다.[57] 결혼하면(사실 결혼 전에도) 세계 극빈곤층의 여성들은 사실상 임신과 출산을 피하지 못하고 유엔가족계획기구UN Family Planning Agency의 보고대로라면 국제금지규정global gag rule으로 상황은 더 심각해졌다.[58] 전 세계적으로 원치 않은 임신이 44퍼센트에 달한다는 건 당연한 결과일지도 모른다.[59]

개발도상국 중에서 중국이 이례적이다. 1980년도에 중국은 그 어떤 국가보다도 빈곤층이 압도적으로 많았다. 그런데 1981년부터 인구의 6억8천만 명이 가난에서 벗어났고 극빈곤층 비율도 84퍼센트에서 10퍼센트로 뚝 떨어졌다.[60] 이런 성과를 기록한 국가는 당시 중국이 유일했다. 동시에 전 세계 빈곤율과 소득불평등도 덩달아 감소했다. 흔히 중국이 이런 성과를 보인 데에 세계화와 시장 개방을 원인으로 꼽지만 출산율의 변화도 명백히 그에 기여했다. 중국은 '한 자녀 정책'을 통해 인구를 통제함으로써 건국 이래 국민의 생활을 힘겹게 만들었던 인구 문제에서 가까스로 벗어날 수 있었다. 한 자녀 정책은 여성의 활발한 경제활동을 가능케 했고 그에 따라 여성이 경제적 자립을 이루면서 전통적 성역할에 저항했다. 하지만 한 자녀 정책은 여성의 임신과 출산을 강제로 제한하고 '여성 실종' 문제를 발생시켰다는 점에서 치러야 할 대가가 컸다. 국가가 주도한 인구 통제는 어두운 역사를 만들어냈다. 극빈곤층의 여성들은 강제로 임신중지 수술을 당하기도 했다. 자유주의 경제학자라면 그 누구도 이와 같은 반인륜적인 산아제한 정책을 찬성하지 않는다. 유럽의 역사가 보다 올바른 경로를 제시한다. 그 경로는 여성의 경제활동 기회를 확대하고 가족 체계를 바꾸어 여성이 신체 자율권을 행사할 수 있도록 보장하는 것이다.

경제학자들은 인구 성장의 둔화가 경제에 부정적인 영향을 끼칠 것이라며 우려한다.[61] 신문 기사도 '임신과 출산 기피 현상으로 미국 경제가 위험에 처했다'라는 식의 뉘앙스를 풍기곤 한다.[62] 인구 성장이 여성의 신체 자율권 부족과 원치 않은 임신과 출산에서 비롯되었다는 점을 간과하고 있는 것이다. 또한 여성의 임신과 출산 및 무급 노동 덕분에 지금까지의 인구 성장이 가능했다는 사실도 인정하지 않고 있다. 고령화를 고려하면 인구 성장의 둔화 문제가 될지는 몰라도 공정하고 환경적으로 지속 가능한 경제성장을 위해서는 여성이 임신과 출산을 선택할 수 있도록 여성의 신체 자율권을 반드시 보장해야 한다. 최근 몇 년 사이에 출생률이 감소하긴 했지만 모든 여성이 신체 자율권을 행사하려면 여전히 나아가야 할 길이 멀다. 그리고 최근의 정책 동향은 주의하지 않으면 잘못된 길에 빠질 수 있다고 경고한다. 정책이 잘못된 방향에 빠지지 않도록 우리 모두

관심을 기울여야 한다.[63]

소결론

노벨 경제학상을 수상한 로버트 루카스는 경제학자들이 불평등을 다루는 방식을 한 문장으로 정리했다. "경제를 망치는 가장 매력적이고 가장 치명적인 방식은 바로 분배에 치중하는 것이다."[64] 경제학자들은 불평등을 줄이겠다는 말은 곧 경제성장을 촉진하는 사람들에게 과세하겠다는 뜻이라며, 과세는 근로 의욕과 생산성의 감소를 야기할 것이라고 주장한다. 그러면서 국가는 불평등이 아닌 경제성장에 집중해야 한다고 말한다. 물이 들어차면 바다가 모든 배를 들어 올리듯이 파이가 커지면 모두 골고루 나눠 먹을 수 있다는 것이다. 그런데 우리는 서양에서 불평등의 증가가 경제성장률을 낮추는 현상을 목격했다. 미국의 연간 경제성장률은 1950년~1980년까지 2.23퍼센트를 기록했으나 1980년~2010년 사이에 1.67퍼센트로 감소했고, 세계 경제성장률도 1960년~1970년대에 평균 3퍼센트를 보였으나 1980년~2009년에 사이에 1.4퍼센트로 절반 이상 떨어졌다.

이제 경제학자들은 불평등의 증가가 경제성장에 부정적인 영향을 끼칠 수 있다고 주장한다.[65] 경제사도 둘 사이에 연관성 있다고 시사했고, 경제학은 불평등의 감소와 경제성장이 동시에 일어났던 시기에 주목하기 시작했다. 특히 흑사병으로 유럽 인구의 1/3이 사라졌던 1348년부터 1351년 까지의 시기에 주목했다. 당시 소작농(특히 남성 소작농) 품귀 현상이 발생하면서 불평등이 감소했다.[66] 일손이 부족해지자 남성의 임금이 상승했고 여성에게 경제활동의 기회가 생겼다. 이 현상은 경제에 다방면으로 영향을 끼치며 산업혁명을 촉발시켰다. 여성의 자유 실현은 가족 체계를 바꿔 핵가족을 등장시켰고, 핵가족은 교육 수준의 상승을 가져왔다. 고저축 시대가 열렸으며 정치 제도도 더욱 발전했다. 이러한 변화로 말미암아 경제가 성장했다. 역사적으로 볼 때 경제성장은 사회가 보다 평등하고 임금이 높았을 때 이뤄졌다. 물론 여성이 남성보다 임금이 적었던 것처럼 저임금 노동자도 분명히 존재했다. 다만 여기서 분명한 건 노동력 부족 현상이 경제성장과 불평등 감소에 도움이 되었다는 것이다. 20세기에서 불평등 감소가 경제성장을 촉진한 사례를 찾아볼 수 있다. 당시 정부는 교육 수준을 높이고(클라우디아 골딘에 따르면 미국의 경우),[67] 과학과 의료에 투자하기 위해 시장에 개입하기 시작했다. 그런데 테레사 아모트와 줄리 마테이는 경제 호황과 제2차 세계대전의 영향으로 노동시장이 경색되면서 인력난이 발생하자, 노동자들이 협상력을 갖게 되었고 그 결과 차별적 관행이 사라졌다고 주장한다. 민권운동과 여성해방운동이 활발했던 시기도 바로 이때다.[68] 1920년대와 1930년대, 그리고 노동력이 넘쳐났던 2008년 이후로 노동 특권층들은 다른 노동자들이 시장에 진입하지 못하도록 막았다. 1920년대와 1930년대에는 성별에, 2008년 이후에는 인종에 제한을 두며 진입 장벽을 높였다. 20세기에 복지는 일부 국가의 이야기였고 성별과 인종 간 불평등이 확실히 증가했다. 잘 언급하지 않는 사실인데 계급 불평등을 해소하려는 과정에서 이 같은 결과가 빚어졌다.[69]

역사를 돌아보면 불평등을 낮춘 사건과 정책이 경제성장에 기여했다. 하지만 이번 장에서 살펴본 대로 서양에서 불평등이 증가하고 경제성장이 둔화된 데에는 여성의 자유 제한이라는 공통된 근본적인 원인이 있었다. 여성 억압의 문제를 해결하지 않는 한 좌파 편향의 분배 정책만으로는 불평등을 해소하지 못한다. 정치이론가 질라 아이젠슈타인은 다음과 같이 날카롭게 지적했다.

프란시스 교황은 자본주의 과잉의 현상과 가난에 대한 공포 등을 설파함으로써 큰 인기를 누렸다. 그 속에서 교황은 임신 및 출산과 관련해 가부장제가 여성과 소녀에게 가하는 폭력을 전폭 지지했다. 불평등을 멈추겠다고 약속해놓고 여성혐오를 유발했다. 교황이 용인하는 세상, 즉 피임과 임신중지가 허용되지 않는 세상은 가난에 시달릴 수밖에 없다. 이 사실은 이미 잘 알려져 있고 증명되어 왔다.[70]

계급에만 집중하지 않고 시야를 전 세계로 넓혀야 불평등을 해소할 수 있다.[71] '전 세계의 노동자들이 단결'한다고 하더라도 그것만으로는 불평등을 해결하지 못한다. 불평등을 없애고 싶다면 여성의 신체자율권을 보장하고, 돌봄 노동도 공평하게 분담해야 한다. 철학자 낸시 프레이저는 '보편적 돌봄 제공자 모델'을 주장한다. 남성 생계부양자 모델의 다음이 보편적 생계 부양자 모델이라면, 프레이저의 '보편적 돌봄 제공자 모델'은 여기서 한 걸음 더 나아간다.[72] 이러한 변화 없이는 경제에 미래란 없다. 돌봄이 모두의 책임이라면(즉 여성의 신체 자율권이 보장된다면) 공정하고 지속 가능한 경제성장을 달성할 수 있을 것이다. 지속 가능한 경제성장이란 환경 훼손으로 인해 경제성장이 멈추지 않는 걸 말한다. 지구가 감당할 수 없는 수준으로 인구가 늘어나면 환경은 파괴될 수밖에 없다. 이렇게 발생한 환경 훼손은 경제성장에 해로울 수밖에 없다.

5장
성sex을 파는 일

　자본주의 이념만큼 페미니스트를 갈라놓는 것도 없다. 그런데, 이제는 여성의 신체 노동을 두고도 페미니스트들이 서로 합의를 보지 못하고 있다. 여성의 신체 노동이 모델이든, 유모든, 대리모든, 그리고 성 노동이든 자본주의와 여성의 신체 노동은 떼려야 뗄 수 없다. 많은 여성들이 내심 시장을 불편해한다면 그건 시장이 여성의 신체를 상품화하기 때문일 것이다. 사람들은 성 노동을 사양산업으로 취급하면서 시장과 섹스를 별개로 본다. 이번 장에서는, 그러므로, 아무도 주목하지 않은 불평등에 대해 이야기하려고 한다. 두뇌로 돈을 버는 여성과 신체로 돈을 버는 여성 간 불평등이다. 지금까지 거의 아무도 이 불평등에 주목하지 않았고 심지어 그 불평등의 정도도 측정하지 않는다. 성불평등에 집중하는 사이 '신체 대 두뇌'로 부를 수 있는 이 불평등이 여성들 사이에서 발생하고 있었다. 서양의 여러 국가들이 이 문제를 해결하기 위해 정책을 몇 가지 도입했으나 그 방향이 완전히 틀렸다.[1]

죄 많은 이브

이브가 아담을 유혹했다는 이유로 여성의 신체는 지난 수백 년 동안 죄악의 상징이었다. 14세기 중반에 시에나Siena라는 한 이탈리아 마을에서 당국의 철거 명령으로 한 비너스 동상이 산산조각이 났다. 마을의 불행이 모두 이 죄 많은 비너스 때문이라고 생각했던 것이다. 그리고 마치 불운을 옮기듯이 이 동상의 파편을 적군의 마을에 몰래 묻었다. 심지어 지금도 사람들은 신체를 과감히 드러내거나 신체로 돈을 버는 여성에게 손가락질을 한다. 부도덕하고 수치를 모른다고 말이다. 이 여성에게는 '문란'이라는 꼬리표가 달라 붙는다. 보티첼리의 〈비너스의 탄생〉을 시작으로 서양 미술에서 여성의 나체는 흔하지만 그럼에도 여성의 신체는 여전히 금기다. 여성은 신체를 전부 드러내도 안 되고(과감한 노출 및 시위성 노출도 포함해서) 돈벌이에 이용해서도 안 된다고들 말한다.

사회가 여성의 신체를 불편해한다는 걸 나 역시 직접 겪었다. 2017년 새롭게 신설된 한 연구 포럼의 개회식에서 1960년대를 주제로 공개 강연을 진행한 적 있다. 나는 디자이너 제나 영이 만든 옷을 입고 청중을 만났다. 최신 유행하는 페미니스트 패션이었다. 검은색의 시스루 보디 슈트로, 여성의 신체와 관련하여 사람들에게 질문을 던지고자 만든 옷이었다. 이 옷을 입으며 나는 여성의 신체 자율권 측면에서 사회가 얼마나 발전했는지 알아볼 수 있는 재미있는 실험이 되리라 생각했고, 더욱이 강의 주제와도 잘 어울린다고 판단했다. 그날 개회식에서 사회적으로 존경받는 남자 동료 한 명도 나와 똑같이 강연을 진행했다. 그런데 알고 보니 정장 차림이었던 그의 강연은 내 강연과 달리 온라인상에서 생중계되고 있었다. 나는 심지어 강연이 끝나고 여성 청중 두 명에게 옷차림이 부적절하다는 항의도 받았다. 신체를 상품화했다는 것이다. 이 두 명의 여성은 스스로 페미니스트라고 밝혔다. 남자 동료와 달리 내 메시지는 그 공간의 문턱을 넘지 못했다.

　이날이 처음은 아니었다. 페미니스트의 메시지를 전달하기 위한 하나의 방식으로 내가 알몸으로 나설 때마다 마주하는 건 반감이었다. 2014년에 런던 몰 갤러리에서 나의 나체화를 전시했을 때도 마찬가지였다. 화가 앤서니 코널리에게 의뢰해서 그렸다. 나는 이런저런 누드 작품을 생산하며 예술계의 모순을 꼬집고 싶었다. 분명 남성 예술가들이 여성의 나체를 자신의 관점대로 그리고 있음에도, 예술계는 그러한 남성 예술가와 그가 그린 여성 나체화를 별개로 취급했다. 나는 '책임지고' 나서서 여성의 신체를 표현하는 기존의 방식에 이의를 제기하고 싶었다. 그렇게 함으로써 여신이 아닌 보통 여성의 신체를 보여주고, 벌거벗은 여성의 이미지 뒤에는 실제로 생각하는 한 존재가 있으며, 이 존재는 말대답도 할 수 있다는 걸 알려주고 싶었다.

여성의 신체는 전혀 수치스럽지 않다. 여성의 신체가 수치스럽다는 건 사회가 여성을 '구속'하기 위해 만들어낸 고정관념일 뿐이다. 이런 이유로 나는 당당히 내 나체화에 이름을 새겼는데, 이는 사회적으로 큰 파장을 일으켰다.

익명의 나체화는(고전 작품이든 현대 작품이든) 비판에서 자유롭지만 반대의 경우라면 비판을 피할 길이 없다. 우리는 실제 주인공을 모를 때에만 여성의 나체화를 좋아한다. 나는 사람들의 반응을 알아보기 위해 나의 나체 조각상을 제작했고 이번에는 누구의 신체인지 밝히지 않았다. 나체화 때와는 달리 아무도 인상을 찌푸리지 않았다.

누드 작품의 주인공을 밝혔을 때와 밝히지 않았을 때 사람들의 태도는 분명 달랐음에도 일부는 내가 성을 상품화했다며 비난했다. 나는 공개적으로 그 비난에 맞섰다.[2] 그 후로 몇 달 뒤 해마다 진행되는 옥스퍼드대학교 창립 기념사에서, 옥스퍼드대학교의 업적을 기리고 졸업생들을 간략히 소개하는 도중에 '겉으로는' 자발적인 내 나체화도 언급되었다. '겉으로는' 이 표현은 모든 걸 말해준다. 나의 나체화 제작이 자발적이었는지 의심한 것이다. 나를, 문제의 이 여성을, 판단이라고는 할 줄 모르는 양 취급해버렸다. 그러면서 내 나체화를 본 다른 사람들의 생각을 주인공인 내 생각보다도 중요하게 여겼다. 여기서도 나타나듯이 우리 사회에서는 '남성(주로 이성애자 남성)'이 여성의 신체를 어떻게 바라보느냐가 중요하다. 남성이 여성의 신체를 성적으로 바라본다면 여성이 자발적으로 신체를 드러냈다고 해도 믿지 않는다.

많은 국가에서 여성의 일상은 이성애자 남자들의 여성관에 따라

좌지우지된다. 남성의 시선이 여성의 생각과 욕구보다도 중요하다. 더워서 팔다리를 드러내고 싶어도 남자들의 시선을 먼저 생각해야 한다. 과감한 옷차림을 통해 개성을 드러내고 싶을 때에도 마찬가지다. 여성은 '안전을 위해' 숨죽여야만 한다. 중요한 건 남자의 시선과 생각과 느낌이기 때문이다.

내 나체 시위에 여성 관료들이 보인 반응은 심히 우려스러웠다. 여성도 동조자일 수 있다는 것이다. 어쩌면 여성들은 남성의 시선을 스스로 내재화했을지도 모른다. 다시 말해 신체를 과감히 드러낸(또는 나체의) 어떤 여성을 봤을 때, 여성은 자신의 생각보다도 이성애자 남성들의 반응을 먼저 신경 쓸지도 모른다. 사실 지금까지 내게 몸을 가리라고 말한 사람들은 남성이 아닌 여성들이었다. 여성의 신체를 구속하는 관행(전족, 여성 할례FGM 등)을 통해 봐왔듯이 여성도 여성의 자유를 제한하는 데 가담해왔다.

자유롭게 생각하고 느껴도 된다. 그런 의미에서 남성의 시선에서 벗어나라고 말하는 것이다. 다만 여성의 선택을 개인의 느낌과 생각대로 자의적으로 해석하지 말았으면 한다. 여성이 타인의 시선과 관계없이 자신의 목적대로(돈벌이든 아니든) 신체를 이용할 수 있을 때 비로소 여성은 진정으로 신체 자율권을 행사할 수 있다. 페미니스트들이 외치는 주문 '나의 몸은 나의 선택'은 많은 걸 포용할 수 있어야 한다.

'왜 남자 때문에 신체를 가려야 하는가?'라고 종종 스스로 반문하며 나는 내 나체화를 그리고 나체 시위를 한다. 일부 이성애자와 남성의 시선을 신경 쓰는 일부 여성들 때문에 내가 자유를 스스로 제한해야 마땅할까? 나를 비난하는 사람들은 성 노동을 반대하는 페미니스트들과 똑같은 소리를 한다.

여성의 노출 옷차림과 누드모델 활동, 나체 시위를 금지해서는 안 된다고 주장하면서 성 노동을 반대한다면 나는 위선자일 것이다. 사람들이 성 노동에 거부감을 느끼는 건 근본적으로 여성의 신체와 그리고 섹스를 죄악으로 여기는 사회 고정관념 때문이다.

페미니즘과 금욕주의의 만남

인신매매, 저임금의 고된 노동 현장, 대리모 등 가난하고 힘없는 여성들을 '착취하는' 이야기는 쉽게 찾아볼 수 있다. 포주와 포르노물 제작자는 물론, 심지어 자선단체도 여성을 착취한다. 선진국에 사는 어떤 부부가 빈곤국에서 대리모를 구한다는 이야기도 흔하다. 자본주의는 여성의 신체를 마치 현금 보듯이 본다. 여성의 가슴, 성기, 자궁을 돈과 맞교환한다. 자본주의의 본질은 착취라고 이해하는 사람들에게 어쩌면 성 판매는 자본주의의 본질을 보여주는 정수일지도 모른다. 인권운동가 나타샤 월터는 젊은 여성들이 '움직이는 인형'이 되어간다 말했고 캇 반야드는 정부가 이런 시장과 결탁했다고 말한다. 반야드는 지금의 국가는 자유민주주의 국가가 아니라 포주라고 말했다.[3] 여성의 성 노동이야말로 자본주의의 착취성을 가장 잘 드러낸다고 생각하는 페미니스트들이 많을 것이다.

여성의 성 노동에 격분하는 집단은 서양의 페미니스트뿐만이 아니다. 사회의 극우 집단도 성 노동을 몹시 혐오한다. 이들은 서양의 자본주의가 단정한 여성상을 '망가뜨린다'고 생각한다. 그래서 서양의 가치관과 문명을 거부하는 걸지도 모르겠다. 극우 집단의 이런 태도는 '그들의' 여성을 '그들이' 통제하고자 하는 욕망에서 비롯한다. 여성의 나체가 잡지와 광고판에 등장하는 세상에 '그들의' 여성이 노출된다면 '그들의' 여성이 여성성을 잃으리라 믿는다. 오늘날 여성의 신체는 이념 전쟁터가 되었다. 모두 여성의 신체를 죄악으로 간주하는 탓에 벌어진 일이다.

시장을 옹호하는 자유주의 페미니스트●는 자신의 신체를 어떻게 이용할지는 개인의 선택이라고 말한다. 개인이 자신의 신체로 무엇을 하든 타인이 관여할 문제가 아니라는 것이다. 여성과 여성의 신체를 둘러싼 페미니스트들 간 의견 차이는 쉽게 해소되지 않을 것으로 보인다.

정치사회학자 앨리슨 핍스는 페미니스트를 '성 급진적' 페미니스트와 '성 부정적' 페미니스트로 구분했다.[4] '성 부정적' 페미니스트는 성매매는 본질적으로 폭력이며 강간과 다름없다고 주장한다. 이들은 섹스를 성불평등의 주된 원인으로 꼽는데 핍스의 말을 인용하자면 "여성을 상품화하고 남성이 여성의 신체를 지배하는 행위, 그 정점에는 포르노물과 매춘이 있다"고 생각한다. 페미니스트 작가 줄리 빈델은 그의 저서 《매춘 알선 The Pimping of Prostitution》에서 "매춘의 본질은 학대이며 성차별의 근원이자 결과이다. 인간의 신체를 상품화하는

●   기존의 사회구조를 바꾸지 않아도 진정한 성평등을 실현할 수 있다고 주장하는 페미니스트.

신자유주의 사회에서 매춘은 당연히 폭력일 수밖에 없다."라고 주장했다.[5] '성 급진적' 페미니스트는 반대로 성적 자유가 여성해방에 필수라고 주장하며 사회가 여성의 성생활을 제한한다고 말한다. 이들은 여성의 자유로운 선택을 강조하는데 여기서 여성은 성 노동자도 포함한다. '성 급진적' 페미니스트들에게 성생활은 자유 실현의 수단이며 성적 자유는 곧 표현의 자유이다. 성 연구가 애니 스프링클은 똑같은 맥락에서 성 노동자를 "성적 관습에 맞서고 사람들을 도우며 창의적인 데다가 쿨하고 멋지며, 자유로운 영혼의 치료자이자 섹스를 두려워하지 않는 사람"이라고 정의했다.[6] '성 급진적' 페미니스트들의 눈에 성 노동자는 착취를 당하거나 힘없는 존재가 아니다.

'성 급진적' 페미니스트들의 주장에 일리가 있다. 수백 년 동안 여성은 자신의 신체와 두뇌로 할 수 있는(또는 할 수 없는) 일들을 남성들에게 제한당하고 속박받아 왔다. 지난 100년 동안 여성의 두뇌 사용 능력은 엄청나게 좋아졌다. 하지만 신체 사용 능력만은 그렇지 못했다. 여성의 신체는 여전히 금기다. 두뇌로 돈을 벌면 칭찬받지만 신체로 돈을 벌면 비난받는다. 어쩌면 역사상 여성을 순전히 신체적인(두뇌가 없는) 존재로만 봐왔기에, 신체로 돈을 버는 여성을 반反페미니스트로 치부하는 게 아닐까. 하지만 여성이 신체든 두뇌든 자유롭게 이용해도 되는 세상에서 왜 성 노동은 두뇌 노동보다 못하다고 인식될까? 두뇌 이용은 찬성하면서 신체 이용은 반대한다면 일관성 없는 태도가 아닐까? 여성은 현금화할 수 있는 물리적 자산을 갖고 있는데, 내 개인적인 생각으로 '성 부정적' 페미니스트들은 이러한 여성을 배신하는 '교묘한' 집단으로 비춰질 수도 있다. 신체로 돈을 버는 여성의 생활수준이 자신과 똑같은 걸 참지 못하는, 두뇌로 돈을 버는 여성들처럼 말이다.

'성 부정적' 페미니스트들은 그들의 입장을 두 가지 방식으로 정당화한다. 첫째는 성 노동 여성들이 자신의 속마음을 사실상 모른다는 것이며 둘째는 여성 한 사람의 선택이 다른 여성에게도 지대한(그리고 부정적인) 영향을 미칠 수 있다는 것이다.

첫 번째의 경우 '성 부정적' 페미니스트들은 여성이 자발적으로 성 노동을 선택했을 가능성을 완전히 배제한다. 성 노동은 결코 자발적인 선택일 수 없으며 신체 상품화는 사회가 여성을 그렇게 하도록 길들였기 때문이라고 주장한다. 이들에 따르면 남녀가 보다 평등한 세상에서는 여성이 신체 노출을 하거나 하이힐을 신지 않고 성 판매를 '선택'할 리도 없으며, 설령 그런 기회가 생기더라도 거부한다. 이 논리대로라면 여성은 회계사, 정치인, 변호사와 같은 사회적으로 인정받는 직업만 가져야 옳다. 노르딕 모델을 언급하지 않을 수 없다. 노르딕 모델은 성 구매자의 처벌을 주장하는 한 캠페인 집단이 자유민주당에 건의함으로써 생겨났다. 이 집단은 '매춘은 그 자체로 유해하기 때문에 자발적 또는 합의에 따른 매춘이라고 해도 강요에 의한 매춘과 다를 바 없으며, 사회가 매춘을 합의 기반의 섹스로 이해할 우려가 있다'고 주장했다.

나딘 스트로센, 웬디 맥엘로이, 조안 케네디 테일러와 같은 자유주의 페미니스트들이 보기에 이 같은 주장은 개인의 자유의지를 인정하지 않는 태도에 지나지 않는다. 다시 말해, 여성에게 자발적으로 성 노동을 선택할 권리가 있다는 걸 인정하지 않는 태도다.[7] 더욱이 '성 부정적' 페미니스트들은 자발적 성 노동자의 이야기도 들으려 하지 않는다. 들을 가치도 없다고 보기 때문이다. 왜냐하면 그건 그들의 진짜 의견이 아니니까.

모든 여성이 신체를 노출하거나 성 노동을 원한다는 말이 아니다. 다만 자신이 성 노동에 종사할 생각이 없다는 이유로 다른 여성도 마찬가지라고 속단해서는 안 된다는 말이다. 어느 한 집단이 여성 전체를 대변할 수는 없다. 솔직히 말하면 나는 일부러 위험과 공포를 느끼기 위해 복싱이나 익스트림 스포츠를 즐기는 사람들을 이해하지 못한다. 하지만 내가 이해하지 못한다는 이유로 또는 내 기준에 옳지 않다는 이유로 이 같은 스포츠를 법으로 금지해달라고 청할 수는 없다. 그건 전체주의적 태도이기 때문이다. 비록 지금은 나도 동참하지만 한때는 나 역시 사람들이 왜 나체로 포즈를 취하고 시위를 하는지 이해하지 못했다. 이런 내가 과연 모든 여성의 마음을 안다고 할 수 있을까?

성 노동자이자 운동가인 로라 리는 이렇게 호소했다.

제 일을 좋아해달라고 말하지 않겠습니다. 저는 제 일을 그저 안전하게 하고 싶고 단지 한 명의 노동자로 인정받고 싶을 뿐입니다. 여자를 한 번도 만나본 적 없고 그래서 오르가슴을 생애 처음 느껴본 장애인을 만날 때면 그 어느 때보다 보람이 큽니다. 누군가의 인생을 행복하고 충만하게 만들어주는 것, 제겐 소중한 가치입니다. 성 노동도 마찬가지로 노동입니다. 우리 성 노동자들도 지원과 존중을 받아야 마땅합니다. 저희를 매도하고 낙인찍지 말아 주십시오.[8]

다음은 레이싱 모델을 지지하는 키리오 비르크스의 말이다.

여성은 원한다면 누군가 욕망의 대상이 될 권리가 있고, 그 대가로 돈을 지불받는다면 무엇이 문제인가? 레이싱 모델들을 실업자로 만들기보다, 레이싱 모델 지망생에게서 기회를 빼앗기보다, 이들이 노동조합을 결성하고 적절한 보수를 받으며 보호받을 수 있도록 보장해주는 것이 보다 올바른 해결 방안일 것이다. 그렇게 된다면 레이싱 모델을 기피해왔던 여성들도 안심하고 이 직업에 뛰어들 수 있을 것이다.[9]

우리는 여성이 자유의지로 성 노동이나 신체 노출을 선택했다는 걸 인정하지 않음으로써 자발적 성 노동자와 비자발적 성 노동자(따라서 관심을 가져야 할 사람들)를 구분하지 못한다. 이 둘을 구분하지 않고 자율적 선택 여부를 따지지 않으면서 자발적 성 노동자를 멋대로 속단한다. 그저 잘못된 인식 탓에 피해를 본 사람들이라고 말이다.[10] '너보다 내가 널 더 잘 알아'라는 식의 생각, 다시 말해 상대의 수준을 내가 판단해줄 수 있다는 생각은 매우 위험하다. 이 경우 가부장제가 없어져도 소수 여성이 전체 여성을 지배할 위험이 있다. 이런 사회에서는 특정 집단이나 공동체의 판단이 그 무엇보다 우선하기에 개인에게 자유란 없을지도 모른다.

인신매매나 현대판 노예제도로 인해 어쩔 수 없이 성 노동자가 된 수많은 여성들의 현실을 외면하는 건 아니다. 성 노동은 여성에게 부정적인 영향을 준 금욕주의와 복지 수당의 삭감 및 제재와 관련이 있다. 어떤 여성이든 선택권이 없다고 느낀다면 그건 비극이다. 하지만 성 노동 금지가 해결책은 아니다. 성 노동을 금지하는 건 여성의 선택지를 더욱 좁힐 뿐이다. 성 노동의 근본 원인인 빈곤을 해결해야 한다. 여성이 인신매매나 현대판 노예제도 때문에 강제로 성 노동에 동원됐다면 형법과 노예제도 금지법 등으로 해결해야 한다. 강제로 성 노동자가 된 여성들이 있다는 이유로, 자발적 성 노동자를 포함한 모든 성 노동자들을 사지로 내모는 건 이해하기가 어렵다. 가사 노예가 많다고 여성 청소부의 일자리를 없애고 농사 노예가 많다고 농부라는 직업을 없앨 텐가? 다른 직업처럼 성 노동도 자발적 선택 여부와 강제성 여부를 따져 구분해야 한다. 이렇게 구분하지 않는 한 여성의 신체 이용 방식을 제한하는 우리의 점잖은 척하는 사고방식은 편향된 정책만 낳을 뿐이다. 여성의 성 노동이 싫다면 인신매매법 문제를 해결하고 여성에게 다른 선택지를 보장해주고 교육 확대와 더불어 복지정책을 개선해야 한다. 취약 지대에 놓인 여성들을 인정하고 지원함으로써 보다 나은 삶을 살 수 있도록 보장해줘야 한다. 성 노동을 막겠다고 지금처럼 성 구매자를 처벌하고 성 노동자의 은행 계좌 개설과 온라인 광고를 금지하면 성 노동자들의 삶을 더욱 열악하게 만들 뿐이다.[11] 섹스를 죄악이라고 생각하지 않는다면 할 수 없는 행동들이다.

성 노동자가 사회에게

성 노동이 자발적 선택일 가능성을 배제한 탓에(즉 여성이 무지하다는 입장) 여성들 사이에서 두뇌 대 신체 불평등이 발생한 건 아니다. '성 부정적' 페미니스트들은 성 노동이 다른 여성에게 심각한 피해를 끼칠 수 있다고 주장하며 두뇌 대 신체 불평등을 부추긴다. 성 노동자 여성 탓에 남성이 모든 여성을 상품화할 수 있다고 주장하는 것이다. 하지만 타인의 이익을 위해 개인의 자유가 희생되는 일이 있어서는 안 된다.

조세핀 버틀러는 영국 역사상 매춘을 반대한 첫 페미니스트였다. 1828년에 태어나 성 노동자를 위해 일생을 바친 인물이다. 버틀러는 "가난하고 불행한 여성들이 겪는 수모는 단지 그들만의 수모가 아니다. 보통의 모든 여성에게 가한 모욕이다. 나의 치욕이자 전 세계 모든 여성의 수치다."라고 주장한 바 있다.[12] 법학자이자 페미니스트인 캐서린 매키넌도 버틀러와 같은 맥락으로 "포로노의 목적은 여성에게 성적 복종을 가르치는 것"이라고 주장했다.[13] 미국의 급진적 페미니스트 안드레아 드워킨도 이와 비슷하게 매춘은 그 자체로 신체적 학대이며 남성 우월주의를 드러낸다며 다음과 같이 주장했다.

사회는 어떻게든 여성 매춘부를 양산해 남성들이 사회에서 군림하고 모든 면에서 우월감을 느끼기에 필요한 모든 걸 갖도록 해준다. … 모든 남성이 매춘을 이용하는 건 아니라고 할지라도 이 사회의 모든 남성은 여성이 몸을 판다는 사실만으로 이득을 얻는다. … 매춘은 남

성의 지배 욕구에서 생겨났다.[14]

2014년에 영국 의회는 '매춘에 관한 초당적 의원모임APPGP'을 열었다. 여기서 의원들은 '성불평등을 해소하기 위해서라도 매춘을 용납할 수 없다'고 말했다. '유럽여성로비European Women's Lobby'•가 제출한 의견서에는 "여성과 소녀에게 몸을 팔라는 건 근본적으로 인권 침해에 해당하며 남성이 여성에게 가하는 폭력"이라고 적혀 있다. 또 한 번 노르딕 모델을 생각나게 한다. 영국 자유민주당이 개최한 회담에 제출된 한 의견서에는 "매춘 제도는 남성의 즐거움을 위해 여성에게 성적 복종을 강요하는 태곳적 관행의 끝없는 반복이다", "성 구매자만 권력을 갖는 매춘 제도는 모든 권리를 남성이 갖고 여성은 남성이 시키는 대로 해야 한다는 식의 관계 성립을 보여준다"고 적혀 있다.[15] 이 의견서는 18개 여성 인권 및 페미니스트 단체가 작성한 것이었다.

이 같은 주장들이 점점 지지를 얻고 있지만 허점이 많다. 첫째, 여성의 매춘이 성불평등을 야기했다는 오해를 불러일으킬 수 있다. 즉 성불평등이 여성의 잘못으로 발생했다는 오해 말이다. '성 부정적' 페미니스트들은 성 노동을 비판하는 유일한 근거로 성 노동이 모두 비자발적인 형태라고 강조한다. 이들에게 성 노동자들은 적이 아니면 희생양일 뿐이다. 사회가 여성을 차별하는 한 여성은 선택권 부족으로 불가피하게 매춘에 뛰어들 수밖에 없다고 주장한다. 이 주장은 어떤 면에서는 현실적으로 일리가 있다. 정말 많은 여성들이 아이를 굶

- 여성에 대한 모든 형태의 차별을 제거하고 정치 의사결정자와 여성단체 사이에서 연결고리 역할을 한다(한국여성정책연구원 정의 참고).

기지 않기 위해 선택의 여지 없이 매춘부가 되기도 한다. 그런데 두 번째 허점으로, 매춘을 금지하면 성불평등 문제가 해소될 수 있다고 보는데 그렇지 않다. 매춘 금지는 성 노동자의 삶을 더욱 힘겹게 만들 뿐이다. 예를 들어 온라인 성매매를 금지하고 성 구매자를 처벌했더니 성 노동자들의 일터가 위험한 거리로 바뀌었다. 길거리라면 성 구매자들이 경찰에게 혹시 발각되더라도 도망칠 수 있기 때문이다. 이러한 정책들로 인해 성 노동자들이 서로 연대하지 못하고 사각지대에 놓였다. 성 노동의 '수요를 근절하는 것'이 목표인 이 정책들은 성 노동의 대가를 낮춰 성 노동자들을 더욱 가난하게 만들었다. 이런 정책보다는 여성의 교육과 직업훈련 및 취업을 보장해주는 방안이 더 효과적일 것이다. 그와 더불어 돌봄 노동도 모두가 함께 부담할 수 있도록 함으로써 사실상 미래 세대를 길러내는 무급의 돌봄 노동자들을 국가의 복지 부담으로 만들어서는 안 된다. 이처럼 여러 가지를 살펴보면 페미니스트들은 여성의 신체적 자유를 간섭하지 않고도 정책적으로 많은 기여를 할 수 있다.[16] 성 노동이 여성을 상품화한다거나 성불평등을 야기했다고 이해한다면 그건 원인과 결과를 혼동했기 때문이다.

'성 부정적' 페미니스트들은 이른바 공익(여성 전체의 이익)을 여성 개개인의 신체적 자유보다 우선함으로써 논리적 오류를 범했다. 여성 한 개인의 신체 이용 방식이 전체 여성에게 영향을 준다고 이해하는 사회에서는 여성은 '노출' 옷차림은 꿈도 못 꿀 것이다. 이런 사회에서는 여성은 남성의 특정 시선을 피해 발까지 내려오는 긴 치마를 입고 머리카락마저 전부 가려야 할지도 모른다. 너무 앞서나간 거 아니냐고 생각할지도 모르겠지만 불과 얼마 전까지만 해도 여성이 무릎이나 발목을 드러내면 자신을 성 상품화했다고 비난받았다. 같은 여성도 그 비난에 동참했었다. '규범'에 벗어난 선택을 한 사람을 문제아로 취급한다면 밀턴 프리드먼과 프리드리히 하이에크가 지적한 대로 그 국가는 독재국가다. 이런 국가는 여성에게 '여성을 위한다는 명목으로' 신체를 가리라고 강요한다.

여성 개개인의 자유보다 '공익'을 우선하는 순간 여성의 신체 노출은 금기가 될 것이다. 또한 인구학적 위기를 해결해야 한다는 이유로 (코엔 테울링스와 제이슨 루의 주장대로라면 인구학적 위기는 경제성장에 부정적인 영향을 끼친다),[17] 인재 유출을 막기 위한 이민 제한 정책을 없애야 한다는 이유로 여성은 임신과 출산도 강요받을 것이다.

'공익'을 개인의 자유보다 우선하지 않고는 일어날 수 없는 일들이다. '성 부정적' 페미니스트들은 아마 성 노동을 금지하는 정책은 찬성하면서 임신중지를 금지하는 정책은 반대할 것이다. 노골적인 모순이다. 개인의 자유를 '공익'보다 우선하든지, '공익'을 개인의 자유보다 우선하든지 둘 중 하나만 가능할 뿐이다.

사회가 성 노동자에게

우리는 성 노동이 사회에 미치는 영향에 대해서는 생각하면서 반대로 사회가 성 노동에 미치는 영향에 대해서는 잘 생각하지 않는 것 같다. 프란체스카 베티오와 마리나 델라 귀스타, 마리아 로라 디 토마

소가 지적한 대로 경제학자들은 성 노동에 찍힌 낙인에 대해서는 연구하면서도 그 같은 낙인을 만들어낸 사회적 구조에는 관심이 없다.[18]

매춘은 수백 년 동안 악마로 묘사되었고 사회적 지탄의 대상이었다. 페미니스트 작가 케이트 리스터는 다음과 같이 말했다. "19세기에 매춘의 또 다른 이름은 '중대한 사회악'으로 빅토리아 시대 도덕주의자들을 전전긍긍하게 만들었다."[19] 《파리의 매춘Prostitution in Paris》의 저자인 알렉상드르 파랑 뒤 샤틀레는 이렇게 말했다. "매춘이라는 직업은 어느 시대, 어느 국가에서든 악이다. 따라서 인류 사회의 본질일지도 모른다."[20] 다음은 작가 F. 아놀드 클락슨의 말이다.

> 매춘부들은 병적인 거짓말쟁이다. 사랑 때문에 나락으로 떨어진 슬픈 이야기를 지어내며 뮌하우젠●으로서 체면치레를 한 셈이다. 돈이 많아져도 매춘이 꾸준히 늘어난다는 점에서 가난과 매춘은 서로 무관해 보인다. 임금이 오른다고 해서 매춘이 사라질 리 없다. 매춘부 중에는 형편이 좋은 하녀들도 많다. 이들은 대개 나태하고 값비싼 옷과 사치품을 좋아한다. 사람들이 일반적인 생각과는 달리 매춘은 욕정하고도 그다지 관계없다. 한번 매춘을 시작하면 그만두려 하지 않는다. 적어도 미국에서는 '갱생의 집'을 제 발로 찾는 소녀는 드물다.[21]

사회는 매춘부를 죄인으로 낙인찍고 매춘에 종사하는 여성은 '그들' 그 반대의 여성은 '우리'라고 부르며 여성들을 갈라놓았다. 이러

● 18세기에 허풍을 일삼은 독일의 폰 뮌하우젠 남작의 이름으로, 관심을 끌기 위해 일부러 거짓말하는 사람을 비유적으로 뜻함.

한 사회에서 여성은 '착한 소녀'와 '음탕한 여자'로 구분된다. 레나 에드룬드와 에벌린 콘은 오로지 그 둘 중에서 하나를 선택하는 여성 모형을 만들었다.[22] 신체로 돈을 번다는 건 감히 생각조차 못 할 일이고, 심지어 옷을 고를 때조차도 여성은 얌전한 여성으로 보이는 쪽을 선호한다고 한다.[23] 사회가 여성을 인위적으로 두 집단으로 나눠놓은 결과 사람들은 매춘부 여성을 거리낌 없이 최악의 공포로 대한다. '성 부정적' 페미니스트들은 성 구매자를 처벌해야 한다고 주장함으로써 또 다른 낙인을 추가했다. 신체로 돈을 버는 것은 잘못이자 부끄러운 일이고 동시에 범죄라는 인식을 심어주면서 말이다.[24] 매춘을 잘못이라고 생각하지 않는다면 굳이 그 수요가 없어지길 바랄 이유가 없다. 경제학자라면 누구라도 알고 있듯이 수요 억제는 임금 하락을 가져온다. 따라서 매춘에 대한 수요를 억제한다면 성 노동자는 더욱 가난해질 수밖에 없다. 마리나 델라 귀스타, 마리아 로라 디 토마소, 사라 주얼이 증명했듯이 성 노동자들에게 낙인을 찍으면 찍을수록 그들의 생계만 어려워질 뿐이다.[25]

성 노동은 신체적 정신적으로 매우 힘든 일이라고 한다. 성 구매자를 처벌해야 한다고 주장할 때 이 점이 자주 언급된다. 작가 라힐라 굽타는 말했다. "이 업계를 떠난 여성들은 하나같이 포주와 고객에게 당했던 참혹한 폭행에 대해 이야기한다. 폭행은 이 직업의 특징으로 피할 수 없는 위험이다."[26] 하지만 성 노동자가 폭행을 당하는 데는 이들을 바라보는 사회적 시선도 한 몫 한다. 부인할 수도, 부인해서도 안 되는 사실이다. 성 노동자이자 블로그를 운영하는 말린 라베르테는 말한다. "우리가 보호받지 못하는 건 무엇보다도 매춘에 대한 사회적 편견 때문이다. 그래서 고객이든 경찰이든 그 누구든 양심의 가책 없이 우리를 쉽게 때린다."[27] 사회는 매춘을 거부함으로써 매춘은 수치라는 공통된 정서를 만들어 낸다. 그 바람에 두뇌로 돈을 버는 여성과 달리 신체로 돈을 버는 여성들은 정신적 고통과 사회적 고립에 시달린다. 이 속에서 성 노동자들은 고객에게 인간적인 대우를 받지 못하고 고객은 성을 구매한 자신의 행동에 자괴감을 느낄지도 모른다. 매춘에 대한 사회적 경멸은 법은 물론 성 노동자들이 겪는 폭력에도 영향을 미친다. 성 구매자를 처벌하는 정책은 성 노동자들을 더욱 힘겹게 만든다. 안전한 환경에서 근로할 수 없을뿐더러 당국이나 경찰에 보호를 요청할 수도 없고 다른 직업과 똑같은 혜택을 누릴 수도 없다.[28] 권력자에게 복종할 수밖에 없는 구조가 만들어지는 것이다. 로라 리는 "결과는 고립이다. 우리 성 노동자들은 언제 폭력을 휘두를지 모르는 사람을 상대로 어쩔 수 없이 돈벌이를 할 수밖에 없다"고 말했다.[29] 다음은 마거릿 코비드의 말이다.

성 구매자를 처벌한다고 해도 매춘에 대한 수요를 막지는 못한다. 오히려 고객들은 두려운 마음에 우리 성 노동자들을 전혀 믿지 못하게 된다. 그 결과 우리는 고객의 신원을 확인하거나 보다 안전한 근로 환경을 갖추기가 어렵다. 길거리가 일터가 될 때는 밝은 장소는 피하고 인적이 드문 장소를 선택한다. 그게 아니라면 고객의 집이 일터다. 이 경우 실내이기 때문에 전화나 보증금을 통해 고객의 신원을 확인하기가 더 어렵고 고객은 더더욱 우리를 신뢰하지 않는다. 상황이 이러한데 성 구매자 처벌이 도대체 우리에게 무슨 도움이 된다는 말인가?[30]

우리 사회의 세 가지 골칫거리

완전한 성평등은 여성 누구 하나 소외당하지 않고 자발적 신체 노동자든 두뇌 노동자든 똑같은 대우를 받는 걸 의미한다. 성 구매자를 처벌하기보다는 성 노동에 대한 사회 전반적인 거부와 경멸을 다루어야 한다. 그러려면 세 가지 뿌리 깊은 사회 고정관념부터 해소해야 할 것이다.

첫 번째는 신체보다 두뇌가 가치 있다는 고정관념이다. 연산 능력이나 문학적 소양을 타고났다면 이 능력을 열심히 연마해 돈벌이에 이용하고 심지어 팔거나 구매해도 전적으로 용납된다. 반면, 타고난 멋진 몸매를 열심히 가꿔서 성적인 능력을 연마하면 왜 그런지 사회적 분위기가 다르다. 계몽주의가 낳은 경제학적 사고는 여기서 통하지 않는다. 경제학은 과학이 지배하던 시기에 발달했다. 예술과 감정은 퇴출당했다. 그리고 논리와 이성이 그 자리를 메웠다. 사람들은 두뇌는 막대한 부를 가져다줄 수 있으므로 신체보다 우월하다고 생각했다. 그 결과 당시 신체가 우선이었던 사람들, 즉 여성과 유색인종은 열등한 존재로 취급받았다.[31]

계몽주의 이래로 '똑똑한' 사람들은 그렇지 않은 사람들에 비해 우월하다는 평가를 받아왔다. 이런 기조 탓에 같은 성매매 산업일지라도 신체보다 두뇌를 많이 쓰면 낙인이 심하지 않다.[32] 두뇌는 되지만 신체는 안 된다는 이런 식의 사고방식에는 성차별이 내재되어 있다. 두뇌는 남성과 연관시키고 신체는 여성(또는 유색인종)과 연관시키는 것이다.[33] 역사상 두뇌는 남성을 상징했고 그에 따라 남성은 부를 가져오는 능력자로 대우받으며, 과거에도 지금도 가부장제 사회는 두뇌를 이용한 돈벌이를 전혀 문제 삼지 않는다. 이와 달리 신체는 여성과 관련이 깊은 것이었다. 더욱이 예전부터 여성은 남성에 못 미치는 열등한 존재로 인식되어 왔기에 신체를 이용한 돈벌이는 자연스레 수치스러운 일이 되었다. 성 노동자를 취약 지대에 가둠으로써 즉 법적으로 보호해주지 않음으로써 남성은 여성의 성적 지배력을 약화시키는 이익도 얻었다. '성 부정적' 페미니스트들이 빠진 함정도 이와 다르지 않다. 똑같이 성 노동자를 폄하하고 있다. 사실은 폄하는 물론 없애는 것이 목적이다. '성 급진적' 페미니스트인 사회학자 캐서린 하킴은 '인적 자본'*과 더불어 '매력 자본'** 개념을 도입해야 한다고 주장했다. 신체로 만들어낸 가치도 인정해야 한다는 것이다.[34]

두 번째는 여성의 가치는 성적 순결이며 섹스는 '더럽다'고 생각하는 고정관념이다. 순결을 의심받는 여성들이 가족들 손에 고문당하고 살해당하는 일이 전 세계 곳곳에서 일어나고 있다. 여기 영국에서는 엘리자베스 여왕 1세를 '처녀 여왕'으로서 숭배한다. 처녀가 아니면 모두 죄인인 것이다. 기독교는 예로부터 여성의 나체를 사악하고 죄스러우며 수치스러운 것으로 간주해왔다. 문제의 본질은 성 노동이 아니라 여성의 가치를 성적 순결로 판단하려는 태도다. 페미니스트 안드레아 드워킨은 다음과 같이 말했다.

- • 인간의 지식과 기술, 경험, 창의성 등을 경제적 가치를 지닌 자본으로 보는 개념.
- •• 외모와 성적 매력, 인간관계, 패션 스타일 등 신체적인 매력을 경제적 가치가 있는 자본으로 개념.

섹스가 더럽다고 생각하다 보니 사람들은 매춘부 여성도 더럽다고 생각한다. … 하지만 매춘부 여성들은 그저 더럽기만 한 게 아니라 전염병 취급을 받는다. … 사람들은 섹스, 남성, 여성과 관련해 부패하고 부적절하며 잘못된 게 있으면 무엇이든 매춘부 여성 탓으로 돌린다.[35]

세 번째는 여성의 신체가 남자의 것이라는 고정관념이다. 여성의 신체는 배우자(또는 미래 배우자)만이 소유할 수 있는 것으로 여성은 결혼 전까지 '순결'해야 한다. 따라서 성 노동은 남성의 성적 지배력을 위협하는 행위가 된다. 역사상 성 노동자들은 남성은 물론 여성의 성적 순결까지 위협하는 존재로 묘사되었다. 그래서 중세 여성들은 매춘부로 오인당하지 않도록 옷차림(줄무늬 후드를 착용하는 등)으로 자신들을 구별했으며, 누드 작품 속 여성들은 무방비한 자세지만 하나같이 남성의 시선을 못 느끼는 척, 관람객에서 시선을 돌리는 등의 자세를 취한다.

우리는 여성의 신체 이용을 규제하기보다는 여성과 섹스를 향한 이 같은 세 가지 사회적 고정관념을 인정하고 그 뿌리를 뽑아야 한다. 인류학자 조크 슈라이버스가 말했듯, 여성이 섹스와 출산에서 얼마나 자유로운지를 보면 그 문화권 여성의 위치를 정확히 파악할 수 있다.[36]

소결론

매춘의 역사는 길고 매춘이 인간만의 역사도 아니다.[37] 또한 규모가 작은 산업도 아니다. 하지만 여성의 성 노동은 여전히 금기다. 페미니스트의 구호 '내 몸은 나의 것'은 피임 등의 사안에서는 완벽히 크게 울려 퍼지지만 성 노동의 사안에서는 들리지 않는다. 성평등을 위해 갈 길이 멀지만 이를 실현했을 때 우리 사회가 성 노동자와 누드모델, 그리고 노출 옷차림을 받아들일지도 의문이다. 개인적으로 나는 여성의 신체적 자유와 옷차림을 제한하는 사회는 이상적인 사회라고 생각하지 않는다. 내가 생각하는 이상적인 사회는 어떤 여성도 직업 선택의 제약을 받지 않고, 신체 이용이든 두뇌 이용이든 모든 직업이 똑같이 대우받는 사회다. 여성들 사이에서 발생하는 신체 대 두뇌 불평등은 불가피한 현상이 아니다. 이 불평등은 여성과 여성의 신체와 섹스를 과거부터 금기시해온 탓에 생겨났다. 이 금기에 저항함으로써(나의 경우는 그 방식이 누드 작품 제작과 나체 시위다), 사회 취약 계층 중에서도 법의 보호를 받지 못하고 사실상 시장이 주는 기본적인 혜택조차 누리지 못하는 (성 노동자) 여성들의 삶을 바꿀 수 있다.[38]

제III부

국가

들어가며

제3부는 애덤 스미스 이후로 경제학에서 계속되어온 국가 대 시장 논쟁을 다룬다. 지난 20세기를 뜨겁게 달군 논쟁으로 강의실에서는 물론 냉전 형태를 빌려서도 매우 치열했던 논쟁이다. 비록 페미니스트 사상가들이 자본주의를 둘러싸고 첨예하게 대립하지만,[1] 이들이 주장하는 바는 정치적 입장과 관계없이 많은 걸 시사한다.

20세기가 끝나갈 무렵 철의 장막이 걷히고 중국이 개방 정책으로 돌아서자 대부분 자본주의가 승리했다고 생각했다. 하지만 서양에서 국가의 힘은 막강하다. 수치가 이를 말해준다. 불과 100년 전만 해도 국가는 수입 중 고작 10퍼센트만 운용할 수 있었다. 하지만 지금은 약 30~50퍼센트를 운용한다(도표 III.1 참조).[2] 정부는 국민의 세금으로 교육, 건강, 교통, 공익사업, 에너지 개발, 연금, 과학 연구, 복지 등 다양한 분야를 지원한다. 게다가 유럽 노동자 중 10~30퍼센트는 정부

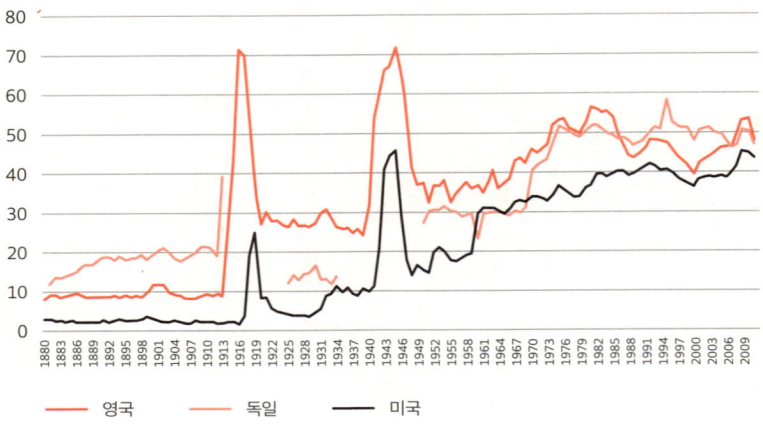

<도표 III.1> 1880~2011년 영국, 독일, 미국의 GDP 대비 정부 지출 비율

출처: Ortiz-Ospina and Roser (2018); Mauro et al. (2015)

에서 일한다. 미국의 경우에는 그 수가 약 7명 중 1명이다.[3]

그렇지만 과거의 이념 전쟁이 완전히 끝난 건 아니다. 불평등이 나날이 심해지고 1929년의 경제 대공황과 맞먹는 세계 금융 위기 등을 겪으면서 지난 10년 간● 현재 방침에 불만을 나타내는 사람들이 많아졌다. 역사상 유례없는 일들이 덮쳐오면서 사람들은 자본주의와 정부에 대한 신뢰를 잃었다. 정치는 현재 재정비 과정에 있다.

국가 대 시장 논쟁이 이제 아무런 의미가 없다고 생각할 수도 있다. 우리의 정치적 관점이 냉전 시대만큼 극단적이지도 않고 이제는

● 이 책의 집필 연도는 2018년이다.

실용성에 더욱 초점을 둔다고 말이다. 하지만 좌우 양 진영의 경제학자들에게는 여전히 유효한 논쟁이다. 좌파 경제학자들은 시장 실패를 지적하며 넛지 형태의 개입이든, 규제든, 증세든 국가가 새로운 방식으로 개입해야 한다고 주장한다.[4] 우파 경제학자들은 세계 금융 위기와 불평등 심화 등 당대의 문제는 시장에 지나치게 의존해서가 아니라 시장을 깊이 신뢰하지 않아 발생한 문제라고 주장한다.[5] 한쪽은 시장을 비판하고 국가 개입을 강조하는 반면 다른 한쪽은 정반대를 주장한다.[6] 중도주의자라면 누구나 싫어할 정도로 또다시 극단으로 치우쳐 있다.

더 이상 여기에 휘둘려서는 안 된다. 페미니스트 사상이 제시하는 바에 귀 기울여야 할 때다. 페미니스트 경제학자와 사상가들은 앞장서 자본주의를 비판한다.[7] 자본주의가 지닌 착취성에 피해 보는 사람들은 언제나 여성들이다. 대부분 경제적 자원이라고는 거의 없는 상태로 무급의 돌봄은 물론 가족의 생계마저 책임져야 하는 취약 계층 여성들이다. 자본주의는 언제나 가난한 사람들을 착취한다는 마르크스의 주장과 비슷하게, 마르크스주의 페미니스트들은 자본주의는 언제나 여성을 착취한다고 주장한다. 이들에 따르면 자본주의는 여성을 제자리에 묶어둔다. 여성을 이용할 수 있는데 굳이 평등을 실현하는 건 자본주의 체제에 도움이 되지 않기 때문이다. 마르크스주의 페미니즘이 추구하는 건 기회 평등만이 아니다. 체제 전복도 추구한다. 그래서 마르크스주의 페미니스트들은 자본주의와 페미니즘은 본질적으로 서로 양립할 수 없다고 말한다.

자유주의 페미니스트들은 정반대의 입장으로 자본주의 체제를 최고로 여긴다.[8] 언뜻 사회주의 체제(자본주의의 반대 체제)가 매력적으로 보일 수 있다. 소련의 새빨간 선전 포스터에 등장하는 여성 근로자는 그 건강하고 다부진 모습으로 강인한 인상을 풍긴다. 사회주의 체제는 공익을 개인의 자유보다 우선하며 평등과 자유를 약속한다. 하지만 실상은 국가와 사회에 더 큰 힘을 실어주고, 역사가 증명했듯이 이 두 체제는 여성의 자유에는 도통 관심이 없다.

    자본주의를 대하는 태도가 다양하다는 점에서 페미니스트 사상은 국가와 시장을 비판적으로 고찰하는 데 크나큰 도움이 된다. 이어지는 6장에서 시장에 비판적인 마르크스주의 페미니즘을 먼저 살펴볼 것이다. 그런 다음 종종 간과되어온 시장이 주는 사회적 편익을 조명하고자 한다. 이 과정에서 우리가 기억해야 할 하나는 시장은 다 똑같지 않다는 점이다. 시장의 작동 방식은 개선될 수 있다. 다만 사회의 발전 수준과 국가 능력에 따라 그 정도는 달라진다. 7장에서는 국가의 역할을 면밀히 살펴보고, 시장과 마찬가지로 정부도 다 똑같지 않다는 점을 짚어볼 것이다. 다시 말해 다른 국가보다 뛰어난 국가가 존재한다는 점 말이다. 또한 현대 국가의 형성 과정을 따라가며 영국과 같은 상대적으로 부유한 국가가 어떻게 출현할 수 있었는지를 여성의 자유 실현과 관련해 알아보고자 한다. 이제부터 마음속으로 두 가지 질문을 해보길 바란다. 여성이 국가 출현에 어떤 기여를 했을까? 국가는 그 여성에게 어떤 보답을 했을까? 그리고 보다 넓은 관점에서 한 가지 더 물어봐 주었으면 한다. 공정하고 지속 가능한 경제성장을 목표로 시장과 국가가 서로 협력할 수 있을까?

6장
마르크스 대 시장

마르크스주의가 페미니스트 사상에 얼마나 큰 영향을 미쳤는지 페미니스트 상당수는 시장을 회의적인 시선으로 바라본다. 이번 장에서는 마르크스주의 페미니즘의 도움을 받아, 앞서 말했던 시장의 단점은 물론 장점도 논하며 시장을 새롭게 다시 살펴보고자 한다. 여기서 말할 시장의 장점은 경제학자들이 보통 강조하는 장점과 상당히 다르고, 조지프 스티글리츠에 따르면 갈수록 누리기가 쉽지 않다.[1] 이번 장을 통해서 시장이 급진주의자, 보헤미안, 사회적 비순응자들을 적대시하지 않고 사회가 원하는 방식으로 개인을 강제하는 사회규범과 제약을 약화시켜 줄 수 있다는 점을 알려주고자 한다. 하지만 모든 시장이 효과적으로 이런 기능을 수행하는 건 아니다. 그 이유는 시장이 국가 및 사회와 별도로 존재하지 않기 때문이다. 경제가 어떤 정치적 입장을 따르든 여성의 자유에 관한 한 가장 큰 걸림돌은 언제나 국가나 시장이 아닌 사회다.

성차별주의자 마르크스

마르크스는 페미니즘과 거리가 멀다. 실제로 그의 《자본론》을 읽어보면 그가 성차별주의자임을 느낄 수 있다. '여성과 아동의 노동Labour of Women and Children' 장에서 마르크스는 여성이 노동시장에 참여할 경우 남성이 임금에서 손해를 봐 아내가 '무급의' 집안일 직무를 수행할 수 없게 된다고 주장했다. 그런데 마르크스와 달리 친구인 엥겔스는 성불평등을 심각하게 생각했다. 그의 설명에 따르면 성불평등은 사유재산이 출현하면서 생겨났다. 이렇듯 다른 종류의 불평등과 마찬가지로 성불평등도 계급 발생에 따른 문제로 정리했다. 그의 해결책은 자본주의를 몰아내는 것이었다.

1970년대에 페미니즘이 사회과학 전반으로 확산됨에 따라 마르크스주의자들이 페미니즘에 진지한 관심을 보이기 시작했고 하이디 하트먼은 페미니즘과 마르크스주의, 이 둘의 '진보적 단결'을 추진했다.[2] 1986년 사회학자 마리아 미스는 훗날 마르크스주의 페미니스트 문학의 고전이 되는 책을 한 권 출간했다. 바로 《가부장제와 자본주의: 여성, 자연, 식민지와 세계적 규모의 자본축적》으로 여기서 미스는 자본주의적 생산은 공장에서나 집에서나 값싼 노동력인 여성을 착취함으로써 가능하다고 적었다. 말미에는 이렇게 적었다. "자본주의적 생산을 위한 노동은 생활형 생산production of life, 즉 생계형 생산 subsistence production을 영구 발판 삼아 증가하고 또 착취당할 수 있다. 생계형 생산은 주로 여성의 무임금 노동이나 또는 식민지 국가의 노예 또는 계약 노동자, 소작농과 같은 무임금 노동자들을 통해 이뤄진다."

《캘리번과 마녀》의 저자 실비아 페더리치는 한발 더 나아가 자본주의는 소작농 계층을 탄생시키기 위해 여성, 가난한 사람, 소수민족에게 폭력을 휘둘렀다고 주장했다.[3] 비록 지금은 관심이 에코페미니즘*과 교차성 페미니즘**에 보다 집중되어 있지만, 마르크스주의 페미니즘도 여전히 그 자리를 지키고 있다. 사회학자 엠마 다울링의 최근 주장만 봐도 그렇다.

> 자본주의는 생산과 재생산을 개인이 사회적 부를 독식할 수 있는 구조로 체계화한다. 사회적 부의 원천은 주로 무급노동, 그리고 기후 변화에 직면해 확실해지고 있듯이, 광범위한 생태 자원이다. … 그럼 중요한 건, 생계 재생산reproduction of livelihood의 통제를 뒷받침하는 권력과 부는 어떻게 물리적 관계를 맺었으며 어떻게 이 관계가 유지되고 강화되는가 하는 문제다.[4]

- * 여성 억압과 자연 파괴 간 상호 연관성을 주장함.
- ** 같은 여성이라도 인종과 계급 등 처한 환경에 따라 겪는 차별이 다르다는 것에 주목함.

세계가 하나로 통합되면서 마르크스주의 페미니즘은 서양의 전문직 여성들이 전 세계 가난한 여성들을 이용해 간접적으로는 의류와 가정용품을 헐값에 생산하고, 직접적으로는 이들을 가사 도우미나 보모, 대리모로 고용하는 현상에 주목했다.[5]

페미니스트 정치철학자 낸시 프레이저에 따르면 자유주의 페미니스트들은 자본주의와 '위험한 불륜'을 저질렀다.[6] 지금의 자본주의 체제에 저항하기보다는 그 '안에서' 기회 평등이 가능하다고 속고 있는 사람들인 것이다. 마르크스주의 페미니즘은 여성들이 '린 인lean in'이 아니라 '린 아웃lean out' 전략을 펼쳐야 한다고 주장한다. '린 인'은 메타 플랫폼스의 최고책임운영자 셰릴 샌드버그가 만든 용어로 '여성의 변화'를 뜻하는데, 여성들이 지금의 노동시장 환경에 굴하지 말고 보다 적극적인 자세를 취해야 한다는 의미를 담고 있다. 하지만 마르크스주의 페미니스트들은 여성들이 바뀔 게 아니라 세상을 바꿔야 한다고 말한다.

마르크스주의 페미니즘이 시사하는 바는 성불평등이 자본주의 발전에 기여하고, 따라서 자본주의가 여성에게 좋을 리 없다는 것이다. 페미니스트들은 일반적으로 세계화가 값싼 여성 노동력을 '착취'함으로써 가능하다고 지적했고 그 증거로서 스테파니 세귀노는 성별 간 임금격차가 크다 보니 수출지향형 제조업은 저임금 여성 근로자를 이용하고, 이를 고려하면 성별 간 임금격차가 경제성장을 견인할 수 있다고 말했다.[7] 옥스퍼드대학교의 경제사학자 제인 험프리스는 역사를 바탕으로 영국의 산업혁명이 더욱 박차를 가할 수 있었던 건 여성과 아동이 값싼 노동력을 제공했기 때문이라고 주장했다.[8]

하지만 저임금의 여성 및 아동 노동자가 존재했다고 해서 이들이 반드시 산업화 과정과 경제성장에 궁극적인 도움이 되었다고 볼 수는 없다. 그보다는 이들 덕분에 기업은 자동화 생산에 대한 부담이 덜 했을 수 있었고 그 결과 생산성과 경제성장이 속도를 높이지 못했을지도 모른다. 더욱이 저임금은 자녀 교육과 미래를 위한 저축에도 부정적인 영향을 끼치므로 경제성장에 좋지 않다.

여성과 아동의 값싼 노동력이 산업혁명에 도움이 되기보다는 방해 요소로 작용했다는 증거를 1833년에 발표된 공장위원회보고서Factory Commission Report에서 찾을 수 있다. 당시 여성 및 아동의 노동 실태에 국민적 공분이 일기도 했지만 이 보고서는 여성과 아동의 노동을 규제할 경우 성장하는 산업이 피해를 입을 것인지 그 여부를 조사하는 데 목적이 있었다. 위원단은 공업 도시에 조사관을 파견해 공장주, 근로감독관, 의사, 산파의 의견을 들어오라고 지시했다. 조사관들은 공장주와 근로감독관에게 값싼 노동력 사용을 금지한다면 어떻게 대응할 것인지도 물었다. 자동화 기계를 사용할 것이라는 명쾌한 답변이 돌아왔다.[9] 다시 말해, 그 당시 분명히 존재했던 값싼 노동력은 산업혁명에 도움이 되었던 것이 아니라 오히려 걸림돌이었다. 신기술을 개발하고 사용하면 산업혁명을 더욱 촉진할 수 있었는데 기업가들은 값싼 노동력에만 의존하고 있었던 것이다. 값싼 노동력이 기업 살림에는 일시적으로는 도움이 되겠지만 장기적으로는 성장에 불리하다. 나일라 카비르는 다음과 같이 지적했다. "여성의 저임금과 부족한 협상력은 노동집약적 제조업이 바탕인 수출 주도 성장에 도움이 되었다. … 하지만 성평등과 경제성장은 서로 불가분의 관계로, 빈곤층을 없앨 장기적이고 지속 가능한 경제성장을 원한다면 성평등을 실현해야 한다."[10]

정리하자면 마르크스주의 페미니즘은 힘의 불균형 탓에 여성이 임금 차별을 겪을 수 있으며, 또한 사회가 여성의 무급 재생산 및 돌봄 노동을 당연시함으로써, 여성이 저임금에 시달리는 등 훨씬 더 열악한 환경에 놓일 수 있다고 경고한다. 하지만 시장과 성평등이 공존할 수 없다고 받아들이면 안 된다. 제1부에서 말했듯이 성평등은 경제성장에 유익하고, 보다 지속 가능한 경제성장을 이끌기 때문에 지구 생태계에도 도움이 된다.[11] 무엇보다도, 곧 이야기할 테지만, 성평등의 든든한 후원군은 시장이다. 그리고 7장에서 다루지만 국가는 시장처럼 언제나 성평등을 지원하지는 않는다. 따라서 시장은 성평등 실현에 필수다. 우리가 해야 할 일은 시장이 보다 공정하고 지속 가능한 성과를 도출할 수 있도록 그 방법을 고민하는 것이다.

시장이 필요한 이유

마르크스를 그 시대의 급진주의자로 생각하기 쉽다. 자본주의가 막 고개를 내밀었을 때 그는 자본주의가 민중을 옥죌 뿐만 아니라 그 자체로 실패할 것이라고 주장하며 자본주의를 외견상 강도 높게 비판했다. 블라디미르 레닌은 자본주의의 최고 단계가 제국주의라고 말하며 소비자와 착취할 노동력을 가능한 한 많이 필요로 하기 때문에 자본주의가 갈 길은 오직 제국주의뿐이라고 주장했다. 급진적으로 보일 수 있다. 하지만 마르크스와 레닌이 이 같은 주장을 펼치기 전에 교회는 수백 년 동안 이윤 등 재물을 추구하는 건 죄악이라고 가르쳤다. 비도덕적이고 타락한 행위라고 말이다. 18세기와 19세기에 진정한 급진주의자는 자유시장을 주장한 경제학자들이었다.

　애덤 스미스와 데이비드 리카도와 같은 경제학자들이 친시장적인 정책을 주장할 때만 해도 자유시장은 전혀 '일반적'이지 않았다. 역사학자 로렌스 폰테인이 지적했듯이, E.P. 톰슨과 칼 폴라니의 작품, 그리고 행복한 농민을 그린 그림들은 자본주의 발달 이전의 시대를 낭만적으로 묘사하지만 현실은 전혀 그렇지 못했다.[12] 이 시기에는 정치가와 귀족들(물론 정치가도 겸한 사람들이다)이 전체 민중의 삶을 완전히 통제했다. 루빈스타인에 따르면 1809년~1859년 사이에 사망한 영국 백만장자 중에서 토지 소유주는 무려 179명이었고, 토지 소유주가 아닌 자는 오직 10명뿐이었다.[13] 루빈스타인은 이렇게 썼다. "1825년 한 참관인이 영국 200대 부자들이 모인 방에 들어서면서 산업혁명을 저주했더라도 그는 용서받을지도 모른다."[14] 그 당시 국가의 간섭은 주로 토지 소유자였던 엘리트 계층 등 기득권 집단의 이익을 보호하기 위해서였다. 정부는 동인도회사와 같은 큰 규모의 기업 설립을 승인하는 데 힘을 썼다. 일반적으로 소규모 상인과 생산자는 길드나 정부 규제 탓에 활동이 쉽지 않았다. 18세기에는 심지어 맥주 제조도 규제가 심해 지방 판사의 허가 없이는 불가능했다.[15] 부호들 즉 '대기업'은 자유시장을 반대하고 그에 저항했다. 자유시장을 지지한 사람들은 노동자와 면직 공장이나 철강 공장을 운영한 '신흥 부자'들이었다. 신흥 부자들은 기득권의 손아귀에서 벗어날 방법으로서 국가의 간섭이 줄면 이득을 보리라 기대했다. 시장은, 개개인이 원하는 누구와도 일할 수 있고 새로운 사업을 통해 원하는 무엇이든 생산할 수 있도록 힘을 실어주었다. 시장은 정치와 사회에 권력이 집중되는 현상과 싸워야 했다.

경제학자들은 시장의 효율성에 집중하지만 시장이 사회에 가져온 변화도 살펴봐야 한다. 시장은 개인에게 사회적 제약에서 벗어날 수 있는 힘을 줄 수 있다. 사실 친시장적인 정책을 주장한 수많은 경제학자들은 사회적 노여움을 샀던 사람들이었다. 알려진 대로 애덤 스미스는 사회적 '이단아'였다. 그는 확실히 타고난 '사회적 동물'은 아니었다. 정통 유대교 가정에서 태어난 데이비드 리카도는 퀘이커교 신자와 결혼해 가족들에게 외면당했다. 존 스튜어트 밀은 정통 기독교인으로 인정받지 못했고, 그래서 존경받는 옥스퍼드학파와 케임브리지학파 그 어디에도 끼지 못했다. 밀턴 프리드먼은 유대인 이민자 가정 출신으로 유대인 민족이 유럽 사회에서 어떤 식으로 악마 취급을 당하며 끔찍한 피해를 겪었는지 너무나도 잘 아는 사람이었다. 이러한 사상가들에게 사회는 시종일관 개인의 자유를 무시하는 존재일 뿐 그 이상도 이하도 아니었다. 그래서 자유시장을 지지한 사람들은 단지 국가에만 저항하지 않았다.

사회는 명령을 내리고 실행할 수 있다. 만약 사회가 옳지 못한 명령을 내리거나 참견해서는 안 되는 일에 명령을 내린다면 그에 따라 벌어지는 폭정은 그 어떤 정치적 억압보다도 가공할 만할 것이다. 비록 사회적 폭정이 빈번하지는 않더라도 그에 벗어날 수단이 거의 없기 때문에 폭정이 일어나면 개인은 삶을 통제당하고 영혼마저 마비되고 만다. 따라서 치안판사의 폭정을 막는 것만으로는 충분하지 않다. 사회 보편적 견해와 정서가 만들어내는 폭정을 막아야 한다. 사회에 순응하지 않는 사람들을 처벌하지 못하도록 해야 하며 사회적 관념과 관습을 행동 규범으로 강요하지 못하도록 해야 한다. 또한, 사회가 요구하는 바에 부합하지 않는 특성은 개발하지 못하도록 단속하고 될 수 있는 한 그러한 특성을 형성하는 걸 차단하며 모든 특성을 사회가 정한 모델에 따라 형성하도록 강요하는 사회적 행태를 막아야 한다.[16]

사회를 행복하고 조화로운 공간으로 바라보지 않는 사람들에게, 다시 말해 사회가 개개인의 행동과 자유를 제한한다고 믿는 사람들에게 시장은 탈출 기제일 수 있다. 아마 여성도 그럴지도 모른다. 더욱이 밀은 사회가 개인의 자유뿐만 아니라 여성의 자유 또한 억압한다고 생각했다. 밀은 여성 참정권을 주장한 최초의 정치인이었고 1869년 《여성의 종속》을 펴내면서 최초의 남성 페미니스트로 인정받았다.

시장이 여성해방에 도움이 된다는 건 역사적으로 증명되었다. 경제사학자 얀 라위턴 판 잔덴과 티네 드 무어는 중세 유럽에서 여성이 노동시장에 참여하자 가족 체계가 변화했고 바뀐 가족 체계로 여성은 조혼 거부 등 자율권을 행사할 수 있었으며, 궁극적으로 유럽은 경제성장의 초석을 마련할 수 있었다고 지적했다.[17] 사학자 에이미 프로이드는 그의 저서 《고요한 협조자들》에서 산업혁명 이전 및 이후에 영국의 초기 금융시장은 사회적 관습 및 제도에 외면당한 여성들에게 기회를 제공했다고 말했다.[18] 그 같은 사회적 관습과 제도에는 여성의 기술직·전문직 진출을 막았던 길드도 포함된다. 멜라니 슈는 남아 선호도를 알아보는 척도인 출생 성비를 사용해, 중국에서는 과거 면화 생산을 담당했던 지역이 다른 지역에 비해 오늘날 성평등 수준이 높게 나타나는 걸 확인했다. 면화 산업이 발달하면서 여성이 일자리를 얻었던 것이다.[19] 사회학자 리처드 스웨드버그는 "청년과 여성들이 대안 시장에 접근하면서 가정생활도 덩달아 개선되었다"고 말했다.[20] 이러한 비특정 시장들이 생겨나면서, 절대 완벽하지는 않아도, 여성들뿐만 아니라 '주류' 사회에서 밀려난 사람들이 새로운 기회를 얻었다. 사실 20세기에 수정자본주의로 체제가 전환되자 자유방임주의로 다시 돌아가기를 요구하는 목소리가 있었다. 바뀐 사회적 분위기에 따라 법도 크게 바뀌면서 동성애자, 소수민족, 여성들이 특히 영향을 받았다. 개인은 다수의 국민을 대변하는 '보수' 성향의 국가를 상대로 자유를 위해 싸웠다. 인류학자 제이슨 히켈과 아살란 칸은 다음과 같이 말했다.

1960년대 (사회) 혁명은 집단 순응주의 사회가 만들어낸 제약에 맞서 개인의 자유를 보호하는 데 그 특징이 있었다. 개인은 사회가 짜놓은 설계에 저항하고, 표현의 자유를 수호하며, 이혼, 임신중지, 피임, 기타 성적 자유에 대한 개인의 권리를 지키고자 싸웠다. 이 모두는 개개인이 누구의 간섭도 없이 스스로 이성과 양심에 따라 자유로이 선택하길 원한다는 걸 보여준다.[21]

프리드리히 하이에크의 뒤를 이어, 밀턴 프리드먼이 발간한 《자본주의와 자유》는 큰 인기를 누렸다.[22] 프리드먼은 정치적 자유와 경제적 자유는 서로 불가분의 관계로 "사회주의 사회는 개인의 자유를 보장하지 않기 때문에 절대 민주적일 수 없다"고 주장했다. 사회가 항상 균형을 이루는 것은 아니므로 개인과 사회는 본질적으로 갈등 관계라는 사실을 프리드먼은 잘 알고 있었던 것이다. 그에 따르면 시장은 그 같은 갈등으로 인한 긴장을 낮춰줄 수 있다. 시장에서는 개인들이 상호 동의 없이도 익명으로 관계를 맺을 수 있기 때문이다. 이 경우 개개인은 타인과 공존하면서도 순응을 강요받지 않고 일상의 욕구를 채워나갈 수 있다. 작가 볼테르는 말했다. "런던 증권거래소로 가라. … 그러면 전 세계 대표들을 다 만날 수 있다. … 이곳에서는 유대인, 이슬람교도, 기독교인들이 마치 똑같은 믿음을 가진 듯이 서로를 대한다."[23]

시장은 개인이 사회규범에서 벗어나 각자의 개성을 발휘할 수 있도록 도와줄 뿐만 아니라 경쟁을 도입함으로써 개인에게 해방구가 되어주기도 한다. 다시 말해 시장에서 개인은 적어도 차별을 피할 수 있다. 물론 시장이 개인에게 잔인할 때도 있지만 그건 국가도 마찬가지일 수 있다. 인간의 본성상 '암적인 존재'는 있기 마련이나, 이런 암적인 존재는 국가 주도의 경제에서보다 시장에서 자신의 잘못을 뉘우칠 가능성이 더 크다. 암적인 존재를 고발하는 경쟁이 없는 한 국가는 그의 악행을 은폐할 수 있고, 따라서 차별이 계속된다. 실제로 국가는 '공익'을 명분으로 충분히 악행을 눈감아 줄 수 있다. 시장에서도 악행이 은폐될 수 있고 또 그런 일이 종종 발생하지만 경쟁 때문에 결국 밝혀지고 만다. 특정 기업의 악행이 알려지면 소비자들은 해당 기업의 제품을 구매하지 않고 그 기업의 근로자들은 다른 기업으로 향한다. 물론 이런 일이 일어나기에 시장의 구조가 완벽한 건 아니다. 다시 말해 소비자들이 항상 모든 사실을 알기란 어렵고, 또 부당행위를 마주한 근로자가 늘 이직을 하는 건 아니다. 하지만 그럼에도 시장에서는 적어도 악행을 처벌하거나 피할 수 있다. 국가가 권력을 독점할 때, 특히 악행을 고발한 사람을 감금하거나 심지어 처형할 수 있는 무소불위의 권력을 휘두를 때는 전혀 불가능한 일이다.[24]

여성이 겪는 착취와 폭력에 관해 주로 그 원인을 자본주의에서 찾지만 사실 진짜 원인은 사회다. 실비아 페더리치의 마녀재판 사례에서도 이 점이 명확히 드러난다. 페더리치에 따르면 유럽에서 16~17세기에 걸쳐 200년 동안 마녀재판으로 여성 수만 명이 화형을 당해 목숨을 잃었다. 마녀 화형식은 독립적인 미혼 여성이 증가하자 이에 위협을 느낀 사회가 저지른 만행이었다. 또한 최근 연구를 보면 당시 기독교 종파 간 경쟁이 치열해지면서 마녀 화형식은 각 종파들이 대중에게 자기 종파의 정통성을 입증해 보이는 수단이기도 했다.[25] 마녀 화형식을 비롯해 오늘날 여성 할례FGM 등 여성들이 경험하는 폭력들은 모두 사회적 악습에서 기인한다. 시장은 비록 완벽하지는 않더라도 그리고 여성에 대한 폭력을 중죄로 다스리는 법체계의 뒷받침을 받아야하겠지만, 그럼에도 여성에게 해방구가 되어줄 수 있다.

시장은 정말 저절로 잘 돌아가는 걸까?

최근까지도 사람들은 시장이 시대와 발맞춰 나아갔다고 생각하곤 했다. 예를 들어 1944년 칼 폴라니도 산업혁명 무렵에 시장이 급격하게 바뀌었다고 주장했다. 지난 20년 동안 경제사학자들은 과거 역사와 세계 여러 지역을 살펴보면서 시장이 칼 폴라니가 생각했던 것보다 더 중요한 역할을 할 수 있다는 걸 확인했다. 물론 모든 시장이 다 똑같지는 않다. 장하준과 알렉스 마셜이 말한 대로 자유시장 같은 건 어떤 의미에서는 존재하지 않는다.[26] 시장은 우리가 만든 기반에 따라 다양한 모습을 갖는다. 그 기반은 법과 제도(공식 제도든 비공식 제도든) 그리고 어떤 물건을 사고 판매할 수 있는지 등을 포함한 규정이다. 시장이 자연발생적으로 생겨났다고 생각하기 쉬우나, 법과 제도 및 규정을 꼼꼼히 설계하고 주기적으로 재정비한 결과 유능한 시장이 존재할 수 있는 것이다. 정리하자면 시장은 정부나 사회와 관계없이 별도로 존재하지 않는다.

'자본주의는 도덕적인가?' 이 질문은 수많은 논쟁을 낳았는데 경제 전문 기자 스티븐 펄스타인이 다음과 같이 답했다.

시장의 소득 배분 방식은 하늘이 정한 것도, '보이지 않은 손'이 정한 것도 아니다. … 오늘날 자본주의를 둘러싼 논쟁은 소득재분배 여부, 소득재분배 방식 또는 재분배 규모에 지나치게 집중한 탓에, 소득을 맨 먼저 어떤 방식으로 나눠가질지 정하는 법 제도를 정비하는 데는 별로 관심이 없다.

역사를 통해 수많은 사례를 접할 수 있다. 영국 산업혁명기에 노동시장이 어땠는지 연구한 마크 스타인버그는 논문에서 노동시장 운영 '규칙'의 기반이 되어준 법은 중립적이기보다는 "자본가에 유리한 법체계에 따라 설계됐으며" 1823년에 제정된 주종법*이 그중 하나라고 말했다.[27] 19세기 후반에는 정부가 여성의 근로시간을 규정한 사례도 찾아볼 수 있는데, 그 이유가 한편으로는 (남성 노동자 위주의) 노동운동이 증가하면서 압박을 느꼈기 때문이기도 했다. 과거에도 현재도 가족법과 재산법, 임신중지 및 피임 규정, 성 노동자를 겨냥한 법이 어떠한지에 따라 남녀가 시장의 성과를 공평하게 누리는 정도가 달라진다.[28]

시장(18세기 및 19세기 시장)을 수용했던 경제학자들은 처음부터 시장이 '올바른' 기반에서만 잘 작동하리라고 예상했다. 어떤 기반이 올바른지에 대해서는 논의를 거쳐야 했고 결국 그 기반은 사회규범에 따라 정해졌다. 이 같은 사실과 관련해 사회학자 애브너 오퍼는 "신자유주의는 근본적으로 계몽주의와 공리주의 경제학에서 출발했으며, 확실히 애덤 스미스를 따르지는 않는다"고 말했다.[29] 시장의 토대를 마련할 때 초기 경제학자들은 '공정성' 여부 등 수많은 윤리적 문제에 직면했다. 그리고 파산에 관한 법률은 물론 최종 대부자** 및 구제자 보증 개념, 주주의 회사채 상환 의무, 투자자의 특허출원 권리 여부 등에 대해서도 논의했다.[30] 19세기 후반부터 20세기 초에는 비

* 고용주에게 유리한 법으로, 고용주 노동계약을 위반한 노동자를 최대 3개월까지 교정소에 보내 중노동을 시킬 수 있다는 조항을 담고 있다.
** 경제 위기로 모든 금융기관이 자금난을 겪을 때 마지막으로 자금을 공급해주는 기관. 각 나라의 중앙은행이 최종 대부자라고 할 수 있다.

록 반대가 찬성보다 많았으나 '동일노동 동일임금 법안'도 논의 대상이었다. 모두 시장을 뒷받침하는 법에 사회규범이 크게 반영된다는 걸 보여준다.[31] 그런데 밀턴 프리드먼이 경제학에서 도덕 및 윤리 문제를 논할 필요가 없다고 주장하기 시작했다. 초창기 자유주의자와 초기 제도주의가 지금껏 논의해온 모든 것들이 갑자기 소용이 없어졌다.

하지만 오늘날 국가 대 시장 논쟁에서 시장에 '올바른 기반'이 중요하다는 초창기 주장이 두 가지 방식으로 되살아나는 중이다. 첫 번째는 칼 폴라니의 연구에 다시 주목하기 시작한 것이다. 폴라니는 산업혁명을 거치면서 시장이 갈수록 사회와 결별했다고 말했다. 그 당시 폴라니 추종자들은 시장이 잘 작동하기 위해서는 사회와 '재결합'해야 하며 (경제적인 것뿐만 아니라) 비경제적인 규범도 신경 써야 한다고 주장했다.[32] 자본주의 기업을 대체할 대안(J. K. 깁슨 그레이엄의 공동체 경제 등)을 만들어 실험하고 검증하는 소규모 차원의 국지적인 노력을 기울이는 것도, 국가의 역할을 보다 많이 요구하는 사회민주주의를 주장하는 것도 모두 자본주의를 부정하기 위함이 아니라 그와 공존을 모색하기 위함이다.[33] 두 번째는 '사전 분배' 개념, 엘리자베스 프뤼글의 표현대로라면 '페미니즘의 얼굴을 한 신자유주의'가 다시 등장한 것이다.[34] 사전 분배를 성별 격차에만 적용하자 프뤼글이 이같이 부른 것이다. 사전 분배란 그저 주어진 시장 성과에 만족하고 추후 재분배하는 데 그치는 것이 아니라 시장 성과가 더욱 '공정'하고 성공적일 수 있도록 시장을 지탱하는 기반을 보살피는 걸 말한다. 다시 말해 사전 분배는 자본주의를 억누르는 대신에 사회가 누구도 게임을 조작할 수 없도록 게임의 룰을 바꾸어야 한다는 뜻을 담고 있다. 성차별적인 재산법과 상속법, 기혼 여성의 노동시장 참여와 소녀들의 진학 또는 직업훈련을 금지하는 법, 여성의 임신과 출산을 강제하는 법, 여성의 금융 서비스 이용과 신용거래를 제한하는 법, 그리고 성 노동을 금지하는 법을 개정하는 것 등이 게임의 룰을 바꿀 수 있을 것이다. 시장 성과가 현재 공정하지 않다면 아마도 그건 시장을 뒷받침하는 법과 규정 및 제도를 만들 때 여성을 대변하는 사람이 그 자리에 없었기 때문일지도 모른다. 즉 들어야 하는 목소리를 듣지 않은 것이다.[35]

폴라니를 선택하든 사전 분배를 택하든 아니면 새로운 조합을 개발하든 무엇이 '공정'하고 아닌지에 대해 반드시 사회적 토론을 거쳐야 한다. 내가 토론자라면 제시하고 싶은 안건이 있다. 바로 이주 노동자와 가사노동자(미국이라면 보건업 종사자들도 포함)도 한 명의 시민으로서 다른 유급 노동자들과 똑같은 권리를 누릴 것인지, 돌봄을 어떤 식으로 분배할 것인지, 자녀 양육비를 개인이 전부 부담할 것인지(공익적 차원에서 모두가 양육에 동참해야 한다면, 양육비를 산정할 때 자녀 수는 몇 명이 '올바른'지), 그리고 여성이 자유롭게 신체를 돈벌이에 이용해도 되는지 여부 등이다.

하지만 변화는 결코 쉽지 일어나지 않는다. 여성에게 불리한 법, 규정 및 제도에 녹아 있는 사회규범과 싸울 수밖에 없다.[36] 또한 집단 간의 이익 상충으로 발생할지 모르는 갈등도 생각해야 한다. 예를 들어 여성의 자율권 행사가 장기적으로는 모두에게 이익이나 일시적으로는 집단 간의 이익 충돌이 발생할 수 있다. 이 점을 간과하면 여성은 오히려 전보다 더욱 힘들어진다. 여성에게 가하는 가정 폭력이 늘어나는 추세가 바로 그 증거다. 더욱이 인도에서는 상속법이 개정된 후 여성 친족을 살해하는 사건이 일어났었다.[37] 낸시 프레이저가 말했듯이 법과 제도를 만드는 지리상 행정구역인 국가는 계급 간 그리고 젠더 간 공정성을 실현하는 데 방해하는 훼방꾼일지도 모른다. 시장 성과를 좌우하는 법과 제도를 만들 때 그의 적용 대상을 따지는 건 국경이 존재하기 때문일까? 적용 대상을 구분한다면 외국인 근로자와 세계 극빈곤층 여성들의 이익은 무시될 수 있다. 우리는 영토 국가가 재판부 역할을 제대로 수행할 수 있는지 그 여부를 묻고, 아니라고 생각한다면 보다 공정하고 지속 가능한 경제를 위해 우리가 무엇을 더 해야 할지 고민해야 한다.[38]

소결론

　시장의 가치를 오로지 효율성과 생산성이라는 경제학 개념만으로는 따질 수 없다. 시장은 개개인의 자유를 지지하며 상위 계층뿐만 아니라 하위 계층도 능력을 발휘할 수 있도록 해준다. 이것이 바로 시장이 가진 힘이다. 시장에서 개인은 색다른 시도를 할 수 있고 원하는 누구든 될 수 있으며 타인의 생각에서 자유로울 수 있다. 마르크스주의는 계급만 사라지면 개개인 모두가 행복하게 서로 단결하리라는 잘못된 가정을 한다. 칼 폴라니도 사회규범과 큰 정부(예를 들어 복지국가)를 문제 삼지 않았다. 마르크스와 칼 폴리니, 이 위대한 사회주

경제학자들은 사회가 잔인할 수 있다고는 전혀 생각지 못한 것 같다. 특히 사회가 일하는 여성, 미혼모, 유색인종, 성 소수자, 이주민 등을 차별하리라고는 말이다. 현실은 인간은 어릴 때부터 시장 밖과 놀이터 등에서 타인과 빈번히 갈등을 겪는다. 인간은 저마다 다르고 자유의지를 발휘하며 진정한 '나'로 존재할 때 더욱 가치를 발한다. 그런데 비순응적인 태도가 타인을 불편하게 만들 때도 있다. 다시 말해 사회가 정해놓은 환경에서 자신의 개성을 드러내려면 갈등의 위험도 감수해야 한다는 말이다. 성차별적인 사회규범에서 벗어나고자 하는 여성들, 그리고 무엇이 올바른 행동인지를 두고(가령 신체 노출과 관련해) 사회와 의견이 다른 여성들도 위험을 감수해야 할 것이다. 시장은 개개인의 저마다 다른 삶의 방식을 존중고 개인은 시장을 통해 직접 요구하지 않고도 타인과 익명으로 교류한다. 그래서 시장은 모두에게 해방구가 될 수 있다.

성공한 시장의 바탕은 다양성이지만 정부와 사회는 막강한 권력을 행사하며 다양성을 허용하지 않을 수도 있다. 시장이 불러온 다양성과 자유를 억압하는 방식으로 말이다. 지금의 사회가 증명하듯이 정부와 사회는 국경 이동의 자유를 제한할 뿐만 아니라 개인이 그의 최선과 이익에 따라 신체든 두뇌든 원하는 걸 사고파는 자유를 제한한다. 낸시 프레이저와 같은 입장의 일부 비평가들은 사회민주주의와 해방운동이 각기의 원칙을 지키며 새로운 동맹을 맺을 수 있다고 생각한다. 개인이 큰 정부 안에서도 개성을 발휘할 수 있다고 주장하는 것이다.[39] 나는 이 생각에 대해 프리드리히 하이에크처럼 별로 낙관적이지 못하다.[40] 다음 7장에서 다루는데, 국가의 개입이 많았던 시절에 여성은 언제나 차별의 대상이었다. 해방을 목적으로 개입했음에도 가장 소외된 집단이 억압을 받았다(도와주기는커녕 말이다). 성 노동에서 그 증거를 발견할 수 있다. 시장에 마음껏 개입 가능한 이상, 설령 그 누군가가 진보주의자일지라도 맘껏 신뢰하기란 어렵다.

사전 분배도 어쩔 수 없이 한계점이 있다. 시장을 뒷받침하는 법, 규정 및 제도는 언제고 어디서고 옳고 그름에 대한 사회적 기준을 반영한다. 시장이 여성에게 공정하지 못하다면 그건 법, 규정 및 제도가 그만큼 발전하지 못했기 때문이다. 사회적 기준이 그대로라면 시장을 재조정한다고 해도 아무런 의미가 없을 수 있다 사회는 늘 방해꾼이다.

시장은 완벽하지 않고, 시장을 이해하려면 정부와 사회를 함께 고려해야 한다. 정부는 불완전하며 시장은 발전과 거리가 멀지도 모른다. 그래서 시장을 비난할 때 사실 그 비난의 화살은 사회를 향하고 있다.

7장
여성이 만든 더 나은 국가

6장에서 경제가 발전하고 번영하려면 그리고 사회를 위해서도 시장이 필수라는 점을 알아보았다. 이번 장에서는 정부와 경제 번영이 서로 어떻게 상호작용하는지 그 상관관계를 자세히 다룰 예정이다. 정부에게 중요한 건 단순히 규모가 아니라 능력이다. 유능한 정부는 시장과 협력하여 부분의 합을 넘어 전체를 그릴 수 있다. 하지만 경제학자가 정의하는 '유능한' 정부는 여성의 편익을 보장하고 나아가 공정하고 지속 가능한 경제성장을 이루기에는 부족하다. 정부를 판단할 때 성별 격차를 살펴야 한다. 지금부터는 오늘날 가장 성공한 정부가 어떻게 발전해왔는지 그 과정을 살펴볼 것이다. 그 속에서 우리는 자주 등한시되었던 여성의 자유를 그 이익의 측면에서 함께 주목해볼 것이다. 정부의 역사는 여성의 역사와 함께 간다.

부유한 국가일수록 큰 정부

경제학자들은 이제 누구나 알지만 일반 사람들은 아직 잘 모르는 사실이 있다. 정부와 경제 번영이 생각보다 훨씬 밀접한 관계라는 점이다. 그 관계는 부정적이라기보다는 상당히 긍정적이다. 지난 200년 동안 서양의 생활수준이 비약적으로 발전하면서 동시에 정부의 역할도 커졌다. 20세기를 시장의 팽창과 세계화로 설명하지만 정부의 무한한 성장도 빼놓을 수 없다.[1] 그리고 아이러니하지만 지금과 같은 경제성장은 세금과 부채가 낮은 국가에서 시작되지 않았다. 18세기 후반부터 19세기 사이에 산업혁명이 일어났던 곳은 다른 유럽 및 아시아 국가들과 비교해 세금과 부채가 높았던 영국이었다(도표 7.1 참조).[2]

역사의 흐름을 되짚어보고 지금의 전 세계 국가들을 서로 비교해보면 정부와 경제 번영은 불가분의 관계일지도 모른다는 생각이 든다. 그도 그럴 것이 가난한 국가에서는 안정되고 유능한 정부가 드물다. 대부분의 빈곤국들이 내부 분열과 내전 등의 갈등을 겪고 있다. 노엘 존슨과 마크 코야마는 "오늘날 세계 최부국은 튼튼한 시장경제와 강력한 중앙정부를 갖춘 반면에 세계 최빈곤층이 모인 국가는 시장경제도 부실하고 정부도 힘이 없거나 약하다"고 말했다.[3] 대런 애스모글루는 공동 논문에서 "이제 모두가 인정하다시피 빈곤국의 발

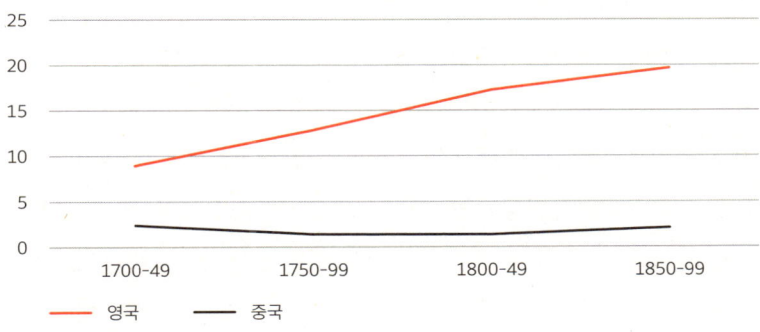

<도표 7.1> 세금의 역사: 높은 세금의 영국 vs 낮은 세금의 중국

정부가 국민 1인당 거둬들이는 세수(세금을 납부하기 위해 비숙련 노동자들이 근로해야 하는, 근로일 수로 측정함)
출처: Ma and Rubin (2017)

전 전망이 어두운 이유는 정부의 능력이 약하거나 부족한 탓이다. 최빈곤국의 정부는 법과 질서, 교육, 인프라 등의 기본적인 공공재도 제공하지 못하며 그럴 의지도 없어 보인다"고 지적했다.[4] 기본적으로 정부는 경제성장에 도움이 되지 않는다고 믿어온 미국에서조차 정부와 경제 번영 간 상관관계를 입증하는 증거가 쌓이고 있다. 대런 애스모글루와 제이콥 모스코나, 제임스 로빈슨의 논문도 그 증거다. 이 세 사람은 과거 정부의 기반 시설이 우체국이었다고 상정한 다음 특허를 척도로 하여 정부와 혁신 활동 간 상관관계를 연구한다.[5]

그렇다면 지금의 최부국은 큰 정부라는 사실을 어떻게 설명할 수 있을까? 세 가지로 설명이 가능하다. 하나는 정부가 경제 번영에 도움이 된다는 사실이고, 두 번째는 경제 번영이 정부를 발전시킨다는 점이며, 마지막 하나는 경제 번영과 정부의 발전 사이에는 공통된 요인이 있다는 사실이다.

   최부국이 큰 정부인 첫 번째 설명과 관련해 다음의 다섯 가지가 이유가 있다. 첫째 정부는 경제 번영을 뒷받침할 줄 알기 때문이다. 시장은 경제 번영에 필수지만 충분하지는 않기 때문에 시장과 협력한다면 정부는 경제 번영에 크게 이바지할 수 있다. 그러면 우리는 더이상 경제학 서적을 통해 시장 실패의 원인과 그의 정책적 해결 방안을 찾지 않아도 된다. 정부가 환경오염과 같은 외부 요인에 대처하고 공공재를 비롯해 마리아나 마주카토가 강조한 과학 인프라 등에 투자하며 교육과 직업훈련의 기회균등을 보장한다면 경제의 희소 자원인 인간은 저마다의 재능을 최대한 발휘할 수 있다. 더욱이 페미니스트 경제학자들은 정부가 돌봄에 관여해야 한다고 주장한다. 돌봄이 경제활동의 근간임에도 시장 밖에서 이루어지고 이익 창출에 오랜 시간이 걸리는 데다가 여성이 주로 재생산과 돌봄을 전담하는 현실을 고려하면 성평등 실현을 위해서 그리고 훗날 돌봄 노동의 감소로 인한 피해를 막기 위해서라도 정부가 개입해야 한다는 것이다.[6] 두 번째 이유는 경제 번영을 일으키는 기술과 무역 등이 도리어 인간의 삶에 해를 끼치기도 하기 때문이다. 쇠락해가는 산업 분야에서 일자리가 감소하는 현상만 봐도 그렇다. 유능한 정부라면 국민이 변화에 적응하고 새로운 기회를 최대한 이용할 수 있으며 기회를 적극 만들어 나아갈 수 있도록 도와야 한다. 정부가 이 역할을 하지 못하면 경제가 성장하는 사이 불평등이 증가해 인간의 재능이 낭비될 수 있다. 세 번째 이유는 앞서 6장에서 논한대로 정부가 시장 운영에 중요한 역할을 하기 때문이다. 시장이 제 기능을 발휘하여 경제 번영과 공정하고 지속 가능한 경제성장에 기여할 때는 오직 공식적인 기반(법과 정치)과 비공식적 기반(가정과 사회)이 기반이 갖춰져 있을 때뿐이다. 시장은 단독으로 존재하지 않고, 정부는 시장이 보다 나은 성과를 낼 수 있도록 그 기반을 바꿔줄 수 있다. 네 번째 이유는 시장이 장기적으로는 경제 번영을 가져오지만 그 과정에서 어느 정도의 경제 불안정은 불가피하기 때문이다(9장에서 다룰 예정이다). 정부가 나서서 이 경제 불안정을 완화해줄 수 있다. 마지막 다섯 번째 이유는 앞서 3장에서 살펴본 대로 경제가 번영하더라도 성불평등은 여전할 수 있고 성불평등은 경제성장을 방해하기 때문이다 성불평등을 해소하지 못하면 공정하고 지속 가능한 경제성장을 빠른 시일 내에 달성하지 못한다.[7]

하지만 이론상 정부의 개입은 유익하지만 정부가 무능할 경우 그 개입은 오히려 독이다. 정부는 환경 파괴를 일으킬 수 있고 여성의 임신과 출산 능력을 이용할 수 있으며(더불어 그 선택을 제한하고) 경제 불안정을 완화하기보다 더욱 심각하게 만들 수 있다.[8] 윌리엄 트위드는 뉴욕 역사상 가장 부패한 정치인 중 한 명이었다. 뉴욕 시민 아무나 붙잡고 이 사람에 대해 물어보면 왜 미국인들이 유럽인들보다 큰 정부에 더욱 회의적인지 그 이유를 쉽게 알 수 있다. 큰 정부가 경제에 나쁘다는 사실을 부인하기는 어렵다. 과거 공산주의 체제가 증명했듯이 큰 정부는 직접적으로는 효율성과 생산성을 낮추고 간접적으로는, 6장에서 살펴본 대로, 사회 순응을 강요하며 다양성을 저해한다. 공산주의 체제의 큰 정부에서는 저마다 다른 개개인이 서로 교류하는 시장은 존재하지 않기 때문이다.

다시 말하지만 규모는 중요하지 않다. 같은 규모더라도 정부마다 결과가 다르다. 규모는 정부가 얼마나 유능한지에 따라 유익할 수도 오히려 해가 될 수도 있다. 예를 들어 정부가 세수를 국민 통합과 국민의 경제활동 능력을 뒷받침해줄 인프라에 쓴다면 그 결과는 유익할 것이다. 반면 세수를 화려한 궁전을 짓고 반대파를 탄압하고 불필요한 전쟁을 일으키는 데 사용한다면 그 결과는 정반대로 해로울 것이다. 이 루 등이 중국을 주제로 최근에 발표한 공동 논문에 따르면 1978년 개혁개방 이전까지는 공산당원의 수와 경제 성과 간 상관관계가 부정적이었다. 그런데 개혁개방 이후로는 그 관계가 긍정적으로 바뀌었는데 경제 성과를 측정하는 척도인 농업 생산량과 사망률, 교육의 성과 및 인프라 발전 수준에서 모두 긍정적인 결과를 기록했다. 연구진들은 "정부의 능력은 발전 속도를 높이고 그 효과를 정부가 시장을 대신할 때보다 지원할 때 더욱 확실하고 분명하다"라고 말했다.[9]

그러므로 좋은 정부와 나쁜 정부는 규모가 아니라 능력에 달렸다. 경제학자들이 최근에 '정부 역량'이라는 개념을 새로 개발했다. 세금을 징수해 국방과 인프라 등 공공재에 투자하고 국가의 치안을 살피는 정부의 능력을 일컫는 용어로, 정리하면 재정 및 법적인 측면에서의 정부 능력을 말한다. 경제학자들은 정부 역량도 중요하지만 정부에 한계를 설정해야 한다고 말한다. 정부의 역할이 시장을 뒷받침하는 것이라면 정부는 반드시 개인의 재산권을 보장해야 한다. 민주주의에서처럼 정치적 대표 체제를 통해 정부가 국민의 뜻을 거스르지 못하게 제약을 가할 때 정부는 개인의 재산권을 보장할 것이다. 우리는 역사에서 비선출직의 군주가 국민의 재산을 멋대로 남용하고 소수집단이나 참정권이 없는 사람들의 재산을 마음대로 빼앗는 행태를 수없이 목격했다. 정치적 대표 체제는 정부의 권력 남용을 막아주므로 매우 중요하다.[10]

하지만 나는 정부 역량을 다른 경제학자들과 달리 정의한다. 개인적으로 어떤 개입이 경제에 최선일지 정부 스스로 판단할 줄 아는 능력을 정부 역량이라고 부르고 싶다. 이 능력은 시장 성과를 보장하기 위해 어떤 법과 제도 및 규정이 필요한지도 정부 스스로 판단할 줄 아는 능력이다. 정부와 시장은 서로를 대신한다기보다는 올바른 환경에서 상호 보완하는 관계가 될 수 있다. 하지만 정부의 개입이 지나쳐 경제성장에 부정적인 영향을 줄 때가 있다. 유능한 정부라면 선을 지킬 테지만 불행히도 선을 넘는 경우가 많다. 그래서 유능한 정부가 드문 건지도 모르겠다. 정부에게 재정적·법적 능력도 중요하지만 그 능력을 적재적소에 발휘할 줄 아는 능력도 못지않게 중요하다. 안타깝지만 현재로서는 정부에게 언제 능력을 발휘하고 언제 발휘하면 안 되는지 직접적으로 알려주는 기준이 없다. 그렇다고 자본주의나 공산주의와 같은 이념을 기준으로 삼아서는 안 될 것이다. 자유방임주의 지지자는 정부에게 손을 떼라고 쉽사리 말하지만 존 램지 매컬럭은 이렇게 말했다. "자유방임주의 원칙을 안전하게 신뢰할 만한 경우는 드물어서 아무 때고 자유방임주의에 호소한다면 그 사람은 정치인이나 철학가라기보다는 그저 뜻도 모르고 따라 하는 앵무새에 불과하다."[11]

반면에 정부가 무조건 개입하려고 든다면 즉 정부가 시장은 실패하기 마련이므로 개입만이 답이라고 생각한다면 기득권 집단이 득세할지도 모른다. 그러므로 유능한 정부라면 올바른 판단을 내릴 줄 알아야 한다. 개입이 시장 성과에 긍정적인 영향을 줄지 아니면 상황을 나쁘게 만들지에 대해 정부는 어떤 경우에서라도 판단할 줄 알아야 한다. 우리는 시장의 실패 가능성을 따지기보다는 정부가 시장 성과를 끌어올리는 데 필요한 능력과 지식을 갖추고 있는지 물어야 한다.[12] 하지만 이를 판단할 절대적인 기준이 없어서 비교적 유능한 정부가 드물다.

성평등도 정부 역량과 따로 떼어놓을 수 없다. 앞서 살펴본 대로 성평등은 공정하고 지속 가능한 경제성장에 필수다. 역사상 서양의 여성들이 다른 지역의 여성들보다 처지가 비교적 양호했으나 거기에 정부의 도움이 있었던 건 아니다.[13] 역사학자 앨리스 케슬러 해리스의 주장대로 미국 사회에서 여성은 집안일을 남성은 경제활동을 해야 한다는 식의 '성 고정관념'은 차별적인 복지제도와 세법 및 취업규칙(기혼 여성의 고용 금지)을 만들었고 사회가 성별에 따라 정한 역할을 거부하면 이러한 제도와 규칙에 의거해 불이익을 받았다.[14] 20세기 복지국가는 여성을 남편의 부양을 받는 피부양자로 규정했다. 그래서 여성에게 주어지는 세제 혜택과 연금이 적었다. 게다가 여성은 오후에 자녀를 데리러 학교에 가야 한다는 고정관념이 형성되면서 여성은 노동시장에서 더욱 차별을 받았다. 노동조합운동도 '가족 임금'●을 요구하며 정부와 마찬가지로 남성 생계 부양자 모델을 더욱 보편화

● 가족을 부양할 만큼 충분한 임금.

시켰다.[15] 인구정책과 이주민 정책도 여성들에게 불리한 결과를 낳았는데, 아래 피더슨의 주장대로 이는 예견된 결과였다.

> 복지국가는 사회적 요구에 따라 복지정책을 만든다. 그런데 복지정책은 사회규범을 만들고 사회적 처벌을 가한다. 복지정책이 차별과 불평등을 조장하기도 한다는 말이다. 복지국가는 재정 지원을 혜택으로 제공한다. 문제는 그 혜택을 누구에게 어떤 방식으로 어떤 조건으로 제공하느냐이다. 복지국가에 관한 한 사소한 것이라도 뭐든 살펴야 한다. 사회적 행동 양식을 반영하는 동시에 복지국가는 그 사회적 행동 양식에 국가가 정한 가정생활과 남녀의 역할을 투영하기 때문이다.[16]

최근에 페미니스트 경제학자들은 2008년 이후 세계가 긴축정책을 시행하고 개발도상국이 구조개혁을 위한 종합정책을 마련할 때 그 영향이 성별마다 어떻게 다르게 나타날지에 대해서는 전혀 생각하지 않아, 여성이 큰 피해를 입었다고 지적한다.[17]

정부가 성불평등에 무관심해 여전히 사회에 성차별이 만연하다면 그 정부는 유능하다고 말할 수 없다. 그래서 페미니스트 경제학자들은 '성인지 예산'을 촉구한다. 정부가 새로운 개입을 할 때마다 그 영향을 남녀별로 고려하자는 취지다. 성평등의 중요성을 아는 정부라면 무엇을 해야 할지 비교적 쉽게 파악한다. 하지만 정치학자 말라 흐툰과 S. 로렐 웰던이 전 세계의 정부를 조사해본 결과 성평등을 위한 정부의 개입에는 일관성이 없었다. 어떤 정부는 여성 폭력을 근절하기 위해 노력하면서도 노동시장 정책(유급 육아휴직 등과 관련)과 가족법(이혼 및 상속 관련) 개정 및 여성의 임신과 출산의 자유를 보장하는 노력을 기울이지 않았다. 그 반대인 정부도 있었다. 가장 유능하다고 평가받는 스칸디나비아 국가들의 정부도 예외는 아니었다. 누군가가 말했듯이 정부는 앞으로 나아갈 수도 있지만 후퇴할 수도 있다. 정부는 국민의 권리와 자유를 확대해주기도 하지만 앗아가기도 한다.[18] 그 이유를 알면 왜 정부마다 성불평등을 해소하려는 노력이 다른지도 알 수 있을 것이다.

흐툰과 웰던에 따르면 정부는 성불평등 문제에 개입할 때 두 가지를 고려한다. 하나는 교리성이고(가족법, 임신중지법처럼 종교적 교리를 건드리는지 여부) 다른 하나는 편협성(특정 집단의 이익만 반영하여 좌우 진영에 고르게 적용되지 못하는 건 아닌지 여부)이다.[19] 이 두 가지를 기준으로 정부의 성불평등 문제 개입 방식을 네 가지로 나눠볼 수 있다. 그리고 이 두 가지 기준은 정부가 왜 어떤 부분에서는 진보적인 반면 또 다른 어떤 부분에서는 보수적인지 그 이유를 알려준다.[20] 말하자면 정부가 종교 기관과 유착(또는 의존) 관계이거나 또는 정부의 성향이 무엇인지에 따라(좌파 성향인지 우파 성향인지) 성불평등 문제와 관련해 정부가 하는 역할이 달라지곤 한다.

요약하면 정부는 번영에 이로울 수도 해로울 수도 있다. 무엇이 됐든 그건 정부가 하기 나름이고 정부 역량을 판단할 때 성불평등의 정도도 고려해야 한다. 시장 경쟁이 무능한 기업을 탈락시켜 기업의 역량 개발을 돕듯이 국가간 경쟁과 민주주의는 유능한 정부 탄생에 도움이 된다. 하지만 유감스럽게도 조지프 스티글리츠의 지적대로 민주주의가 언제나 유능한 정부를 만드는 건 아니다. 유능한 정부를 원한다면 민주주의만으로는 부족하고 민주주의를 뒷받침할 시민 활동과 언론의 자유가 보장되어야 한다.[21] 또한 민주주의에만 의존해서는 성불평등 문제를 해소하지 못한다.[22] 정부 역량을 쌓기란 어렵고 옳은 방향으로 나아가기에 민주주의만으로는 충분하지 않은 현실을 고려하면 정부와 시장이 성공적으로 협력하는 국가가 왜 사실상 드문지 그 이유를 이해할 수 있다.

최부국이 큰 정부인 것과 관련한 그 두 번째 설명은 역인과성●으로 정리할 수 있다. 다시 말해 경제 번영의 결과로 정부의 규모와 역량이 증가했다는 것이다. 이는 경제사학자 애브너 오퍼의 관점인데 오퍼에 따르면 20세기에 정부의 규모가 커진 건 경제 번영 때문이다. 그의 설명대로라면 사람들은 의식주 등 일상의 기본욕구를 충족할 만큼 풍족해지면 의료와 교육 및 연금 등을 통해 장기적인 복지에 투자할 생각을 하기 시작한다.[23] 여기에 유일한 걸림돌은 근시안적 사고다. 태생적으로 멀리 내다보지 못하는 우리 인간은 저축을 당연시하지 않는다. 게다가 미래에 대해 지나치게 낙관적이어서 저축을 하더라도 그 금액은 많지 않다. 오퍼는 "정부와 조세제도는 인간이 근시안적인 성향을 극복할 수 있게끔 이행 장치를 제공한다"고 말했다. 우리는 근시안적인 성향을 보완하고자 즉 세금을 성실히 납부하기 위해 열심히 투표한다. 세금 납부는 근시안적인 단기 성과주의를 극복하기 위한 일종의 노력으로 자신에게 투자하는 비용을 충당하려면

● X가 Y의 원인이라고 생각했으나 실제로는 Y가 X의 원인임.

세금 납부는 필수다. 바꿔 말하면 국가가 부유해질수록 우리는 정부에 더 많은 걸 요구하고, 당연히 재정 지원도 요구한다. 하지만 규모가 아닌 능력 차원에서 정부를 살펴보면 국가가 부유해진다고 해서 정부가 성불평등 문제를 효과적으로 해결하리라는 보장은 없다. 3장에서 논한대로 성평등 실현에 방해꾼 노릇을 한 정부 규제가 경제성장을 촉진한 사례도 있다.

최부국이 큰 정부인 것과 관련해 그 마지막 설명은 둘 사이에 어떤 공통 요인이 있기 때문이란 것이다 그 공통 요인이 오늘의 부국을 만들고 상대적으로 유능한 정부를 갖게 했다. 이 공통 요인은 정부 역량이 부족하고 가난한 국가에서는 찾아볼 수 없다. 경제 번영을 정부하고만 연결 짓지 말고 지금의 부국이 어떻게 정부와 시장이 협력하는 경제체제를 갖추어 부분의 합을 넘어 전체를 그릴 수 있게 된 건지, 이를 가능케 한 그 외부적인 요인이 무엇인지에 대해 생각해봐야 한다.

다음 주제에서는 오늘날 가장 유능한 국가가 어떻게 경제성장을 방해하지 않고 지원하는 방식으로 발전해왔는지 그 국가의 역사를 통해 살펴볼 예정이다. 다시 한 번 여성을 홀대한 이야기를 하지 않을 수 없다. 우리가 어떤 요인을 등한시해왔는지 알려면 여성의 이야기에 주목해야만 한다. 그 어떤 요인은 바로 여성의 자유다. 앞서 정부 역량을 정의하고 판단할 때 성불평등의 정도도 고려해야 한다고 말했는데 그에 앞서 성평등이 유능한 국가 탄생에 어떤 기여를 하는지에 대해서 먼저 생각해볼 필요가 있다.

현대 국가의 탄생

유능한 정부라고 하면 우리는 보통 서양의 국가들을 먼저 떠올린다. 하지만 노엘 존슨과 마크 코야마는 다음과 같이 날카롭게 지적했다.

> 근대 이전의 정치체제는 심지어 정부라는 용어를 사용하기도 뭣한데 중세 말 이전에 유럽 대부분 국가에는 정부가 없었다. '정부'라는 단어는 16세기 말이 되어서야 오늘날의 의미를 갖추었다. … 단순한 의미만 바뀐 게 아니었다. 영어로는 state, 프랑스어로는 l'état, 이탈리아어로는 stato, 독일어로는 Der Staat라고 하는 '정부'라는 단어가 근대 초엽에 처음 사용됐을 때 그 뜻은 '새로운 정치 경험'이었다.[24]

경제학자들은 최근에야 어떻게 재정적·법적으로 유능하고 헌법과 민주적인 투표 방식을 통해 통치자를 감시하는 정부가 서양에서 탄생할 수 있었는지 생각해보기 시작했다. 팀 베슬리와 토르스텐 페르손은 "경제학자들은 대개 정부가 시장을 지원할뿐더러 세금을 징수할 만한 제도적 능력을 갖췄다고 가정하지만, 이 같은 가정을 적용해 볼 수 있는 국가는 과거든 현재든 별로 없다"고 지적했다.[25] 정부라는 블랙박스는 드디어 열렸고 우리는 마침내 규모를 넘어 정부에 대해 생각해볼 수 있게 되었다.

어떤 사람들은 정부는 필연이라고 말한다. 정치과학자 데이비드 스카르벡은 자신의 저서 《지하 세계의 사회질서 The Social Order of the Underworld》에서 정부의 탄생 과정을 알아보기 위한 자연 실험*으로서 감옥을 관찰했다.[26] 죄수들은 그들이 흔히 겪는 문제(특히 마약 공급 등)를 해결하기 위해 위계질서와 규칙 등 그들만의 제도를 만들었는데, 스카르벡은 그 방식에 주목했다. 범죄 조직은 꼭 정부처럼 지배와 보호를 동시에 제공했다. 감옥에서 죄수는 이동의 자유가 없기 때문에 (이론적으로는) 탈출이 불가능하다. 스카르벡의 이 자연 실험은 제임스 스콧의 연구와 일맥상통한다. 스콧은 사람들이 수렵·채집 생활을 그만두고 농사를 짓기 시작하면서 국가가 출현했다고 주장한다.[27] 고정된 장소에서 정착 생활을 하는 인간은 더 이상 두려운 존재가 아니었다. 구체적으로 역사학자 발터 샤이델은 다음과 같이 말했다.

초창기 농부들은 경작지라는 영토에 갇힌 채 새로운 정치적 질서를 따랐다. 이 질서는 범죄 조직이 조직 구성원을 보호해주듯이 농부들을 보호했다. 국가가 출현했고 명령과 통제뿐인 국가의 통치 방식은 수직 구조의 계급과 차별을 낳았으며 끝없는 전쟁을 야기했다. 스콧에 따르면 밀·보리·수수·옥수수·쌀 등의 곡물은 정치권력을 유지하는 데 필수였다. 이는 올바른 지적으로, 땅에서 자라나 알맞은 시기에 익어가며 저장도 용이한 이 같은 곡물의 품질을 평가하고 그 값을 매기는 사람은 세금을 징수하는 통치자였다. 초창기 국가는 강제 노역을 부과하고 곡물세를 징수함으로써 권력을 유지했다. 오늘날 여행객들은 이집트의 기자, 캄보디아의 앙코르와트, 페루의 마추픽추

* 실험자가 변수를 설정하지 않고 현실에서 자연적으로 일어나는 일을 변수로 사용하는 실험.

를 보면서 두려움이나 연민보다는 그저 감탄한다. 그리고 초창기 국가의 본질과 그 구획된 공간들을 인도적 차원으로 잘못 해석한다.[28]

유럽 근대국가의 역사는 로마제국이 몰락한 때부터 시작한다. 당시 유럽은 분열되어 있었다. 권력자는 지방의 영주로 영주들은 저마다 이웃 영주가 침략해오지 못하도록 성을 쌓았다. 그리고 일반 농민들을 농노로 삼았다. 농노는 영주의 성 안에서 안전과 치안을 보장받는 대가로 이동의 자유 등 자유를 기꺼이 포기했다. 부유층이 빈곤층에게 권력을 행사하는 이러한 현상은 당시로서는 당연한 결과였다. 특히 로마제국이 몰락한 후 사회는 어지러웠고 치안은 불안정했으며 인구도 줄어들고 있었기 때문에 이 시기에 보호를 받는다는 건 그 자체로 큰 혜택이었다. 영주는 (갈수록 없어지는) 소작농의 자유를 제한함으로써 이들의 품삯을 제값에 지불하지 않을 수 있었고 그렇게 얻은 흑자로 사치스러운 생활을 누렸다.

로마제국이 물러간 뒤 등장한 유럽 봉건사회에서 영주의 권력은 막강했다. 국가는 전 국토를 관장했지만 영주의 협조 없이는 세력을 확장하거나 유지할 수 없었다. 이때 유럽에서 최초로 의회가 발달했다.[29] 모두가 투표권을 가졌던 건 아니므로 영주가 지방의 대표자로 참석했다.

인구가 다시 늘어나면서 상황이 농노보다 자영농에게 유리하게 전개되었다. 노동력이 넘쳐나자 임금이 하락했고 영주는 시장을 통해 싼값에 자영농을 고용해 땅을 경작했다. 농노제는 그렇게 무너지기 시작했다. 그런데 1348년 흑사병이 유럽을 강타하면서 유럽 인구의

1/4 내지 절반 가까이가 사망했다. 그 결과 영주와 소작농 간 힘의 균형이 완전히 바뀌었다. 게다가 토지의 가치 하락으로 토지 소유주는 힘을 잃었고 식량을 구하는 사람보다 토지 소유주가 상대적으로 더 많았다. 일부 지역에서는 농노제가 부활했고 다른 지역에서는 소작농들이 노동력 품귀 현상을 이용해 더 많은 자유를 요구했다.[30] 영국과 같은 국가는 영주의 세력이 약해진 틈을 타 중앙집권 국가로 발전하는 길을 닦았다. 이제 영주는 중앙집권화를 막을 힘이 없었다.[31]

각 지방이 서로 뭉쳐 주州를 형성할 가능성은 더욱 커졌다. 주州를 형성하면 내부 저항이 감소할 뿐만 아니라 얻을 수 있는 이익도 많았다. 경제학자들은 인류 사회가 존속하려면 공공재가 필수라는 점에서, 국가의 원시적인 모습이라 할 수 있는 공동체를 만들어 헌신하는 것은 상호 간에 이익이 된다고 주장한다.[32] 역사학자들에 따르면 근대 유럽은 하나로 뭉치기 위해서라도 전쟁이 필요했다.[33] 전쟁이 나면 인접한 지방끼리 합심하여 방어 태세를 갖추었고, 결국 출신은 다르더라도 공동체를 구성해 모두가 헌신했다. 더욱이 영국이 중앙집권 국가로 발전할 수 있었던 이유로 바이킹 침략이 자주 거론된다. 네덜란드의 경우 지리적 여건이 좋지 않았기에 관개농업과 토지 간척을 위해서라도 지방끼리 협력해야 했고 그에 따라 주州가 만들어졌다.[34] 오늘날 이탈리아와 독일에는 주州로 통합되지 않고 여전히 지방으로 남아 있는 곳들이 있는데 서로가 상당히 적대적이었고 하나로 뭉치기에는 각각의 힘이 너무 셌기 때문이었다.

국가를 운영하려면 세금이 필요하다. 17세기 잉글랜드에서 국가 재정이 확대되기 시작했다.[35] 당시 국가는 주로 전쟁을 목적으로 세금을 부과했다. 국방과 기타 국정 활동에 필요한 재원을 어떻게 마련할 것인지가 당시 국가들의 큰 고민이었다. 국가 구성원이 부유한 영주와 농노뿐이었기에 국가는 주로 토지와 수입 사치품에 세금을 부과했다. 시장이 발달하자 사람들은 자급자족과 물물교환에만 만족하지 않았고 농도가 자유민으로 전환되면서 시장에는 사고팔 수 있는 물건들이 더욱 많아졌다. 시장 팽창과 경제성장으로 시중에 유통되는 재화(모두 과세 대상)가 넘쳐나자 상인들 사이에서 새로운 계층이 출현했다. 영리가 목적인 신흥 상인들이 시장을 주도하기 시작다. 경제사학자들의 주장에 따르면 신흥 상인을 빼놓고는 서양의 부흥 원인을 논할 수 없다. 유럽과 달리 이슬람권은 재러드 루빈의 말대로 "중동 지도자들은 이슬람교의 교리를 바탕으로 막강한 권력을 가졌었는데 이들은 신흥 상인의 등장을 허용하지 않았다."[36]

경제 발전으로 상업적 이해관계가 재편되면서 대의정치와 정치철학이 부상했다. 17세기는 왕권신수설이 흔들리던 시기였다. 로크를 시작으로 철학자들은 인간은 모두 국법 앞에서 동등한 자유로운 행위자라고 말하며 신분제에 이의를 제기하기 시작했다.[37] 지난 수백 년 동안 국가는 권력을 확장했고 때에 따라 중세 시대부터 이어져온 의회를 짓밟으며 도를 넘어서는 듯 보였다. 이때부터 개인의 자유라는 개념이 발달하기 시작했다.

상인과 지식인들이 '신이 부여한' 왕권을 의심하기 시작했고, 종교개혁으로 왕의 종교적·재정적 입지가 크게 흔들렸다. 루빈이 말했듯이 종교개혁의 결과 개신교를 채택한 국가에서는 가톨릭교 국가에서와 달리 종교가 큰 영향력을 발휘하지 못했다. 개신교 국가였던 영국과 네덜란드 공화국*은 이제 종교적 이해관계가 아닌 상업적 이해관계를 바탕으로 국가를 통치하기 시작했다.[38] 이러한 변화는 남녀의 사회적 위치에 영향을 주었고 국가의 능력이 더욱 요구되었다. 앞서 말했듯이 종교가 국가에 미치는 영향에 따라, 예를 들어 가족법을 개정하고 여성의 신체 자율권 보장 범위(임신중지 및 피임 합법화)를 확대하는 등과 관련해 국가의 장기적인 능력이 달라진다. 결국 가족법과 여성의 신체 자율권이 공정하고 지속 가능한 경제성장에 영향을 주는 것이다.

17세기 유럽에서는 가톨릭교와 개신교 간 종교전쟁이 일어나면서 수백만 명이 목숨을 잃었다. 그리고 그만큼 국민의 세금 부담이 가중되었다. 세금을 좋아하는 사람은 없다. 특히 세금을 강제로 부과한다면 더욱더 그렇다. 17세기 영국과 18세기 프랑스에서 반란의 기운이 감돌았다. 중농학파로 알려진 경제학자들이 프랑스혁명의 불씨를 당겼다. 당시 중농학파 경제학자들은 질서란 위로부터의 강압적인 권위가 아니라 자유로운 개인들이 시장에서 상호 교류할 때 만들어진다고 주장했다. 영국처럼 상업적 이해관계가 통치 기반인 국가에서는 애덤 스미스의 자유방임주의가 매력적일 수밖에 없었다. 작은 정부를 지향하는 자유방임주의 체제에서 개인은 더 이상 국가의 강압을 견딜 필요도 국가와 한 몸 격인 종교 당국의 눈치를 볼 필요도 없었다.

한동안 자유방임주의는 완벽한 것 같았다. 애덤 스미스가 태어난

- 네덜란드 7개 주가 연합한 공화국으로 1581~1795년 사이에 존재했음.

국가가 산업혁명의 발상지가 되었으니까 말이다. 사람들은 자유롭게 새 사업을 시작하고 신기술을 개발했다. 그 영향으로 새로운 유형의 기업가들도 생겨났는데 이들은 대부분 빈민가 출신이었다. 이 신흥 기업인들은 상인들처럼 귀족들과 대립 구도를 형성했다. 당시 귀족들은 과거 봉건시대에 권력을 누렸던 영주들이었다. 산업화는 많은 혜택을 안겨주었지만 동시에 인구 과밀화와 악취 및 불청결 등 비위생 문제도 야기했다. 이는 건강 및 환경과 직결되어 국민이 고통을 받았고 경제에도 악영향을 끼쳤다. 19세기 후반으로 갈수록 국가는 법을 제정하고 안보를 책임지는 것 이상으로 다른 무언가를 해야만 했다. 이때부터 국가는 위생 시설을 짓고 깨끗한 물을 공급하는 등 공중위생 사업을 시행했고 그 과정에서 국가는 빠르게 유능해졌다.

경제적·정치적 혁명의 다음은 민주화였다. 국가는 팽창 중이었고 과거와 달리 국가가 권력을 유지하려면 민주화는 필수였다. 참정권이 노동자 계층으로 확대됨에 따라 국가는 공익사업과 교육, 공중 보건 및 복지에 더 많은 지출을 하기 시작했다. 20세기에 전반에 걸쳐 국가는 그 규모가 급속히 커졌으며 그만큼 국민에게 징수하는 세금도 늘어났다. 국민소득에서 세금이 차지하는 비율은 1910년에는 10퍼센트 미만이었으나 오늘날 미국은 28퍼센트, 영국은 35퍼센트, 프랑스와 스웨덴은 각각 45퍼센트에 이른다. 우리는 큰 정부와 경제 번영을 동시에 보고 있는 것이다.

하지만 지금의 국가가 최선은 아니다. 지금의 부국이 역량을 키워나갈 때 성차별 문제에 관심을 기울였더라면 지금보다 더 큰 번영을 누렸을 것이다. 이번 장에서 말했듯이 경제학자들이 정의하는 유능한 국가는 성불평등 문제를 거론하는 순간 더 이상 유능함과 거리가 멀다. 시장과 건강한 관계를 맺고 유지할 기회가 여전히 있고 국가는 이 기회를 원한다면 언제든 잡을 수 있다. 제3의 영역만 인정하면 된다. 제3의 영역은 정부와 시장과 함께 존재하지만 보려고 하지 않는 영역이다. 필수의 돌봄 노동이 일어나는 곳이다. 이 제3의 영역을 최대한 활용하고 싶다면 정부는 지금보다 더 노력해야 하고, 그것의 활용 방향은 시장을 뒷받침하고 공정하고 지속 가능한 경제성장을 이룩하는 것이어야 한다. 그러면 모두가 이득을 볼 수 있다.

유능한 국가 탄생에 여성이 이바지한 세 가지 방식

부국의 탄생 배경에 대해 이야기하면서 여성은 거의 언급하지 않았다. 사실 여성은 경제학자들이 부국과 유능한 정부 간 탄생 배경을 논의하는 자리에서 언급조차 되지 않는다. 반면에 의견이 분분하기는 해도 사회는 그 중요성을 인정받는다. 일부는 국가와 사회를 동일시하고[39] 어떤 사람들은 결속력이 강하고 건강한 사회가 유능한 국가를 만든다며 국가와 사회는 상호 보완적인 관계라고 주장한다. 존슨과 코야마는 유능한 국가를 결정하는 두 가지 요소로서 문화와 시민사회를 언급했다.[40] 또한 다른 경제학자들의 말을 빌려 자유민주주의를 성공적으로 정착시키려면 '사회자본'이 필수라고 말했다. 존슨과 코야마가 지목한 문화, 시민사회, 사회자본은 당연한 말이지만 서로 상호작용한다. 다시 말해 부패한 정치제도는 불신의 문화를 조장하여 사회 결속력을 약화시킨다.[41] 국가가 오랜 시간 존속하려면 사회 결속력은 매우 중요하다.[42] 이런 측면에서 국가는 불가피하게 국민 정체성을 만들기 위해 사력을 다한다. 애국가와 축제를 통해서든 외국인을 악마로 묘사해서든 국민에게 소속감을 안김으로써 정부는 국민을 하나로 통합하고 이를 바탕으로 증세는 물론 힘과 권력을 유지해 나간다. 왜 민주주의와 같은 정치체제를 도입하는 게 어려운지 알고 싶다면 사회라는 변수에 주목해야 한다.

그런데 유능한 정부와 경제 번영을 모두 가능케 하는 또 다른 중요한 뭔가가 있다. 바로 여성의 자유다. 성평등(또는 성불평등)은 국가 발전에 커다란 영향을 미쳤고 서양의 국가들이 다른 국가들에 비해 상대적으로 유능한 까닭도 성평등과 관련이 있다. 지금부터 세 가지 특징에 주목해볼까 한다. 첫째는 가족 구성원이 서로 평등한 가족 체계는 민주주의의 발전에 기여한다는 것이고, 둘째는 여성의 자유가 확대되자 돌봄의 제공 주체가 가정에서 국가로 바뀌는 역사적인 변화가 일어났다는 것이며, 셋째는 여성이 참정권을 갖자 국가의 우선순위가 바뀌었다는 것이다.

1. 여성과 민주주의

역사의 아이러니 중 하나는 최초의 국가가 오늘날 부국이 자리한 지역이 아니라 상대적으로 가난한 국가들이 모인 지역에서 탄생했다는 것이다. 문명의 요람이라 불리는 중동도 최초의 국가가 탄생했던 지역 중 하나다. 그런데 최초의 국가를 만든 지도자의 안중에 여성은 없었던 것 같다. 지금 성불평등이 가장 심각한 국가들은 대부분 인류 역사상 최초로 국가가 발달했던 지역에 위치한다.[43] 이와 대조적으로 비교적 오랫동안 수렵·채집 생활을 했던 지역에서는 즉 남녀가 보다 오랜 세월 평등한 생활을 했던 지역에서는 출발이 다소 늦기는 해도 국가가 비교적 성차별적이지 않은 방식으로 발달하여 성장에 유리한 구조를 갖추었다. 바로 유럽의 국가들이었다.

19세기의 존 스튜어트 밀의 뒤를 이어 인류학자 에마뉘엘 토드와 페미니스트 정치이론가 수전 오킨은 국가와 성평등 간 상관관계를 연구했다.[44] 토드는 국가와 가족이 즉 공적 영역과 사적 영역은 서로 근본적으로 연결되어 있다고 주장한다. 경제학자들이 오랜 세월 간과해왔지만 정치체제는 가족 체계의 영향을 받는다. 가정 내 권력자가 수많은 정치제도의 모델이 되었다. 민주적인 정부의 기반은 민주적인 가족 체계다. 민주적인 가족 체계에서는 민주 시민이 양성될 수 있다. 정치인 얀 콕이 말한 대로 "사회화는 가정에서 이뤄진다. 사람들은 가정에서 소통과 협동, 지배 및 복종에 대한 기본적인 규칙을 배운다."[45]

여성의 자유는 민주주의의 발전에 기여했는데 민주주의는 여성에게 무엇을 해주었을까. 정치과학자 발레리 브라이슨은 왕권신수설이 위기를 맞이했던 17세기를 주제로 글을 발표했다.

군주의 절대 권력을 옹호했던 보수파들은 신이 아버지에게 가정을 다스리는 권한을 부여했듯이 신이 왕에게도 국민을 통치하는 권한을 부여했다고 주장했다. 다시 말하면 '가부장제'를 바탕으로 왕의 권력을 정당화했다. 이에 동의하지 않는 사람들은 권한은 신이 아닌 이성과 합의를 통해 나온다고 주장했는데, 그러자니 가정 내에서 일어나는 독재를 다시금 살펴보지 않을 수 없었다. 논리상 가부장제 기반의 국가와 가정은 함께 존립하거나 함께 무너지든가 해야 했다.[46]

2장에서 논했듯이 가족 체계는 전 세계적으로 지역마다 다르고 그에 따라 여성의 자유는 물론 정치제도와 시장도 각 지역마다 그만큼 서로 다르다. 가족 구성원이 보다 평등한 유럽의 핵가족 체계는 민주국가의 기틀을 닦아주었으며 시장을 뒷받침할 제도를 마련할 때도 중요한 역할을 했다. 경제사학자 애브너 그리프에 따르면 유럽에서 핵가족 체계가 등장하자 친족 간 유대 관계가 약해지면서 사람들은 집 밖의 사람들과 어울리기 시작했다.[47] 즉 사람들은 가족 구성원 외에 타인과 신뢰를 쌓기 시작했다. 그 덕분에 시장과 무역이 더욱 번성할 수 있었고 상업 활동을 지원하는 공식적인 제도들도 만들어졌다. 유럽과는 반대로 중동은 근친혼 관습 등을 유지하며 가족 구성원 간 유대 관계를 더욱 강화해나갔다. 그리프는 이 현상이 집단주의 문화를 낳았다고 주장했다. 그에 따르면 집단주의 문화에서는 가족 구성원 간 유대가 강하기 때문에 집 밖의 타인과 굳이 교류할 필요성을 못 느낀다. 초창기 무역이 발달할 때는 가족 간 강한 유대 관계가 도움이 되었으나 시장이 확대되면서부터는 걸림돌로 작용했다.[48] 앞서 살펴보았듯이 시장은 여성에게 기회를 제공했고 여성은 이 기회를 이용해 자유를 실현할 수 있었다. 여성의 자유는 상업화를 뒷받침했을 뿐만 아니라 민주국가와 시장의 발전에 중요한 제도도 탄생시켰다. 경제 번영과 유능한 국가, 이 두 마리 토끼를 모두 잡고 싶다면 여성의 자유에 주목해야 한다.

2. 복지국가의 출현

여성의 자유는 복지국가의 탄생에도 기여했다. 여성은 국가가 시장과 싸우지 않고 협력하는 형태로 발달할 수 있도록 도왔다. 최근에 발표된 한 연구는 지난 6백 년 동안의 유럽 각국의 복지를 비교한 자료를 실었다. 이 연구에 따르면 "유럽의 다른 국가들은 영국이 세금을 빈민 구제를 위해 사용했다는 사실에 놀라움을 금치 못했다."[49] 존슨과 코야마의 말을 빌리자면 "1500년 이후로 유럽의 국가들은 재정 확대로 늘어난 수입을 공공재보다 전쟁에 월등히 많이 썼다. … 이처럼 사회보장제도와 공공재를 제공하는 국가가 드물었던 가운데 영국은 빈민법을 시행했다."[50] 영국은 왜 그렇게 일찍이 복지국가로 거듭났을까? 경제적 피해는 없었을까? 궁금증이 생길 수밖에 없다.

그 시작은 튜더 왕조로 거슬러 올라간다. 당시 지방은 토지세를 이용해 노인과 '병자'를 돌보았고 자식을 버린 아버지는 쫓아가 잡아들였다. 완벽하지는 않아도 오래된 이 빈민 구제법은 시장을 지탱하는 역할을 했다. 여성의 시장 참여가 확대되고 가족 기반의 복지 체계가 흔들렸을 때 복지에 구멍이 생겨났다. 이때 이 오래된 빈민 구제법이 그 구멍을 메워주며 시장을 지탱해준 것이다.[51] 당시 영국은 이탈리아와 비교해 낙후된 국가였으나 내부적으로는 상업이 번창하고 있었다.[52] 영국은 유럽의 다른 국가들보다 수백 년 빨리 시장을 가졌다. 더욱이 지리적 조건이 무역에 유리했고 중앙집권 국가였기 때문에 시장이 일찍이 발달할 수 있었다. 다시 말해, 영국은 내부적으로 무역을 시작하기가 어렵지 않았다. 영국이 복지국가로 발전할 수 있었던 건 가족 체계가 핵가족 체계로 전환되고 사회가 봉건제에서 시장경제 체제로 바뀌면서 여러 문제들이 발생했었기 때문이었다. 사회학자 에이드리엔 로버츠가 밝혔듯이 다른 국가들에 비해 영국은 국가와 시장이 완벽하지는 않았지만 협력하는 관계였다.[53] 이처럼 국가가 돌봄에 관여하고 시장과 '싸우기'보다 협력한다면 오늘날 우리가 사는 세상도 더욱 발전할 수 있으리라 생각한다.

3. 여성의 참정권

20세기에 국가는 여성의 정치적 권리 확대와 더불어 팽창해나갔다. 여성은 이제 참정권도 가졌다. 일부는 여성이 (적어도 역사적으로 봤을 때) 큰 정부보다는 시장의 가치를 선호한다며 국가 팽창과 여성의 정치적 권리 확대 사이에 인과성이 있다고 보기 어렵다고 말한다.[54] 반면, 또 다른 사람들은 여성이 권리를 되찾으려면 정부의 도움이 필요했기에 그 인과성이 인정된다고 주장한다.[55]

19세기 후반에서 20세기 초 여성이 참정권을 갖자 정치인들은 남성의 이익에 반하더라도 여성의 이익에 신경 쓰기 시작했다. 노동자의 권리 확대가 큰 정부를 이끌었다는 점에서 여권 신장도 마찬가지로 큰 정부에 기여했을지도 모른다. 여성은 국가를 통해 혹시 모를 이혼에 대비할 수 있었고(이혼하더라도 극빈자로 전락하지 않을 복지제도가 있었다), 공공 부문에서 일자리를 구할 수도 있었다. 존 로트와 로렌스 케니에 따르면 여성이 참정권을 가진 이후로 정부의 세금 징수액은

약 10퍼센트 늘어났다.⁵⁶

여성은 시장 밖에서 정확히 말하면 긍정적인 느낌보다는 부정적인 느낌이 가득한 환경 속에서 살아온 사람들이었다. 취약 지대에 놓인 여성들이 많았을 텐데 시장은 여성이 약하다는 점을 이용해 착취하고 학대했다. 여성만큼 시장의 어두운 이면을 잘 아는 사람도 드물었다. 여성은 시장이 위생 문제와 수질오염 문제를 제대로 해결하지 못하는 모습들을 봐왔다. 역사상 언제나 집안일을 책임져야 했던 여성들에게는 이 같은 문제가 커다란 고통으로 다가왔을 것이다. 전 세계의 최빈곤층 여성들은 지금도 깨끗한 물을 구하기 위해 먼 길을 다녀야 하는 등 일상 속에서 환경오염으로 인한 고통을 겪고 있다. 이런 측면에서 누군가는 여성 참정권이 곧 큰 정부를 낳았다고 주장할지도 모른다.

하지만 6장에서 살펴봤듯이 시장은 여성에게 해방구가 되어주었다. 여성은 시장을 통해 강압적인 가족에게서 그리고 사회가 부여한 성차별적인 역할에서 벗어날 수 있었다. 큰 정부가 여성에게 항상 이로웠던 건 아니다. 그래서 여성의 정치적 해방이 실제로 큰 정부와 관련이 있는지 여부를 두고 지금도 논쟁이 뜨겁다. 그렇지만 여성의 참정권 확대는 정부의 지출 구조, 즉 세금 사용처를 정하는 데 영향을 미쳤다.⁵⁷ 개발도상국의 경우 여성이 집안에서 경제권을 갖자 가계 수입의 대부분이 생필품 구입, 교육 및 건강에 쓰였다.⁵⁸ 환경오염과 대가족 체계의 피해자는 역사상 대부분 여성이었다. 그래서인지 여성을 대표하는 정치인들은 정부가 환경문제와 가족 문제에 더욱 신경 쓰도록 노력한다.⁵⁹ 정부의 지출 구조를 고려하면 여성의 정치 참여는 정부로 하여금 지출의 우선순위를 다시 설정하도록 했다.

소결론

정부와 시장은 오랫동안 적대 관계로 비춰졌다. 하지만 경제 번영을 이룩한 국가를 보면 정부는 대부분 시장과 전적으로 맞서기보다 시장의 단점을 보완하는 식으로 시장과 조화를 이룬다. 오늘날 경제학자들은 영국과 같은 국가들이 어떻게 부와 능력(완벽한 능력은 아니지만)을 동시에 거머쥘 수 있었는지에 대한 질문에 대답해야 한다. 역사학자들은 오래전부터 이 질문에 대한 대답으로 영국의 지리적 특성과 잦은 바이킹의 침략으로 강해진 방어력을 꼽았다. 하지만 이 대답도 충분하지는 않다. 지금까지 살펴보았듯이 개개인의 노력이 있었다. 그 노력은 가정에서부터 시작되었다. 가정 안의 자유의지와 목소리가 정치를 만들고 산업화를 앞당겼다.

유럽 변방에 위치한 조그마한 섬나라가 어떻게 규모를 갖춘 유능한 국가로 발전하고 민주제도를 정착시켰으며 시장의 왕성한 활동을 뒷받침할 수 있었는지 알고 싶다면 가정을 먼저 들여다봐야 한다. 가정의 모습을 살펴보면 오늘날 빈곤국들이 왜 여전히 가난을 면치 못하고 상대적으로 무능한지 그 이유를 알 수 있을 것이다. 더불어, 정부와 시장이 각각의 장점을 발휘해 계속해서 협력해나갈 수 있으려면 지금 서양이 무엇을 해야 하는지도 알 수 있다. 개인적인 것이 정치적인 것이다.

제 IV부

사람

들어가며

지금까지 계속해서 공정하고 지속 가능한 경제성장과 번영을 위해서는 여성의 자유 실현이 필수라고 말해왔다. 이제부터는 경제학자들이 여성의 자유와 관련한 정책들에 얼마나 무관심한지 알리고자 한다. 경제학의 가정과 방법에는 성별 편견이 고스란히 반영되어 있다. 왜 그런지 알고자 경제학의 역사를 따라가 본다. 그 속에서 경제학자들이 처음에 인간을 어떤 식으로 가정했고, 그 가정이 19세기 후반부터 지금까지 경제학의 발전 과정에 어떤 영향을 끼치고 있는지도 함께 살펴볼 예정이다.

보통 경제학이라고 하면 돈부터 떠올리지만 경제학의 뿌리는 인간이다. 우리를 둘러싼 경제 상황은 사실 우리 선택의 결과물이다. 대학에 진학할까, 사업을 시작할까, 자녀를 가질까, 자녀 양육에 전념할까, 집을 빌릴까 구매할까 등의 선택부터, 건강한 식단과 운동 및 저축을 다짐하는 신년 맹세에 따라서도 우리의 경제 상황이 달라진다. 개개인의 선택과 결정은 국가의 생산성과 생산 제품의 종류, 투자 및 성장 능력에도 영향을 미친다. 그래서 경제학자들은 경제모형을 만들기 전에 개인의 의사결정 과정부터 살핀다.

신경과학자들이 인간의 행위를 탐구하긴 하지만 꼭 과학자가 아니어도 우리는 타인의 행동과 그 원인을 쉽게 이해하곤 한다. 왜냐하면 우리는 태어나는 순간부터 타인과 교류하고 자신을 지키려는 노력의 일환으로 타인을 무작정 신뢰하지는 않기 때문이다. 상대방을 전적으로 신뢰하면 이용당할까 봐, 반대로 너무 냉정하게 행동하면 평판을 잃을까 봐 우리는 늘 주의한다. 따라서 어떤 의미에서 우리 인간은 타인과 잘 교류하기 위해 아마추어 심리학자가 될 수밖에 없다.

학창 시절의 나는 인간 행동에 관심이 많았다. 당시 나는 영화 〈그리스Grease〉●에 등장하는 핑크레이디즈나 티버즈와 같은 소위 '잘나가는' 집단과는 거리가 먼 학생이었다. 그러니까 나는 오토바이 뒷자리에 앉아 담배를 피워본 적도 없고 선생님에게 말대답을 해본 적도 없으며 교복을 멋대로 고쳐 입어본 적도 없다. 더욱이 자가용을 타고 다니며 나름의 어른 행세를 하는 남자를 만나며 용돈을 받아 써 본적도 없다(물론 새 차도 아니고 그 금액이라고 해봤자 적다). 반항은 나와 거리가 멀었다.

이방인이면 즉 어떤 집단에 속하지 않고 주변인으로 머물면 그 집단 사람들의 행동을 관찰해볼 수 있다. 나는 아이들이 왜 학교생활을

● 1978년에 개봉한, 미국 고등학생들의 사랑과 우정을 다룬 뮤지컬 영화.

열심히 하지 않는지 궁금했다. 어쨌든 여기는 맨체스터주 올덤Oldham이었고 학교는 분명히 인생에 영향을 주니까 말이다. 당시 올덤은 탈산업화의 영향으로 전통적 제조업이 문을 닫으며 일자리가 줄고 있었다. 다시 말해, 그 어느 때보다도 공부만이 살 길이었다. 그리고 다른 아이들을 괴롭히는 이유도 궁금했다. 내가 책을 읽고 있으면 가끔 내 손에서 책을 빼앗아 나를 놀리곤 했다. 적어도 다음 타깃을 찾기 전까지는 그랬다. 실제로 재미있어서 타인을 괴롭혔던 걸까? 아니면 힘세고 멋지다는 말을 듣고 싶었던 걸까(이게 이유라면 훗날 참 창피했을 것이다)?

기억에 남는 사건이 하나 있다. 1990년대였고 그날은 오순절● 저녁이었다. 나는 친구들과 맨체스터 동쪽의 여러 황야 가운데 음산하고 언덕이 많은 새들워스Saddleworth 근처에 있었다. 바로 무어 살인 사건●●이 일어난 곳이었다. 우리는 브라스밴드 콘서트에서 마지막 팀의 공연까지 다 보고 나서야 발걸음을 옮겼다. 관객의 무리에서 빠져나왔을 때 '우리 부류'와는 관계없는 껄렁한 여자아이들이 우리를 뒤따라왔다. 이들은 주머니를 털어 보여주지 않으면 때리겠다고 우리를 협박했다. 심각성을 느낀 우리는 마지못해 시키는 대로 했다. 주머니를 모두 꺼내 보여주었고 얼마 안 되는 동전을 건넸다. '이게 다야?' 우두머리로 보이는 여자애가 말했다. 그리고 나는 곧 놀라고야 말았다. 동전을 다시 돌려받은 것이었다. 안도감과 당혹감이 교차하는 사이

●   부활절 후 50일째 되는 날.
●● 1963년 7월부터 1965년 10월까지 새들워스에서 벌어진 연쇄살인 사건으로 피해자는 모두 미성년자였음.

갑자기 연민이라도 폭발한 건지 아니면 범죄 기록을 남기기에는 너무 초라한 금액이라고 생각한 건지, 동전을 돌려준 이유가 궁금했다. 그리고 혹시나 동전을 돌려줘 무리에서 따돌림을 당하지는 않을까도 걱정했다.

아마 내가 불쌍해 보였을 수도 있다. 그때 나는 그런 이미지였다. 그런데 과거의 내 결정을 되돌아보면 가끔 이해되지 않는 순간이 있다. 내가 11살 때 경기 불황은 극심했고 아버지의 사업은 부도를 맞았다. 14살 때는 부모님이 이혼했다(부모님의 이혼으로 장점이 있었다면 아이들 사이에서 이상하지만 나는 '인정받았다'). 나의 10대 학창 시절은 질풍노도와 가난이 전부였다. 어머니가 벌어오는 돈은 집세를 내고 나면 거의 남지 않았다. 조부모님은 수입이라고는 국가에서 주는 연금뿐이었지만 어떻게든 도와주려고 하셨다. 얼마 지나지 않아 최저임금제와 저소득층 보조금 지원 제도가 만들어져 국가에서 어느 정도 도움을 받았다. 무료 급식의 혜택도 있었다. 문제는 모두가 보는 앞에서 줄 서서 무료 식권을 받아야 하다 보니, 원치 않게 '영세민' 꼬리표가 따라붙었다는 것이다. 더욱이 무료 식권을 받고자 줄을 서려면 수업 도중에 양해를 구하고 나와야 했다. 당연히 내가 어디 가는지 말하지 않아도 모두가 알았다. 그래서 난 차라리 굶는 편을 선택했고 엄마에게 제발 무료 급식을 신청하지 말아 달라고 애원했다. 친구들이 왜 점심을 안 먹냐고 물으면 나는 다이어트 핑계를 대곤 했다. 나는 경제적으로 전략을 짜기 시작했다. 예컨대 동네 슈퍼마켓 협동조합에서 값싼 스콘을 한 묶음 사서 일주일 내내 점심으로 먹는 식이었다. 배고프면 어떻게든 방법을 찾기 마련이다.

도대체 건강을 망쳐가면서까지 나는 왜 그토록 가난을 부끄러워했을까? 장기적으로도 손해인데 말이다. 지금 내 키는 152센티미터도 안 된다. 그 이유는 간단히 말해 타인의 시선이 중요했기 때문이었다. 나는 가난해 보이고 싶지 않았다. 삶에서 돈이 전부가 아니듯이 물론 품위도 전부는 아니지만 말이다. 가난하면 온갖 경험을 하게 된다. 사람들은 대개 이 점을 쉽게 간과한다.

이러한 유년 시절 탓에 나는 인간이 그 어떤 존재보다도 복잡하며 무수한 갈등 속에서 결정을 내린다는 걸 경험으로 터득했다. 우리는 타인에게 친절하고 싶으면서도 만만해 보이고 싶지는 않다. 만만해 보이면 타인이 나를 함부로 대할 수 있기 때문이다. 또한 현재와 미래 사이에서 무엇을 선택할지 고민한다. 나의 욕망과 타인의 기대 사이에서도 무엇을 우선할지 갈등하며, 육체적 욕구와 정서적 욕구 사이에서도 마찬가지다. 정서적 욕구에는 존중받고 싶은 마음과 자신을 소중히 여기는 존엄성도 포함된다.

그런데 곧 살펴볼 테지만 경제학자들은 인간을 지나치게 단순화한다. 경제학자들에 따르면 인간은 로봇과 다름없는 존재로서, 인간은 합리적이고 자신의 이익에만 눈이 먼 계산적인 존재일 뿐이다. 8장은 경제학자들이 인간을 왜 이런 식으로 가정했는지 그 이유를 알아보는 장이다. 9장에서는 이 같은 가정에 대한 행동경제학의 반박을, 10장인 마지막 장에서는 경제학이 지금보다 발전하려면 성불평등에 관심을 가져야 한다는 사실을, 다시 말해 행동주의자와 페미니스트의 관점으로 인간의 삶을 들여다봐야 한다는 사실을 짚어볼 예정이다. 대개 경제학을 과도하게 비판하는 경우도 있지만 비판의 정도가 약한 경우도 있다. 공정하고 지속 가능한 번영으로 가는 길을 경제학이 안내하고 싶다면 경제학은 이제 새 지평을 열어야 한다. 페미니스트 경제학이 도와줄 것이다.

8장

개인의 역사

경제를 이해하려면 인간을 먼저 이해해야 한다. 이번 장에서는 경제학자들이 시대의 흐름에 따라 인간을 어떤 식으로 바라보았는지 살펴보고자 한다. 종래에는 '합리적이고 이기적인 경제적 행위자'로 가정하게 되었는데 이 가정은 지금도 경제학에서 유효하다. 비록 이 때문에 지금 여러 비판을 받고 있지만 경제학이 인간을 이렇게 단순하고 불건전한 존재로 가정한 데는 그만의 숨은 논리가 있었다. 역사를 살펴보면 나름의 이해는 되나 인간을 이런 식으로 가정함으로써 여러 문제가 발생했다. 이어지는 장들에서 자세히 다룰 예정이지만 경제학의 인간 가정을 중심으로 19세기 사회는 남녀에게 서로 다른 역할을 부여했다. 남성에게는 경제 주체자로서의 역할을 여성에게는 비생산적인 피부양자로서의 역할을 부여했다.

시초

최근의 경제사상사에 따르면 "경제학은 비교적 신생 학문이다. … 반면에 경제사상은 그보다 역사가 오래되었다. … 인간은 지구상에서 살아가는 한 경제적 문제로 싸울 수밖에 없다."[1] 고대 그리스 철학자들이 남긴 글과 성경 및 중세 학자들이 남긴 책을 보면 곳곳에 시장과 돈이 등장한다. 하지만 그 목적은 윤리와 정의를 논하기 위함으로 인간은 돈을 삶의 최종 목표로 삼아서는 안 되며 보다 품위 있고 도덕적인 사회를 원한다면 인간은 돈 욕심을 부려서는 안 된다고 가르친다. 성경은 지상의 양식은 허기를 채우기에 충분하다고 말한다. 성경에 따르면 가난은 게으름도 무능도 계급제도 때문도 아니다. 부족한 믿음과 도덕이 그 원인이다. 당시에는 상업 및 기업 행위는 수치였으며 상인과 은행원은 상행위를 한 죄를 갚고자 자선을 베풀었다.

사회는 자율적인 자유로운 개인들이 모여 합을 이룬 공간이 아니라 그 자체로 하나의 몸체로서 간주되었다. 이 몸체가 살아 숨 쉬려면 각 집단이 저마다의 역할을 수행해야 한다는 게 당시의 통념이었다.[2] 농부는 식량 생산을 담당하고 엘리트는 정의 실현과 외세 침략 방어를 담당하며 성직자는 마음의 안식과 도덕 구현을 담당하는 식이었다. 계급 이동은 안 될 말이었다. 집단이 각자 맡은 역할을 수행할 때 하나의 몸체인 사회가 잘 작동할 수 있기 때문이었다. 중요한 건 개인의 권리가 아니라 사회적 책임이었다. 인간의 이기심은 교회가 지옥을 빌미로 다스렸다. 교회는 인간이 탐욕과 시기, 정욕 등의 욕망으로 날 때부터 죄를 짓는다고 생각했으나 이 같은 인간의 욕망은 종교적·도덕적 가르침으로 다스릴 수 있다고 믿었다.

교회는 사회가 문제없이 작동할 수 있도록 멸망한 로마제국의 역할을 대신했다. 그런데 16세기에 현대적 의미의 근대국가가 출현하기 시작했다. 당시 국가의 생존 여부는 도덕성도 도덕성이지만 방어력에 달려 있었다. 그러려면 경제력이 필수였다. 방어력에 필요한 부를 획득하려면 국가는 상인처럼 행동해야만 했다. 국가는 무역수지를 최대치로 늘리기 위해, 다시 말해 수입보다 수출의 비중을 늘리기 위해 직접 무역에 관여했다. 세계 무대에서 영향력을 확대하려면 무역 흑자를 최대치로 끌어올려야 한다고 생각했다. 정책 담당자들의 목적은 이제 수입이 아닌 내수 경제의 강화였다.

제국주의가 확대되면서 무역정책과 산업 정책이 무엇보다 중요해졌다. '금화'를 가능한 한 많이 소유하기 위해 각국은 수입을 막고자 (생산의 재료가 되는 품목은 제외) 수입품에는 세금을 부과하는 반면 수출은 보조금을 지원하며 장려했다. 또한 이국의 땅에 접근할 방법도 모색하기 시작했다. 그곳의 생산품과 시장을 독점하기 위해서였다. 마침내 이국땅에 접근해 그곳을 식민지로 삼고 거대한 무역회사를 세웠다. 영국과 네덜란드는 각기 동인도회사를 설립했다. 소비자와 기업가의 생각은 국가에 중요치 않았다. 개인의 상업적 활동은 어디까지나 국가의 상업적 이익과 부합할 때만 가능했다. 또한 개인은 사치품이라도 구매할라치면 사회적 손가락질을 받았다. 과시적 소비는 당시 가뜩이나 부족한 외화를 고갈시키는 경제 악으로 간주되었다. 개인의 탐욕은 이제 도덕적 차원을 넘어 경제적 논리 측면에서도 비판받았다. 이때는 개인과 국가 서로를 탓할 것 없이 모두 자기 이익에만 눈이 멀었었다.

국가의 이러한 행태는 오래갈 수 없었다. 국가는 '도덕적으로' 행동하든지 사람들에게 사리사욕의 표본이 되든지, 둘 중 하나를 선택해야만 했다. 머지않아 사회와 개인을 새롭게 정의하는 급진적인 시각이 등장했고, 유럽의 많은 국가는 그 흐름을 타고 오늘날에 이르렀다.

18세기에 대유행했던 계몽주의는 다름 아닌, 세계를 끊임없이 새롭게 통찰하는 인간의 사고 능력에 대한 입증이었다. 계몽주의는 인간이 이성으로 '욕망'을 다스릴 수 있다고 주장하며 이성을 근거로 인간을 완전히 새롭게 정의했다. 즉 인간은 날 때부터 평등하며 개인의 목표를 자유롭게 추구할 수 있는 존재라는 것이다. 이와 더불어 계몽주의는 인간은 이성적인 존재이기 때문에 사회에 맹목적으로 순응하기보다는 사회와 자유롭게 교류할 수 있다고 주장했다. 17세기에 토머스 홉스는 이성적인 인간은 난폭한 생태계를 피할 수단으로 리바이어던을 자발적으로 수용한다고 말했다. 하지만 존 로크는 홉스와 생각이 달랐다. 로크는 국가의 최우선 의무로 개인의 권리 보호를 언급했다. 국가는 개인의 자유를 제한하지 않고 보호해야 한다는 게 로크의 입장이었다. 중세 시대 작가들이 사회에 대한 개인의 책임을 강조하는 사이 로크는 개인의 권리에 주목했다.

개인의 권리와 자유 개념은 가히 혁신적이었다. 개인을 마음대로 내버려두면 대혼란이 초래되리라는 사회적 공포가 언제나 있었다. 개인이 제 마음대로 행동하면 인간의 기본욕구인 의식주를 제공하는 사회가 어떻게 유지될까? 사람들은, 교회는 신앙을 통해 국가는 물리적 힘을 통해, 교회와 사회 둘 중 어느 하나라도 사회질서를 바로잡지 않는다면 그 사회의 말로는 반드시 대혼란일 것이라고 막연히 믿었다. 1714년 중세 시대에 출판된 《꿀벌의 우화》는 '사회적 화합'의 밑바탕이 기독교적 도덕관이라는 기존의 고정관념에 도전하고 개인의 이기심이야말로 공익에 이바지한다고 주장했다. 이 작품은 청교도적 가치를 공격했다는 이유로 대중의 분노를 샀다.[3]

데이비드 흄과 애덤 스미스는 주저하지 않고 로크의 바통을 이어받았다. 흄은 인간은 부자가 되고 싶은 욕망이 없는 한 나태하다고 주장했다.[4] 스미스는 국가가 수렵·채집 생활을 하던 자연 상태에서 어떻게 지금과 같이, 즉 공장과 사무실, 신기술, 그리고 인간의 무한한 상상력을 끝없이 자극하는 재화와 서비스가 넘쳐나는 상태로 발전할 수 있었는지 그 이유를 탐구했다. 스미스는 중세 시대의 꿀벌 우화와 중농학파인 프랑스 경제학자들에게 영감을 받아 개인을 자유롭게 내버려두면 대혼란이 아닌 질서가 확립된다고 주장했다. 다시 말해 개개인은 시장을 통해 자유롭게 서로 교류하고 국가는 정의의 사도로서의 역할만 해야 한다는 것이다. 스미스는 인간의 이기심이 비록 '도덕적인' 동력은 아니지만 시장이 이를 활용해 사회에 최선의 이익을 안겨준다고 주장했다. 이 입장에 따르면 자연 상태의 조화로운 시장에서 개인의 욕망은 오히려 사회에 도움이 된다. 구체적으로 스미스는 "우리가 저녁 식사를 차릴 수 있는 건 정육점 주인, 양조업자, 빵집 주인의 자비심 덕분이 아니라 그들의 욕심 덕분"이라고 말했다.[5] 18세기 프랑스 경제학자 프랑수아 케네는 "질서정연한 사회라는 기적은 타인을 위해 일한다고 생각하지만 사실은 각자가 자신을 위해 일할 때 가능하다"고 말했다.[6] 왜 그런지 알 수 없지만 '이성적'이고 이기적이며 계산적인 존재인 개개인들이 자신의 이익만을 위해 일할 때 우리는 정교하고 복잡하며 삶에 필요한 모든 게 갖춰진 사회에서 살아가게 된다.

스미스는 인간의 이기적인 행동이 사회적 대혼란이 아니라 모두에게 이익을 준다는 걸 시장의 테두리 안에서 증명하고자 했다. 그렇다고 인간을 깨어 있는 내내 이기적인 행동만 하는 존재로 생각하지는 않았다. 《도덕감정론》에서 스미스는 인간의 또 다른 측면을 이야기하는데, 그에 따르면 인간은 사회적 맥락 속에서 개인의 욕망을 채우기 위해 도덕을 이용한다. 또한 인간은 국가나 사회가 통제하는 대로 행동하는 대신 시장을 이용함으로써 더욱 쉽고 값싸게 자신의 물질적 욕구를 채운다. 그러면 그만큼 절약한 시간과 자원은 그 밖의 비물질적인 목표를 달성하는 데 쓸 수 있다. 더욱이 중상주의 체제하에서 국가는 개인을 억압해 국가가 원하는 수량만큼 제품을 생산하도록 강제하지 못한다. 그리고 스미스는 교회의 역할이 개개인이 살아가면서 추구해야 할 목표를 정해주는 것이 아니라 내면의 목소리인 '공정한 관찰자'●에 귀 기울이도록 돕는 것이라고 생각했다.

● 공정한 관찰자는 《도덕감정론》에 등장하는 개념으로, 자신을 객관적으로 바라보게끔 하는 내면의 존재이다. 즉 양심이라고 할 수 있다.

고전경제학의 빅 픽처

역설적이게도 애덤 스미스와 카를 마르크스는 같은 경제학파로 분류된다. 마르크스도 스미스와 마찬가지로 인간의 이기심이 시장을 움직인다고 생각했다. 다른 점이 있다면 마르크스는 시장의 수혜자가 노동자 계층인 '프롤레타리아'가 아니라 자본가라고 생각했다. 그의 주장대로라면 인간의 이기심은 질서를 만들지만 그 질서는 자본가의 이익을 위해 노동자를 억압하는 질서이며 그 끝은 대혼란이다. 자본가는 노동자를 마음껏 착취할지 모르나 이는 장기적으로 미래에 전혀 도움이 안 된다. 자본가는 이윤을 추구함으로써 부를 쌓지만 물건을 끊임없이 만들어내더라도 노동자는 가난하기 때문에 이를 소비할 사람이 없다. 결국 과잉 생산-과소 소비 현상으로 혁명이 불가피해진다. 따라서, 마르크스의 주장대로라면, 생산수단을 공동으로 소유하고 그 이익을 모두 나눠 가져야 한다. 이와 같은 공산주의 체제는 모든 사람들이 공동선을 추구할 때 가능하다. 마르크스는 자본주의가 인간을 망친다고 생각했다. 자본주의의 종말은 곧 인간 이기심의 종말이다. 마르크스와 교회 사이에는 공통점이 있다. 교회가 도덕적인 이유로 인간의 이기심을 나무랐다면 마르크스는 경제적인 이유로 인간의 이기심을 비난했다. 그렇다고 마르크스는 이기심이 인간의 타고난 본성이라고는 생각하지 않았다. 다만 자본주의가 만들어낸 산물일 뿐이었다. 따라서 자본주의가 사라지면 교회는 더 이상 존재할 필요가 없고 자본주의가 사라지면 인간의 이기심도 사라진다.

비록 마르크스와 스미스가 인간의 이기심을 다른 방향으로 이해했지만 둘 사이에도 한 가지 공통점이 있다. 두 사람 모두 큰 그림을 그렸다는 것이다. 완전한 변화를 꿈꾸었다는 말이다. 사실 그 당시는 혁명의 시대로 영국에서 산업혁명이 발발했던 때였다. 마르크스와 스미스는 이 같은 변화를 목격하며 그 어떤 국가도 그대로 멈춰 있거나 봉인되어 있지 않다고 생각했다. 다시 말해 두 사람은 모두 국가가 바뀔 수 있다고 생각했으며 관심사는 언제나 국가(그리고 정치체제)의 흥망성쇠였다. 그래서 이들이 그린 큰 그림은 항상 '국가의 부'가 그 주제였다. 마르크스는 스미스와 달리 또 다른 주제를 하나 추가했다. 분배라고도 불리는, 계층이 부를 나눠 갖는 방식이었다.

한계혁명

19세기 후반 경제사상이 크게 바뀌었다. 이른바 한계혁명이 일어난 것이다. 영국의 윌리엄 스탠리 제번스, 오스트리아의 카를 멩거 그리고 프랑스의 레옹 발라는 제러미 벤담의 공리주의에서 영감을 받아 경제학의 초점을 성장과 분배에서 인간으로 바꿔놓았다. 경제학은 인간의 기쁨과 고통을 정량화하고자 개인의 선택을 분석하기 시작했다. 덩달아 인간은 합리적이고 이기적이며 계산적인 존재라는 기존의 가정이 더욱 공고해졌다. 그리고 경제학은 시장을 움직이는 마법인, 스미스의 보이지 않는 손을 수학적으로 증명해냈다.

파르타 다스굽타에 따르면 한계혁명은 카를 마르크스에서 벗어나기 위해 경제학이 선택한 일종의 자연스러운 방어기제였다. 인간을 중심에 둠으로써 경제학자들은 계급 불평등에서 벗어날 수 있었다.[7] 다스굽타는 산업혁명이라는 혁명 단계를 지나면서 초점이 경제 규모를 키우는 것에서 부족 현상으로 이동하기 시작했다고 말했다. 다시 말해, 우리가 가진 자원을 어떻게 하면 최대한 활용할 수 있는지 그 방안에 주목하기 시작한 것이다(지구상에 자원이 무한대라고 가정하기보다는). 한계 경제학자들은 자원이 부족한 상황에서 최대 '행복'을 보장하려면 단 하나의 자원이라도 허투루 사용하는 일이 없도록 해야 한다고 주장했다. 여기서 행복은 회사의 경우에는 이윤을, 소비자에게는 '실리'를 말한다. 그리고 한계 경제학자들은 생산 및 소비와 관련해 개인의 선택을 모형으로 만들었다. 각 모형은 기업이 생산요소(자본과 노동)를 최대한 활용하는 방안과 소비자들이 여러 종류의 제품군 중에서 특정 제품을 선택함으로써 얻는 이익을 최대한 활용하는 방안에 관한 것으로, 그 목적은 최대 즐거움이며 핵심 바탕은 인간의 이기심이었다.

　제번스는 소비자가 특정 제품을 구매함으로써 얻는 즐거움은 일시적이라고 말했다. 제품 사용량과 즐거움은 반비례하기 때문이다.[8] 당장 먹을 케이크나 과자가 충분할수록 그것이 주는 즐거움은 덜하다. 제번스는 이 점을 '한계효용 체감의 법칙'으로 설명했다. 그리고 제번스는 이 법칙을 활용해, 한정된 돈으로 최대의 소비 즐거움을 누리는 방법을 모형으로 만들었다. 그는 기업의 입장에서도 한계효용 체감의 법칙과 유사한 법칙을 만들었는데, 해당 법칙에 따르면 기업이 근로자를 더 고용하거나 기계를 더 도입해도 생산량의 증가세는 갈수록 줄어든다. 제번스는 기업이 이윤을 극대화하고 싶다면 한계 생산성, 다시 말해 한계이익과 한계비용이 같아지는 지점을 고려해야 한다고 말했다. 이 지점을 넘어서면 생산 자원을 추가할수록 비용 손해만 나기 때문이다. 자원이 한정된 세상에서는 마진이 중요했다. 그래서 경제 효율을 보장하기 위한 여러 가지 흥미로운 시도들이 있었고, 그 결과로 '한계혁명'marginal revolution이라는 용어가 생겨났다.

인간 중심의 경제학은 계몽주의로 말미암은 과학적 전환기에 부합했다. 과학이 대세가 되면서 이성이 감성을 밀어냈다. 사람들은 더 이상 세상이 운명이나 마법, 초월적인 힘에 따라 움직인다고 생각하지 않았다. 그 대신 세상의 현상을 과학 법칙으로 이해하기 시작했다. 지식인들은 과학 법칙을 탐구해 인류 발전에 이용해야 한다고 생각했다. 개별 원자의 움직임이 모여 하나의 전체 현상을 이룬다고 보는 등의 물리학과 같은 과학 분야가 발달했다. 이에 경제학도 지지 않고 더욱더 과학적인 방식에 몰두했다. 그 탓인지 경제학도 어쨌든 존경받은 학문이 되기는 했다. 과거 경제학자들은 기업과 정치에만 관여했으나 과학으로 많은 것들이 차원이 다르게 변했다. 수학을 경제학에 접목한 한계혁명이야말로 앞으로 나아가야 할 길처럼 보였다.

소결론

한계혁명을 기점으로 경제학은 더욱더 인간에 집중했다. 그 결과 자연스럽게 소비자와 생산자의 의사결정 과정을 연구하는 미시경제학이 발달했다. 그뿐만 아니라, 경제학자들의 오랜 관심사였던 경제성장과 경제 위기의 발생 원인을 광범위하게 다루는 거시경제학도 인간은 합리적이고 이기적이며 계산적인 존재라는 가정을 바탕으로 재정립되었다.

하지만 한계혁명은 경제학에서 마마이트Marmite● 같은 존재다. 그도 그럴 것이, 한계혁명을 현대 경제학의 시초로 여기는 경제학자도 많지만, 일부는 한계혁명을 기점으로 경제학이 잘못된 길에 들어섰다고 주장한다. 하지만 둘 다 역사적 맥락을 놓치고 있다. 즉 인간의 이성을 믿는 과학 지향적인 계몽주의와 인간의 기본권을 주장한 로크와 그의 추종자가 경제학에 영향을 미친 결과, 경제학자들이 인간을 합리적이고 이기적이며 계산적인 존재로 가정했다는 역사적 맥락을 말이다.

정리하자면, 자본주의의 등장으로 기존의 생산 체계가 빠르게 바뀌던 와중에 과학 지향적인 계몽주의와 인간의 자연권을 노래하는 로크 철학이 출현하면서 인간의 자유가 부상했다. 기존의 생산 체계에서 개인은 국가와 교회가 하라는 대로 움직였던 것이다.

철학자들은 모든 인간은 합리적이고 이성적인 존재라는 생각을 바탕으로 인간의 자유를 주장했다. 그리고 경제학자들은 합리적인 인간이 저지른 이기적인 행동은 인간의 기본욕구를 충족할 때든 사회 곳곳에서든 혼란을 일으키지 않는다는 것을 증명함으로써, 교회와 국가가 국내와 식민지 모두에서 개인을 통제해서는 안 된다고 주장할 수 있었다. 마크 페닝턴은 최근에 이같이 지적했다. "오랜 세월 권

● 영국의 대표 잼으로 호불호가 극명하게 갈림.

력을 신중하게 행사할 때만 사회질서가 유지된다고 믿었다. 이 믿음은 고전적 자유주의 덕분에 깨질 수 있었다."[9]

  하지만 그 당시 시대 맥락에서 보면 고전경제학은 축복이기도 하고 재앙이기도 했다. 우선, 9장에서 논할 테지만, 경제학자들의 세상을 바라보는 눈이 좁아졌다. 그 세상은 달리 보자니 '너무 부드럽고 여성적'이라며 경제학자들이 여전히 인정하길 꺼린다. 두 번째는 10장에서 다루는데, 일부 경제학자들은 개인의 자유를 바탕으로 여성의 평등권과 기회 평등을 요구한 반면,[10] 다른 이들은 가부장제를 받아들이고 경제를 '남성' 영역과 '여성' 영역 두 가지로 나누었다. 남성 영역은 시장과 정치로 합리성과 이기심이 필요한 곳인 반면, 여성 영역은 가정으로 정반대 성질인 이타심과 의존성, 자기희생이 필요하다.[11] 경제학자들이 위험을 무릅쓰고 눈을 감아버린 바로 그 영역이다.[12]

9장
인간 대 로봇

근래에 경제학은 인간의 행동에 대해 다시 생각하지 않을 수 없었다. 신경과학자들과 심리학자들이 인간을 움직이는 건 돈이고 인간은 '이기적'이며 합리적이고 계산적이라는 경제학의 가정이 과연 옳은지 의문을 제기했던 것이다. 이번 장에서는 행동경제학에 대해 살펴볼 텐데, 행동경제학은 인간이 돈에만 자극받지 않으며 또한 그저 합리적이고 계산적인 존재만은 아니라고 주장한다. 경제학자들은 호황이 불황으로 바뀌는 이유와 경제성장의 요인을 알고 싶다면, 그리고 빈곤 퇴치가 어려운 이유 등 여러 난제를 해결하고 싶다면 이 점을 인정해야 한다. 그럼에도 경제학은 다소 어리석은 한 가지 이유로 기존의 입장을 고수하며, 인간의 이기적이고 합리적이며 계산적인 행동을 계속해서 남성성과 관련지었다. 경제사학자 제인 험프리스의 말대로 "남성성을 우월함과 연관시키는 한, 경제학이 여성적으로 변해야 발전할 수 있다는 말은 아무리 해봐야 무용지물일 것이다."[1]

최후통첩 게임

　세상을 움직이는 건 정말 돈일까? 경제학자들은 인간의 유일한 자극제가 돈인 것처럼 세상을 모형화했고 여러 경제정책들이 이 모형을 토대로 만들어졌다. 그런데 1970년 리처드 티트머스는 《선물 관계》를 펴내면서 헌혈의 보상으로 영국처럼 차 한 잔과 비스킷 한 조각이 아니라, 미국처럼 돈을 주면 오히려 혈액의 품질과 양이 감소한다고 지적했다. 티트머스는 영국이 발전할 수 있었던 건 금전적 보상에 의존하지 않았기 때문이라고 주장했다. 티트머스의 이 주장은 오랜 세월이 흘러 2008년이 되어서야 카를 멜스트룀과 마그누스 요하네손에 의해 증명되었다. 멜스트룀과 요하네손이 '헌혈에 대한 태도'라는 연구 제목으로 실험 참가자를 모집했을 때, 고센버그대학교 학부생들은 아무것도 모르는 상태로 지원했다. 결과는 주목할 만했다. 금전적 보상이 없다고 했을 때 참가자 중 43퍼센트가 헌혈에 동의했다. 반대로 금전적 보상이 있다고 하자 헌혈에 동의한 참가자들은 33퍼센트로 그 수가 더 적었다. 그런데 헌혈의 대가로 받은 돈을 자선단체에 기부할 수 있다고 하자 헌혈 참가자 비율이 44퍼센트로 훌쩍 뛰었다.

여기서 흥미로운 점은, 합리성만 놓고 본다면 마지막 두 개 시나리오는 결과에 차이가 없어야 한다는 것이다. 금전적 보상을 받은 뒤 자선단체에 알아서 기부하면 그만이다. 그런 선택지가 주어지든 아니든 말이다. 하지만 지원자들은 헌혈의 목적이 금전적 보상으로 보일까 봐 우려했다. 행동경제학자는 이 같은 이유로 내재적 동기와 외재적 동기를 구분한다. 내재적 동기는 태도와 내면의 목표를 뜻하고 외재적 동기는 달리 말해 외부 자극제로, 외부 자극제가 없다면 하지 않았을 행동을 유발한다(시간에 대한 금전적 보상과 선행 후 듣는 감사 인사 등이 외재적 동기라고 할 수 있다). 행동경제학자는 돈과 같은 외재적 동기가 내재적 동기를 항상 앞지르는 건 아니라고 말한다. 즉 돈이 늘 최고의 자극제는 아니다.

인간 행동에 대한 실험들은 돈이 인간의 유일한 자극제가 아닐 뿐만 아니라 인간이 본래 공정하다고 말한다. 최후통첩 게임에 대해 들어봤는지 모르겠다. 인간의 공정성을 증명하는 가장 유명한 실험인데, 참가자는 두 명이다. 원칙적으로 모두 익명의 상태로 참가하며 서로 마주 보거나 교류하지 않는다. 사회적 교류를 차단함으로써 고립된 상태에서 개인이 어떻게 행동하는지 알아보기 위함이다. 제1 참가자(제안자)에게 일정한 금액(가령 미화 100달러)을 주고, 제2 참가자(응답자)와 나눠 가지라고 했다(제안는 응답자에게 1달러를 주든 100달러를 주든 마음대로 결정하면 된다). 응답자는 제안자가 나눠준 금액을 받아도 되고 거절해도 되지만 거절하면 두 사람 모두 한 푼도 갖지 못한다.

제안자가 돈을 좇아 100퍼센트 합리적으로만 행동한다면, 응답자는 아마 1달러밖에 받지 못할 것이다(어쩌면 그보다 적은 금액일지도 모른다). 응당 합리적이고 이기적이고 계산적인 존재라면 응답자는 1달러라도 받아야 옳다. 아무것도 갖지 않는 것보다 낫기 때문이다. 하지만 대개 제안자는 금액을 50:50의 비율로 나눴고, 혹여 제안자가 30달러 미만을 주면 응답자는 거절했다.[2] 다시 말해, 응답자는 적은 금액을 받으면 상대의 '공정'하지 못한 처사를 벌하기 위해 재정적 손실을 감수하고서라도 그 금액을 거절했다. 이 게임이 시사하는 바는 분명하다. 인간은 돈만 좇지는 않는다. 인간에게는 공정성도 그 못지않게 중요하며 또한 존중받고 싶은 욕구가 있다.

같은 취지로 공공재 게임도 유명한데, 이 게임 속에서 인간은 경제학자들의 생각만큼 이기적이지 않으며 오히려 '이타적'이다. 게임 참가자는 총 5명으로 모두 10달러씩 받았다. 그리고 5명 모두 공동 연못에 그 돈을 넣어도 좋다는 제안을 받았다(탁자의 정중앙에 냄비가 하나 있다고 상상해보자). 최후통첩 게임과 마찬가지로 참가자들은 서로를 볼 수 없고, 본인의 결정 말고는 누가 어떤 결정을 내리는지도 알 수 없다. 단 참가자들은 연못에 모인 돈은 3배가 되고, 불어난 돈이 모두에게 균등하게 분배된다는 사실만 전달받았다. 참가자들은 과연 공동 연못에 얼마를 넣을까? 경제학자들의 인간 가정대로라면, 참가자들은 1달러를 넣을 때마다 그의 3/5 금액만 되돌려 받으리라 추론할 것이다. 따라서 합리적이고 이기적인 인간이 할 행동은 모금에 참여하지 않고 초기 10달러를 그대로 갖는 것이다. 물론 모두가 10달러를 몽땅 넣는다면 가능한 최대 금액인 30달러를 받아 갈 수 있다. 하지만 인간 개개인으로 보면 참가자들은 자신의 돈은 그대로 갖고 있고 상대가 대신 돈을 넣어주길 바랄 것이다. 즉 '무임승차'의 문제가 발생한다. 이 경우 아무도 돈을 넣지 않고 최악의 결과를 맛보게 된다. 게임을 시작했을 때 참가자들은 보통 금액의 절반을 공동 연못에 넣었다.[3] 게임을 계속 반복하면서 '협조'하지 않은 사람을 처벌할 수 있다고 말하자 참가자 대부분은 비협조자를 처벌했다.[4] 즉 인간은 협력해야 할 동기도 충분하고 비협력자를 처벌해야 할 동기도 충분하다. 인간의 행동을 이해하고 싶다면 돈에만 집중해서는 안 된다는 말이다.

현상 유지 편향

경제학자들에 따르면 인간은 모두 자신에게 무엇이 좋은지 알며 그것을 성취할 수 있다고 생각한다. 경제학은 바로 여기서 출발한다. 우리는 의사결정을 도와줄 '보모 국가'를 원치 않는다. 우리가 과식하든, 저축을 적게 하든, '못된' 사람과 어울리든, 그건 순전히 정보가 부족했기 때문이다. 국가는 우리가 올바른 정보를 접하도록만 보장해주면 된다. 우리는 자신이 합리적이고 계산적으로 행동할 수 있다고 가정함으로써 어떠한 간섭도 필요치 않는다. 즉 국가는 우리를 위해 우리보다 더 나은 결정을 내릴 수 없다.

심리학자 허버트 사이먼은 현실적으로 인간은 최상의 선택에 필요한 모든 정보를 알 수도 없을뿐더러 그럴 시간도 없다고 지적했다.[5] 더욱이 인간의 뇌는 가능한 모든 선택지를 처리해 서로 비교하기에는 능력이 부족하다. 사이먼은 인간이 완전히 합리적인 존재라기보다는 '합리 지향적인' 존재라고 말한다. 어떤 작가는 이렇게 말했다.

"우리는 인간의 뇌를 개인 컴퓨터쯤으로 생각하면 된다. 다만, 그 처리 장치는 느리기 짝이 없고 저장 장치는 용량도 적을뿐더러 확실하지도 않다."[6] 그래서 우리는 보통 휴리스틱*라고도 알려진 '경험'을 신뢰한다. 휴리스틱을 사용하면 일상생활에서 의사결정을 할 때마다 시간을 들여 심사숙고하지 않아도 된다. 하지만 휴리스틱이 우리 삶을 편하게 만들어주기는 해도, 완벽한 의사결정 방식은 아니기 때문에 실수를 낳기도 한다. 예를 들어, 우리는 보통 슈퍼마다 제공하는 다양한 혜택을 비교하며 어떤 슈퍼가 가장 가성비가 좋은지 머리로 계산하기보다는 그저 지난번 방문했던 슈퍼를 또 방문한다. 이처럼 경험은 '현상 유지 편향'을 만들어낸다. 심리학자 대니얼 카너먼과 아모스 트버스키가 진행한 실험에서도 인간의 현상 유지 편향을 확인했다. 해당 실험의 결과에 따르면 인간은 선천적으로 성급하게 의사결정을 하며 경험을 더 신뢰하여 자신의 믿음이 옳다는 걸 증명해줄 증거만 찾는다(반대되는 증거는 무시한다).[7] 심리적 지름길이 만들어낸 현상 유지 편향을 통해, 우리는 인간이 변화를 싫어하고 자신을 과신하며 고집스러운 존재란 걸 알 수 있다. 더불어 인간이 언제나 자신의 이익에 부합하는 쪽으로 행동하거나 의사결정을 내리는 것도 아니란 걸 말이다.

　우리 인간은 알다시피 '마음'과 '머리'가 때로 서로 일치하지 않는다. 카너먼은 인간의 사고 체계는 두 가지라고 말했다.[8] 뇌의 변연계에 자리한 체계1은 '빠른 사고', 말하자면 정서(뜨거운) 활동을 담당한

• 　즉흥적·직관적인 의사결정 방식.

다. 정서 활동은 다른 말로 직감이라고도 하는데, 직감은 거의 무의식적으로 노력 없이 일어나는 활동이다. 체계2는 뇌의 전두엽 피질에 자리한 '느린 사고,' 즉 의식적이고 계산적인 활동을 책임진다. 대부분 체계1이 체계2보다 더 바쁘다. 그러니 경제학자들의 인간 행동에 대한 예측은 틀린 경우가 많을 수밖에 없다.

신경과학자들은 뇌 속에서 매일매일 벌어지는 전쟁을 관찰하고자 뇌를 스캔하곤 한다. 어떤 연구 팀이 한 실험을 진행했다. 참가자들의 몸에 전기장치를 부착한 다음 두 가지 선택지를 제시했다. 하나는 20달러 상품권을 하루 사이에 전부 사용하는 선택지였고, 다른 하나는 30달러 상품권을 2주에 걸쳐 사용하는 선택지였다. 이 실험은 각 선택지마다 뇌의 반응을 관찰하기 위함이었다.[9] 첫 번째 선택지에는 뇌의 감정 영역이, 두 번째 선택지에는 뇌의 계산 영역이 반응함으로써 참가자들은 내적 갈등을 겪었다. 참가자들은 첫 번째 선택지를 받는 즉시 만족감에 감정이 충만해졌지만, 두 번째 선택지를 받고는 뇌의 계산 영역이 작동함으로써 합리성 여부를 따져보았다.

이 실험은 중요한 2가지를 알려준다. 하나는 인간이 반사적으로 고민 없이 의사결정을 내린다는 것이고, 다른 하나는 감정에 크게 지배당한다는 것이다. 그런데 때로는 반사적인 의사결정이 도움이 된다.[10] 비록 체계1이 여러 가지 실수를 유발하지만 그만큼 장점도 많다. 여러 경험을 하고 나면, 우리는 소위 '전문가 직관'을 갖는다. '전문가 직관'은 복잡한 상황에서 신속한 의사결정을 내려야 하는 의료진과 소방관이라면 특히 중요하다. 직관적인 의사결정이 도움이 되는 순간이 있기에 인간의 뇌가 지금처럼 발달한 건지도 모른다. 비교적 흔한 정신 질환인 강박증은 지나치게 분석하고 고민할 때 생겨난다. 게다가 감정을 의식적으로 배제하면 의사결정이 더욱 힘들고, 그런다고 해서 항상 만족스러운 결정을 내리는 것도 아니다. 어떤 결정을 내릴 때 예상되는 결과에 감정을 '느끼지' 못하면 훗날 그 결정을 두고 후회할지도 모른다.

행동경제학은 실패인가

행동경제학은 정책 담당자들 사이에서 인기가 많다. 또한 최근 노벨 경제학상 수상자도 여럿 배출했다. 정책 담당자들은 인간의 행동을 이해함으로써 인간의 불건전한 행위를 예방할 수 있다고 생각하며 정책을 만들 때 행동경제학을 참고한다. 이런 분위기를 지켜보며 누군가는 이제 경제학자들이 인간을 기존과 달리 가정하리라고 생각할지도 모르나, 워싱턴대학교의 경제학과 교수인 데이비드 레빈에 따르면 '전혀 아니다.' 사실 레빈은 '행동경제학은 실패인가?'라고 질문을 던지며 이 사안을 주제로 책도 한 권 펴냈다.[11] 인간의 다면성을 보여주는 여러 사례들이 있음에도 불구하고 왜 경제학자들은 여전히 기존의 가정을 고수할까?

우선 경제모형이 복잡하면 안 되기 때문이다. 인간을 합리적이고 이기적이며 계산적인 존재라고 가정하는 게 다소 억지스러워도 이렇게 가정하면 인간의 행동에서 몇 가지 중요한 측면을 포착할 수 있다. 그 반대로 가정한다면 아마 포착 불가능할 것이다. 노벨 경제학상을 수상한 밀턴 프리드먼이 말하길, 스누커* 선수의 행동을 예측하기 위한 모형을 만들고 싶다면 스누커 선수를 물리학에 능통하다고 가정해야 한다. 스누커 선수가 각도와 속도를 정확히 계산해 공을 친다고 가정해야만 해당 모형을 통해 스누커 선수의 행동을 정확히 예측할 수 있기 때문이다. 스누커 선수를 현실적으로 가정한다면 해당 모형을 통해 얻는 건 엉터리 예측일 뿐이다. 즉 중요한 건 가정의 현실성이 아니라 모형의 정확도인 것이다.

현실에서 경제학자들은 인간의 감정과 비합리성, 실수 가능성을 기꺼이 인정한다. 하지만 그런 인간의 면모가 경제를 이해하는 데는 필요치 않다고 생각할 뿐이다. 경제학자들의 관심사는 시장이고 시장에서 인간은 감정적일 틈도, 나약하거나 무르게 굴 틈도 없다는 게 경제학자들의 공통된 생각이다. 이 같은 경제학자들의 생각을 바꿔 말하면, 시장에서 자기 밥그릇을 지키고 파산을 면하려면 인간은 합리적이고 이기적이며 계산적으로 행동할 수밖에 없다는 것이다.

그러므로 경제학이 실제 인간의 심리를 반영한다면 그건 우리가 시장을 생각하는 방식이 달라졌을 때뿐일 것이다. 곧 다루지만, 사실 호모에코노미쿠스 가정에서 벗어나지 못하면 경제학자들은 앞에 놓인 문제들을 해결할 수 없다.

1. 경제성장의 원인들

경제학자들은 번영에 대해 이야기할 때 보통 시장을 맨 먼저 언급

* 당구 경기의 일종.

한다. 그 이유는 시장이 인간의 이기심을 활용해 투자와 발명을 촉진한다고 보기 때문이다. 경제학자들에 따르면, 시장의 작동 방식은 한마디로 당근과 채찍이다. 시장에서 기업가들은 잠재 고객을 만듦으로써 잠재적 수익, 즉 이윤을 창출할 수 있지만 그와 동시에 경쟁을 피하지 못한다. 기업가들의 경쟁은 생산성을 높이고 가격을 낮추기 때문에 소비자들은 합리적인 가격에 물건을 구매할 수 있다. 이러한 시장의 작동 원리 때문에 경제학자들은, 인간의 합리적이고 이기적이며 계산적인 행동이 경제성장을 촉진한다고 생각했는지도 모른다.

지금은 기술 발전이 경제성장의 동력이다. 일반적으로 잠재 수익이 커야, 즉 고이윤을 창출해야 또는 특허를 취득해 고수익을 내야 기술 발전이 가능하다고 생각한다. 하지만 경제사학자 조엘 모키르의 지적대로라면 발명가들이 돈 욕심만 부렸더라면 산업혁명에 이바지한 기술들은 애당초 만들어지지 않았을 것이다.[12] 특허 취득 비용은 비쌌고 취득 과정도 복잡했기에 실제로 특허를 취득하는 발명가는 드물었다. 말하자면, 발명가들이 성공을 자신하지 않는 한 특허제도로는 발명을 촉진할 수 없었다. 신규 사업과 신기술, 또는 새로운 아이디어는 냉철한 이성이 아니라 (비이성적인) 감성에서 비롯된다. 케인스는 이렇게 정리했다. "인간이 본래 모험에 관심이 없고 공장·철도·광산·농장을 건설해도 만족감을 느끼지 못했더라면, 지금의 그 많은 투자는 애당초 불가능했다. 인간은 냉철한 계산만으로 투자하지는 않는다."[13]

사실 금전적인 동기만큼이나 비금전적인 동기도 중요하다. 과학이 발전해야 기술도 발전한다. 과학이 발전할 수 있었던 건 금전적인 욕심 때문이 아니라 아픔과 고통을 이겨내고 싶은 마음, 그야말로 호기심과 인정받고 싶은 욕구 때문이었다. 이러한 동기는 돈보다 훨씬 더 강력한 자극제와 보상이 될 수 있고, 애덤 스미스가 꿈꿨던 사회적 관심과 '따뜻한 마음'을 가능케 한다. 흔히 현대 과학의 시초라 불리는 계몽주의는 더 나은 세상을 꿈꾸는 과학자들을 결집시켰다. 과학자들이 원한 건 금전적인 이득이 아니라 모두가 살 만한 세상이었다. 지금도 많은 과학자들이 같은 이유로 열심히 연구한다. 민간 부문에서는 이기적인 행동이 이윤 추구에 중요할지 몰라도, 그와 별도로 이윤을 추구하려면 순수한 마음으로 연구하는 과학자들의 아이디어와 혁신이 필요하다. 심리학자 테레사 애머빌은 창의성과 독창성을 부추길 목적으로, 금전적인 보상과 상시 평가 제도 및 경쟁을 도입할 경우, 도움은커녕 오히려 역효과가 난다고 지적했다.[14] 경제학은 과학기술이 중요하다고 가르칠 수는 있어도(사실 누가 모르겠는가), 인간에 대한 기존 가정으로는 과학기술의 중요성을 설명하거나 장려하지는 못한다. 과학기술이 경제성장에 필수라는 점을 고려하면 그것은 중요한 문제다.

경제성장에는 생산성 외에도 그만큼 중요한 다른 무언가가 있다. 바로 경제학자들이 갈수록 등한시하는 인구 재생산이다.[15] 경제학자들은 일반적으로 '자본축적'만 이야기하는데 자본과 떼려야 뗄 수 없는 인구도 중요하다. 거시경제학 모형에서 인간은 입력과 출력을 동시에 담당한다. 엘리사 브라운스타인과 아이린 반 스타베렌, 그리고 다니엘레 타바니가 만든 초창기 거시경제학 모형에서도 마찬가지다. 이 모형에서는 인간을 생산하는 무급노동과 보통의 유급노동을 똑같이 취급한다.[16] 경제는 유능하고 생산적인 인구가 많아야 번영이 가능하다. 가정에서 이뤄지는 여성의 생산·돌봄 노동과 양질의 양육이, 유능하고 생산적인 인간을 길러낸다. 이 같은 노동의 원동력은 돈이 아니다. 사빈 오하라에 따르면 돌봄과 이타심, 사랑이 그 원동력이다. 경제학자들은 인간을 로봇처럼 대함으로써 시장 밖과 뒤에서 일어나는 일에는 무관심했다. 여성의 임신과 출산을 당연시하고, 금전적 보상조차 주어지지 않는 여성의 가사노동을 중요치 않게 생각했다.[17] 낸시 폴브레가 지적했듯이 신뢰와 상부상조의 규범을 연구할 때, 행동경제학자들은 돌봄과 의무의 규범도 함께 살펴야 할 것이다.[18]

2. 호황에서 불황까지

경기순환●에 대한 설명은 대부분 '충격'이란 단어를 중심으로 이뤄진다. 경기순환과 관련해, 정부가 간섭하지 않고 내버려두면 경제는 보다 안정적일 거라고 흔히 가정한다. 여기서 시장은 활발히 움직여 원하면 누구나 일자리를 가질 수 있고 기업은 무엇이든 원하는 대로 생산하여 판매할 수 있도록 보장해야 한다. 만약 경제가 '침체'된다면 그건 수요든 공급이든, 다시 말해, 사람들이 소비하는 양이나 국가가 생산하는 양이 외부 충격을 받았기 때문일 것이다. 그러므로 경제를 호황과 불황에서 보호하는 최선의 방법은 시장 유연성을 길러 시장이 외부 충격에 빨리 적응토록 하는 것이다.

영국 케임브리지에서 태어난 유명한 경제학자 존 메이너드 케인스

● 경제가 장기적인 성장 추세를 중심으로 호황과 불황을 반복함.

역시 '충격'이라는 단어를 사용하는데, 케인스는 특히 수요 충격을 이야기한다. 수요 충격이란 투자, 소비자 지출, 수출 수요, 또는 정부 지출에 변화가 일어난 걸 뜻하는데, 케인스에 따르면 이 4가지 중 어느 하나라도 감소하면 경기 침체가 일어난다. 경제학자들은 케인스의 저서 《고용·이자 및 화폐의 일반 이론》에 등장한 경기순환론을 바탕으로 수학적인 경제모형을 만들었다. 그리고는 물가와 임금 조정이 자유로운 한 수요 충격이 발생하더라도 경제는 재빨리 '균형 상태'로 되돌아간다고 주장했다.

하지만 케인스의 이론을 오로지 수학적 모형으로 구현해내는 데 집중한 나머지 그 속에 담긴 케인스의 진짜 생각을 놓치고 말았다. 케인스는 경제가 알아서 안정을 찾아간다고 생각하지 않았다. 오히려 경제 불안정이야말로 불가피하다는 게 케인스의 생각이었다. 경제학자들은 케인스의 이론을 토대로 수요 충격이 발생하지 않는 한 경제는 안정적이라는 경제모형을 만들었지만 케인스는 '불확실한 미래'를 염려했다. 케인스에 따르면 인간은 '불확실한 미래' 탓에 경제학자가 가정한 대로 무조건 합리적이며 이기적이고 계산적으로만 행동할 수 없다.

케인스의 요점은 투자(또는 소비)할 때 미래를 고려해야 한다는 것인데, 여기서 미래란 훗날의 소득처와 수익을 말한다. 문제는 아무도 미래를 알 수 없기에 정확한 예측이 불가능하다는 것이다. 인간은 항상 미지의 세계로 발을 내딛고 잘 모르는 상태에서 의사결정을 한다. 막연히 삶이 '문제없이' 흘러가리라 가정하며 남들이 하는 대로 한다. 우리는 무작정 대세를 따르고, 뭔가 놓친 건 아닐까 염려하고, 어느 순간에는 자만했다가 갑자기 공황에 빠지기도 한다. 케인스는 이른바 '야성적 충동'인 군중심리가 낳은 낙관주의와 비관주의가 경제를 불안정하게 만든다고 말했다. 인간의 행동은 불규칙하고 사회적 영향을 많이 받는다. 그러므로 경제를 고려할 때 심리학과 사회학도 모두 살펴야 하는 것이다.[19]

3. 가난과 부와 계층 이동

인간을 인간으로서 바라봐야 일상생활 속에서 발생하는 수많은 문제를 이해할 수 있다. 이 문제들은 삶과 돈, 건강 및 정서적 안정과 직결된다. 행동경제학은 정책 담당자들이 인간의 구조적인 결점(쉽게 파악 가능한 비이성적인 면모)에 주목하면 국민을 더 나은 결정으로 '유도'하는 정책을 만들 수 있다고 말한다.[20]

건축가들은 주변 환경이 우리 선택에 영향을 미친다는 걸 잘 알고 있다. 예를 들어, 건축가들은 사무용 빌딩을 지을 때 의견 교환 및 소통이 원활하도록 개방형 구조를 택한다. 그 반대라면 화장실 접근 용이성을 높여 사람들이 서로 만나는 시간을 줄여준다. 행동경제학도 같은 맥락에서 올바른 의사결정을 돕는 '선택 환경'을 이야기한다. 말하자면 슈퍼마켓이나 학교 매점에서 제품 진열을 담당하는 사람은 소비자가 '더 나은' 선택을 하도록 '유도'할 수 있다. 저축 및 연금 제도 가입을 유도할 때도 '가입'이 아닌 '비가입' 여부를 물어봐야 한다. 즉 사람들은 어떤 행동을 요구받지 않을 때 더 올바른 결정을 내리는 경향이 있다. '가입' 여부를 물었을 때는 가입률이 대략 60퍼센트였으나 '비가입' 여부를 물었더니 가입률이 90~95퍼센트로 껑충

뛰었다.[21]

법학자 캐스 선스타인과 경제학자 리처드 탈러는 '자유주의적 온정주의'를 말한다.[22] '자유주의적 온정주의' 맥락에서 정부의 개입이 국민의 희생이나 선택 제한, 재산 소유의 금지를 불러오지 않는 한, 다시 말해 개인의 자유를 침해하지 않는 한 정부의 개입이 반드시 큰 정부를 뜻하는 건 아니다. 그냥 더 나은 정부일 뿐이다.

행동경제학자 센딜 멀레이너선과 엘다 샤퍼는 우리가 지불 기한이나 재정 압박에 시달린다면 장기적인 행복을 위해 필요한 평정심을 유지하기 힘들다고 말한다.[23] 평정심을 잃으면 박탈의 악순환이 일어난다. 우리 삶을 좌우하는 건 우리가 인간이기에 마주하는 일상 속 수많은 고민들이다. 고민은 뇌가 해결책을 찾게끔 한다는 점에서 나름의 장점도 있지만 단점도 확실하다. 바로 생활에 필요한 정신적 에너지를 고갈시킨다는 것이다. 뇌가 당장의 문제 해결에만 집중하면 시야는 좁아진다. 그래서 유혹에 쉽게 무너지거나, 자녀에게 심한 잔소리를 하거나, 기억력이 나빠지곤 한다. 장기적인 행복은 긍정적인 결정에서 오며 긍정적인 결정은 조심성과 평정심을 유지할 때 가능하다. 건강하게 먹고, 건강을 돌보고, 아프면 치료받고, 능력을 계속해서 발전시켜가고, 인간관계를 돌보고, 미래를 위해 저축하는 것은 재정적인 압박에 시달리면 하기 어려운 결정들이다. 반대로 삶에 악영향을 끼치는 부정적인 결정들은 비교적 쉽게 이뤄진다. 고액 대출을 너무 빨리 쉽게 받는 건, 재정적인 압박에 시달리면 대출만한 해결책이 안 보이기 때문이다. 빈곤은 뇌를 지치게 만들고, 그에 따라 가난에서 벗어나기가 더욱 어렵다. 그래서 어떤 사람들은 정부의 최우선과제가 빈곤 퇴치여야 한다고 말한다.

빈곤 타파를 위해 경제학자들은 심리학과 사회학에 관심을 가져야 한다. 또한 사람들이 타인의 시선을 신경 쓴다는 사실도 고려해야 할 것이다. 기초생활수급자로 살았던 시절의 나에게는 인간으로서의 품위와 자존심이 돈만큼이나 중요했다. 어쩌면 가난하기 때문에 더 그랬다. 학창 시절 무료 급식의 경우처럼, 모두가 보는 앞에서 복지 수당을 신청해야 한다면 사람들은 자존심에 상처 입기 싫어서 복지 수당을 포기할지도 모른다. 장기적으로 건강과 행복에 도움이 되지 않음에도 말이다. 그리고 가난해도 당당할 수 있을 방법을 찾아 나설지도 모른다. '보통'의 사회에 속하지 못한다면 사람들은 목적의식과 소속감을 느낄 수 있는 자신만의 세계를 만든다. 범죄 조직의 밑바탕도 결국 존중받고 싶은 욕망이다. 조지 애컬로프와 레이철 크랜턴이 소속감에 대해 연구한 바에 따르면, 폭력 등 비뚤어진 행동들도 소속감을 향한 욕구에서 비롯되며 그 같은 행동들은 일종의 자신의 존재를 봐달라는 신호다.[24] 하지만 구조적으로 다시 보통의 사회로 나아가기는 어렵다. 가치관이 범죄 조직 문화에 맞게 변했을 수도 있고, 조직을 벗어나 새로운 삶을 꾸리려면 그만큼 가혹한 대가를 치러야 하기 때문일 수도 있다.

학창 시절 나는 훗날의 내가 '부주의한 말'이라 부르게 되는 어떤 경험이 사람의 심리와 사회성에 영향을 미친다는 걸 알게 되었다.[25] 자신을 노동자 계층 출신으로 일류 대학에 지원하려는 학생이라고 가정해보자. 자신감을 가지고 지원하려는데, 누군가 "되겠어? 어차피 안 될 거 너도 알잖아"라며 사기를 꺾는다. 물론 한 귀로 흘리면 그만이다. 하지만 그 같은 말을 자주 들으면 이야기가 달라진다. 패기 있는 어린 학생은 그런 부주의한 말에 자신감을 상실하고 아무리 성공해봤자 무시당하고 조롱거리만 될 뿐이라고 자조한다. 내가 고향을 떠난 후로 느낀 '소외감'은 오직 편집증 때문이었다. 이 편집증의 원인은 타인이었고 극복하는 데 한참 걸렸다.

적어도 내 경험상, 성공할 재능을 가진 사람들 주변에는 항상 사기를 꺾는 사람들이 있다. 이들은 대개 성공하지 못한 사람들이다(솔직히 말하면 일상에서 성공한 사람들과 접촉할 기회가 거의 드문 사람들이다). 그런데 집단이 구성원에게 상처 준다는 생각은 다소 역설적으로 들린다. 왜 집단은 재능이 뛰어난 구성원의 성공 의지를 꺾을까? 그 이유를 생각해보자면 집단의 목표는 구성원 유지이기 때문이다. 즉 집단은 구성원들이 '테두리를 벗어나는 걸' 원치 않는다. 이는 인류학자 리처드 볼셰이 리의 연구에서도 드러난다. 리는 여전히 수렵·채집 생활을 고수하는 쿵족*사회를 연구했는데 그 과정에서 커다란 동물을 사냥한 부족민이 조롱받는 광경을 목격했다.[26] 조롱은 오만에 대한 경고로서 그 목적은 사회 통합을 유지하기 위함이었다. 또 다른 이유로 부주의한 말은 성공하지 못한 사람들이 가지는 일종의 방어기제일 수도 있다. 집단이 무조건 나쁘다고 말하는 게 아니다. 다만, 가끔 집단이 어떤 이유에서 '거짓'을 옹호하고 선전하며 수호할 때도 있다는 것이다. 이때 구성원의 계층 이동을 제한할 의도는 없었겠지만 불행히도 그런 결과를 낳는다.

- 남부 아프리카의 한 종족.

경제학은 가난과 계층 이동이 어려운 이유로 모래시계 형태의 경제구조와 부유층 자녀들이 보다 많은 자원을 누리는 현실, 학교나 복지를 위한 자금이 충분하지 않은 현실과 같은 경제적 요인을 언급한다. 그런데 인간 행동에 대한 기존의 가정을 재고하지 않는 한 이 같은 중요한 경제적 요인을 제대로 파악하기란 불가능하다.

소결론

경제학자들은 인간이 날 때부터 이기적이라고 가정함으로써 세계를 지나치게 단순화했고 그 결과 세계를 제대로 이해하지 못했다. 하지만 행동경제학을 따른다고 해서 밀턴 프리드먼의 스누커 선수가 사라지는 건 아니다.● 이성이 감성을 밀어내고, 과학이 예술을 밀어냈던 18~19세기에 경제학은 그 시작부터 마초적인 남성들에게 둘러싸여 있었다.[27]

한계혁명 시기에 과학자들이 인간의 행동에 대해 나름의 가정을 하는 동안 사회에서는 성별 고정관념이 생겨나고 있었다. 오스카 와일드의 소설 〈도리언 그레이의 초상〉에 등장하는 헨리 경은 이렇게 말한다. "얘야, 여자는 특별할 게 없단다. 장식품일 뿐이야. 아는 건 없지만 매력적이지. 여자는 지성보다 물질을 선호해. 남자들이 도덕보다 지성을 아끼듯이 말이야." 감정과 비합리성은 여성으로 대표되

● 인간의 다양한 행동을 고려하는 행동경제학을 따른다고 해서, 인간을 로봇처럼 취급하는 경제학의 기존 가정이 사라지지는 않는다는 뜻.

고 계몽주의가 숭상하는 이성과 논리는 남성으로 대표되었다.[28] 따라서 '합리적이고 이기적이며 계산적인' 행동을 하지 않으면 '나약하고 비논리적'인 것이었다.[29] 독립은 남성적인 성질로 칭찬받아 마땅하다고 생각한 반면 의존은 멸시의 대상이었다. 이른바 '여성적인' 관계 지향적 자아가 아닌 독립적인 자아가 이상적인 것으로 자리 잡았다.[30] 게다가 경제학은 주제보다 접근 방식으로 규정되어 왔기에, 다시 말해 그만의 권위 있는 가정을 적용하면서 정체성을 만들어왔기에, 경제학자들은 그들의 접근 방식에 이의를 제기하는 반대 의견은 인정하길 꺼린다. 그러한 반대 의견은 경제학자들을 이 세계에서 쌓아올린 방법론적 해석을 위협할지도 모르기 때문이다.[31]

경제학자들은 '과학적인 방식'을 지향했지만 사실 객관적이지 않았다. 경제학은 19세기에 산업혁명을 배경으로 급속도로 발달했는데 당시 여성들은 일터에서 쫓겨나 집으로 향하고 있었다.[32] 남자와 여자를 시장과 집으로 구분하는 동안 경제학자들은 시장에 더욱 몰두했다. 시장에서는 오로지 합리적이고 이기적이며 계산적인 행동만 필요해 보였기에 인간의 행동을 이런 식으로 가정하는 건 타당해 보였다. 적어도 생산이 전부가 아니라는 걸 깨닫기 전까지는 그렇게 생각했다. 하지만 경제 번영(또는 실패)을 이해하려면 시장 밖에서 돌봄과 사랑, 이타심을 바탕으로 이뤄지는 활동들에도 똑같이 관심을 가져야 한다.

그럼에도 경제학자들은 이와 같은 비非시장 활동을 고려하거나 집안일(무급노동)은 여성이, 유급노동은 남성이 해야 한다는 식의 심각한 성차별에 문제를 제기하기는커녕, 오히려 그 반대로 크게 기여하고 말았다.[33] 한계혁명으로 유명한 경제학자들도 다를 바 없었다. 앨프리드 마셜은 남성들에게 '가족 수당'을 줘야 한다고 말했고, F. Y. 에지워스는 남녀가 똑같은 일을 하더라도 임금은 똑같을 수 없다고 말했다.[34] 이처럼 경제학자들은 성차별적 관행에 힘을 실어주며 성불평등에 크게 일조했다. 그리고 자신들의 주장을 뒷받침하는 경제 이론을 만들어냈다. 미셸 푸욜의 말에 따르면, 마셜은 "기혼 여성의 고용을 반대했고" 남성과 같은 일을 하더라도 여성은 저임금을 받는 관행을 찬성했는데, 그 이유가 "남성 노동자들과 자녀들이 집에서 쾌적하게 생활하고, 건강을 돌보며, 자질과 능력을 개발하려면 여성들이 집에 있어야 한다"는 것이었다.[35] 마셜은 여성이 노동시장에 참여할 경우 부정적인 외부 효과●가 발생하기에 여성이 일을 하지 못하도록 막아야 한다고 주장했다. 그에게 여성 개인의 자유는 사회 전체의 이익 측면에서 중요하지 않았다. 공익을 위해서라면 개인의 자유는 무시해도 된다는 위험한 발상이 아닐 수 없다.[36]

제인 험프리스는 경제학은 "성차별주의자들이 만든 학문으로 그 자체로 성차별적"이라고 말했다.[37] 이제는 남성 편향적인 시각에서 벗어나야 할 때다.[38]

● 타인에게 뜻하지 않은 손해를 입히는 효과.

10장

경제학이 페미니즘을 만날 때

행동경제학은 인간이 합리적이고 이기적이며 계산적인 존재라는 기존 경제학의 가정을 맹비난했다. 지금껏 말해왔듯이 인간을 이처럼 가정하는 한 경제학은 눈앞에 놓인 커다란 경제문제를 해결할 수 없다. 하지만 8장에서 살펴본 대로 이 가정이 터무니없이 만들어진 것은 아니었다. 그것은 19세기에 일어난 두 가지 철학적 혁명, 즉 인간은 모두 이성적이라는 생각과 개인의 권리에 대한 믿음으로부터 성장했다. 경제모형을 만들 때 인간을 비이성적인 존재로 가정했더라면 개인의 자유를 주장하지 못했을 것이다. 수백 년 동안 국가와 종교에 속박당하다가 이제 막 해방되어 뜻대로 삶을 꾸리려는데 개인의 자유를 주장하지 못한다니, 그건 절대 있을 수 없는 일이었을 것이다. 비록 행동경제학의 주장대로 경제학은 인간에 대한 기존의 가정을 수정해야 옳지만, 인간을 그처럼 가정했기에 과거 자유를 향한 투쟁도 가능했다는 걸 잊지 않았으면 한다. 지금까지 경제학에 대한 나의 비판이 과도하다고 생각했을 수도 있는데, 이번 장을 통해서 그렇게 비판한 이유가 경제학을 채찍질하기 위함이었음을 밝히고 싶다. 빈곤과 번영의 원인을 제대로 설명하고 싶다면 경제학은 특히 신체, 가족, 사회, 이 세 가지에 주목해야 한다.

임신과 출산의 자유

18세기에 역사상 첫 페미니즘 책으로 간주되는 《여성의 권리 옹호》를 펴낸 메리 울스턴크래프트는 프랑스 오툉Autun의 전前 주교에게 분노를 담아 편지를 썼다.●

> 뭐가 됐든 주교님을 입법자로 생각할게요. 남자들이 자유를 위해 투쟁하고 개인의 행복을 중시하며 자기 결정권을 주장할 때, 주교님이 아무리 여성의 행복 증진을 위해 최선을 다하고 계신다고 해도, 여성에게 복종을 강요하는 게 일관성 있고 정당한 행동입니까? 남녀 모두 이성을 부여받았다면 왜 남자만 재판관 노릇을 해야 합니까?[1]

- 울스턴크래프트는 프랑스혁명의 결과로 프랑스 사회가 인권 문제에 높은 관심을 갖자 프랑스로 향했고, 이곳에서 저서 《여성의 권리 옹호》를 집필했다.

당시 여성들은 약하고 감정적이며 비이성적인 존재로 취급받았다. 울스턴크래프트에 따르면 여성에게 찍은 이 같은 낙인은 단지 틀렸을 뿐만 아니라 여성 차별을 초래했다. 그 차별은 '여성은 아둔하다'는 것이었다. 여성의 참정권을 반대한 사람들은 그 슬로건으로 여성이 이성에 바탕을 둔 합리적인 생각을 못 한다고 외쳤다. 그리고 여성의 '타고난' 능력은 가족을 편안하게 돌보는 데 있으며, 남자와 여자는 서로 다르지만 상호 보완해줄 수 있다고 주장했다.[2] 따라서, 여성은 '남성처럼' 이성적이고 합리적인 존재가 아니므로 정치적 자유도 가질 수 없다는 게 그들의 입장이었다.

그런데 애당초 자유를 남성의 삶을 중심으로만 생각했기에, 필연적으로 자유에 한 가지가 빠져버렸다. 여성의 신체적 자유는 생각지 않은 것이다. 19세기 중반 미국의 유명한 페미니스트였던 루시 스톤은 이렇게 말했다. "내가 내 신체를 마음대로 할 수 없다면 참정권이든 재산권이든 갖는다고 해도 의미가 없다."[3]

그 결과, 여성의 임신과 출산에 대한 자율권은 심지어 과잉인구를 염려했던 맬서스 등의 경제학자들 사이에서도 논쟁의 대상이었다.[4] 마리 스톱스와 마거릿 생어 등 최초로 임신과 출산의 자유를 주장했던 페미니스트들은 항상 감시의 눈초리를 견뎌야만 했고 법의 처벌을 받기까지 했다. 여성의 신체 자율권 투쟁은 그 길이 순탄한 적이 없었으며 현재도 진행 중이다. 어떤 국가에서는 여성의 신체를 정부가 완전히 통제하여 여성은 유산하면 체포되기까지 한다. 안타깝지만 부유한 국가에서도 사정은 크게 다르지 않다. 임신중지 등의 시술이 자유롭지 않으며 가능하다고 해도 임신중지를 시도할 경우 여성은 비난을 받는다. 아이러니하게도, 개인의 자유를 열렬히 주장한 사람들 가운데 여성의 신체 자율권을 앞장서서 반대한 사람들이 있다.

경제학자들이 가정한 바에 따르면 인간은 자유로이 선택할 수 있으며 의사결정도 신중하게 한다. 임신과 출산도 인간의 자유로운 선택과 신중한 의사결정 중 하나여야 한다. 사실, 임신과 출산이 여성의 삶에 미치는 영향을 고려하면, 그에 대한 결정은 자동차나 저녁 식사 메뉴를 결정하는 일 따위에 비할 수 없다. 그럼에도 미국에서 발표한 자료 따르면 결혼한 젊은 여성들 가운데 60퍼센트가 원치 않은 임신으로 자녀를 출산했다.[5] 영국의 경우, 20~24세 나이의 여성 가운데 계획하여 임신한 여성은 절반도 안 되는 40퍼센트였다.[6] 여성 대다수가 원치 않은 임신을 경험했거나 임신했을 때 설명이 불가한 '혼란스러운 감정'을 느꼈다는 말이다. 16~19세 여성 청소년의 상황은 더욱 심각하다. 이들 사이에서 계획 임신 비율은 고작 12퍼센트에 불과하다. 이는 전 세계적으로 그 나이대 여성 청소년 사이에서 둘 중 한 명이 원치 않은 임신을 했었다는 말이 된다.[7] 양육비 측면에서 보면, 영국의 경우 자녀 한 명당 필요한 양육비는 20만 파운드(한화 약 3억 2천만 원)로 자녀가 2명, 3명, 4명 또는 그 이상으로 늘어나면 가족의 생계가 힘들어질 수밖에 없다. 그러므로 여성의 신체 자율권 행사는 중요하고 이를 위해서는 지금보다 더 많은 노력을 해야 한다.

현대 여성의 삶과 과거 여성의 삶을 비교해보면 무엇이 중요한지 보인다.[8] 나의 할머니는 당신의 할머니에 대한 이야기를 어린 내게 자주 하셨다. 할머니의 할머니는 나처럼 키가 작고 왜소했으며 머리가 길고 산수에 능했다고 한다. 그런데 뛰어난 산수 실력으로 학급에서 상위권을 차지했던 나의 고조할머니는 남편을 고를 때만큼은 똑똑하지 못했다. 가족보다 술을 사랑했던 남편이었으니까 말이다. 고조할머니는 10명 이상의 아이를 낳았고 그중 6명이 아들이었다. 고조할머니는 남편이 있는 술집으로 아들 2명을 보내 밖에서 기다렸다가 아버지가 나오면 무조건 돈을 받아 오라고 시켰다. 남편이 또 다른 술집에서 돈을 몽땅 탕진하기 전에 말이다. 고조할머니는 몇 년간 남편의 폭력에 시달리다가 마침내 스스로 살길을 찾으셨다. 남편이 장애를 근거로 징병을 회피하자, 고조할머니는 몰래 군 장교를 찾아가 남편이 다니는 술집 위치를 알려주며 밖에서 기다리라고 귀띔해주었다. 만취한 고조할아버지는 당연히 제대로 걷지도 못했다. 고조할머니는 드디어 한 가지에서는, 즉 남편의 폭력에서는 벗어날 수 있었다.

굶주린 자녀를 보면 어머니로서 당연히 마음이 아플 수밖에 없다. 피임이 없었던 시대에 나의 고조할머니와 같은 여성들은 무력감을 느꼈을 것이다. 생리가 없으면 먹여야 할 입이 하나 더 늘어났다고 생각했다. 다시 말해, 임신은 더욱 허리띠를 졸라매고 자녀들 끼니의 양도 줄여야 한다는 걸 의미했다.

아마 이런 비슷한 이야기를 한 번쯤은 들어봤을 것이다. 복지국가가 얼마나 커다란 변화를 가져왔는지도 익히 알고 있으리라 생각한다. 어머니라면 받는 양육 수당과 무료 진료 서비스, 출산 지원금은 확실히 여성의 삶을 변화시켰다. 하지만 그 전에 빈곤할 수밖에 없는 이유가 또 있었다. 내 고조할머니의 경우만 봐도, 여성에게 임신과 출산의 자유가 있었더라면 복지국가가 여성의 삶을 바꿔놓았듯이 그 삶이 달라졌을 것이다. 먹이고 입혀서 키워야 할 자녀가 10명이 아니라 2~4명 정도였다면 생활수준이 훨씬 나았을 것이다. 임신과 출산의 자유는 여성의 권리일 뿐만 아니라 가족을 가난에서 구제할 방법으로 다음 세대가 살아갈 삶을 바꿔놓을 수 있다.

앞서 말했듯이, 서양의 경제적 부는 늦은 결혼과 그에 따른 낮은 출산율 덕분이었다. 왜 일부 국가만 경제 번영을 누리고 또 비교적 최근에야 그 같은 성과가 가능했던 건지, 그 이유를 여성의 신체적 자유를 제한해왔던 역사가 말해준다. 여성에게 신체 자율권이 없었던 탓에 인류는 얼마 전까지도 궁핍하고 결핍된 삶을 살았다. 흔히 빈곤 감소와 관련해 좌파는 복지국가를 언급하고 우파는 자본주의를 언급한다. 그러나 여성의 입장에서 빈곤 감소는 여성의 신체 자율권 실현과 관련 있다. 앞선 장들에서 살폈듯이, 빈곤국 여성들은 상대적으로 자유가 부족하다. 이는 그 여성들의 가계 경제에도 악영향을 주지만 임금과 불평등, 경제성장 등을 포함한 국가의 경제에도 심각한 악영향을 준다.

호모에코노미쿠스 가정을 가급적 계속해서 고수하고 싶다면, 경제학자들은 여성의 신체 자율권에 관심을 가져야 한다. 경제학자들은 모든 인간에게 자유의지가 있다고 단순히 가정할 게 아니라, 그 자유의지를 개개인 모두가 실현할 수 있도록 지금보다 더 많은 일을 할 수 있다. 심지어 부국에서조차 개인의 자유의지를 제한하려는 시도가 있다는 걸 인지하면서 말이다.

가정에서의 불평등

경제학자들은 세상을 아주 단순하고 간단하게 나누는 걸 좋아한다. 그래서 이 세상을 오로지 시장과 국가만으로 나누었다. 이런 식의 이분법은 자본주의 대 공산주의 대결 구도를 뒷받침했으며 시장이 잘 작동하기 위해서는 정부를 축소해야 한다는 생각을 낳았다.

경제학자와 마찬가지로 정치 사상가도 공적 영역 외에는 관심을 두려고 하지 않는다. 사적 영역은 정치적이 아닌 개인적인 영역이라고 믿기 때문이다.[9] 앞서 말했듯이 경제학은 남녀가 시장과 가정으로 구분되던 시기에 탄생했다. 당시 경제학은 시장만 우선시했고 시장과 가정 사이의 긴밀한 상호작용을 제대로 고려하지 않았다. 하지만 페미니스트들이 외쳤듯이 개인적인 것이 정치적인 것이다. 경제 전반에서 일어나는 일을 제대로 알려면 기본적으로 개인적인 영역에서 벌어지는 일들에 관심을 가져야 한다.

게리 베커는 그의 저서 《가족 경제학》에서 미지의 영역인 사적 영역을 시장 원리를 적용해 다루었다.[10] 베커가 만든 모형에서 가정은 하나의 기업체이며 가족 구성원들은 효율성을 바탕으로 결혼과 자녀 수, 그리고 누가 밖에서 일하고 누가 집안일을 할지 계산적으로 따져본 뒤 결정한다. 해당 모형을 통해 베커는 남자는 밖에서 일하고 여자는 집안일을 해야 한다는 기존의 성역할 구분이 효율성에 근거한다고 주장했다.

하지만 베커의 결론에는, 즉 가정 내 이타주의를 언급하는 베커의 신新가정경제학에는 근본적인 결함이 존재한다. 경제학자들은 시장과 정치로 대표되는 공적 영역과 관련해서는 인간의 이기심에 주목하면서 사적 영역에 대해서는 그와 정반대의 것을 이야기한다. 다시 말해 가족 구성원들이 '가정'의 실리를 극대화하기 위해 서로 협력한다는 것이다.

현실은 가족 구성원들이 서로에게 이타적이라고 보기 어렵다. 이를 인지하지 못하면 빈곤과 불평등의 출발점이 어디인지 파악조차 하지 못한다. 제1부에서 말했듯이 세계 최극빈층의 여성들에게 결혼은 과거에도 지금도 선택 사항이 아닌 경우가 많다. 이 점만 보아도 가정의 바탕이 이타주의라고 보기 어렵다. 오히려 불평등이 자라나고 가난이 대물림되는 곳이 가정이다. 심지어 결혼이 선택 사항이라고 하더라도 경제권을 쥔 가족 구성원의 뜻에 따라 결혼 여부가 결정될지도 모른다. 이러한 가정 내 불평등을 들여다보지 않으면 여성들이 처한 어려움과 시장과 가정이 어떤 식으로 긴밀히 상호작용하는지 제대로 알 수가 없다. 이런 측면에서 낸시 폴브레 같은 페미니스트 경제학자들이 가정을 제멋대로 판단한 경제학자들을 비난한 건 당연했다.[11]

폴브레는 이타주의를 적용한 베커의 가정생활 모형을 대체할 만한 다른 모형을 개발했다.[12] 그는 '착취는 가정에서 온다Exploitation Comes Home'라는 제목의 글을 발표함으로써 마르크스주의를 적용한 가정생활 모형을 소개했다. 베커의 입장과 달리 마르크스주의 페미니즘은 가정을 갈등의 온상으로 본다. 화목한 가정은 드물며 그렇기 때문에 가족 구성원 개개인이 내린 결정들이 '효율적'이라고 보기는 어렵다는 입장이다. 마르크스주의 페미니즘에 따르면 집안의 가장과 나머지 가족 구성원 간 관계는 마치 자본가-노동자 관계 같다. 가장이 가족구성원 모두의 수입과 자원을 독점해 각자에게 필요한 만큼 배분해준 뒤 '잉여분'은 혼자 독식하기 때문이다. 억지스럽기는 해도 완전히 틀린 말은 아니다.

전형적인 잉글랜드 북부 노동자였던 나의 조부모님을 예로 들어보겠다. 할머니는 밖에서 온종일 일하고 귀가한 뒤에도 집안일이며 자녀 양육까지 모두 홀로 도맡으셨다. 그 대가로 할머니는 할아버지에게서 매주 가정 수당을 받으셨다. 당시에는 상당히 흔한 풍경이었다. 가정 수당으로 할머니는 부족한 수입을 충당했고, 그 외에도 필요하면 저녁에 청소부 등 다른 일을 추가로 하셨다. 할아버지는 소득에서 생활비를 제외한 나머지 금액은 모두 담배와 빙고 게임 등 철저히 자신을 위해 쓰셨다. 어느 날 할아버지는 연금 수급권을 논의하는 자리에 할머니를 대동하셨다. 할머니의 산수 능력이 필요하리라 판단하셨던 것이다. 그리고 그때 할머니는 할아버지의 소득에 비해 당신이 받은 가정 수당이 얼마나 보잘것없는지 알게 되셨다. 재미있는 건 일평생 사회주의자였던 할아버지께서 마치 자본가가 노동자를 대하듯이 부인과 자녀를 대했다는 것이다.

물론 모든 가정이 다 똑같은 건 아니다. 사실 그 형태는 전 세계적으로 엄청나게 다양하다고 할 수 있다.[13] 결혼에서도 마찬가지인데, 어디서는 결혼이 개인의 의사결정에 달린 반면 어디서는 집안의 결정에 달렸다. 게다가 가정마다 근친혼, 신혼부부의 분가, 결혼 후 재산 소유주 변경 여부 등에 대한 의견이 다르게 나타나며, 사생아를 대하는 태도와 자녀의 부모 봉양 책임 그리고 유산 상속 방식 등도 가정마다 그 의견이 서로 다르다. 하지만 그 형태가 얼마나 다양하든 그와 관계없이 가정생활 방식은 여성의 자율권에 커다란 영향을 미친다.

가정에서 여성의 자유를 끝없이 제한하는 한 성평등은 물론 성평등이 가져올 경제 번영도 없다. 시장에서 성불평등을 줄이려면 가정 내 성평등을 먼저 실현해야 한다. 다시 말해, 가정 내 성불평등을 해결하지 못하면 시장에서의 성평등도 없다. 여성의 시장 참여 기회가 없다시피 하면, 여성은 집안에 더욱 발이 묶이고 공적 영역에서 잠재능력을 발휘할 수도 없다. 정리하면 가정 내 성불평등이 시장에서의 성불평등을 초래하고, 또 역으로 시장에서의 성불평등이 가정 내 불평등을 심화시킨다. 그렇기 때문에 성평등 실현과 성평등이 가져올 경제 번영이 쉽지 않은 것이다. 하지만 경제정책 담당자들이 이 사실을 인지한다면 큰 변화를 만들어낼 수 있다. 한 연구 결과에 따르면 집안에서 여성이 경제권을 가졌더니 필수품과 건강 및 교육에 더 많은 지출을 하며 가정환경이 크게 달라졌다고 한다.[14] 슬프게도 영국은 반대 방향으로 가고 있다. 새로운 복지제도는 복지 수당이 주소득자(주로 남자다)의 계좌로 바로 입금되도록 한다. 그 바람에 상대 배우자는 점점 목소리를 잃고 있다.[15] 불평등과 빈곤 문제를 해결하고 싶다면 경제학자들은 먼저 가정에 주목해야 한다.

돌봄의 위기

앞서 살펴보았듯이 경제학의 근간은 인간의 자유의지에 있다. 경제학의 가정대로라면 인간은 모두 자유로운 개인이며 시장을 통해 서로 익명으로 교류한다. 또한 대부분이 피부양자가 되는 걸 원치 않으며 '의존'을 부정적으로 생각한다. 하지만 비록 살면서 대부분의 시간을 경제활동에 쓴다고 하더라도, 인간은 날 때부터 죽을 때까지 불가피하게 여러 의존기를 보낸다. 유아기와 아동기, 학생 시절, 임신했을 때, 아플 때, 그리고 나이가 들면 의존할 수밖에 없다. 의존은 죽음과 세금처럼 피할 수 없는 현실로 우리를 약하게 만든다. 약함은 역사상 여성들에게 보다 친숙한 단어다. 사학자 애브너 오퍼의 말을 빌리자면 "자유의지를 발휘할 수 없는 상황에서 인간은 그 누구도 자립할 수 없으며 경제활동뿐만 아니라 협상력도 갖지 못하고 인지능력도 충분히 발달하지 못한다."[16]

'전통' 사회에서는 가족 구성원들이 서로를 부양해야 했다. 이런 의미에서 가정이 복지국가의 근원일 수 있다.[17] 사회규범의 밑바탕에는 집에서 가족 구성원을 돌보기 위해 여성이 존재한다는 생각이 깔려 있었으며, 그에 따라 사회규범도 여성의 자유 실현을 어렵게 만들었다. 그런데 이러한 현실을 경제학이 가려버렸다. 경제학자들은 노동의 대가로 금전적인 보상을 받는 자를 모형으로 만들면서 무급노동을 외면했고 무급노동은 국가 경제를 생각할 때 고려할 가치도 없다고 판단했다.[18] 그리고 노동도 누군가의 재생산 활동과 돌봄으로 얻은 산물이라는 점을 고려하지 않고 단지 노동을 생산요소로만 대한다.[19]

사빈 오하라는 모든 경제활동이 '돌봄'에서 시작한다고 말한다. 시장은 진공으로 존재하지 않으며 존재할 수 없다.[20] 즉 시장은 외부와 긴밀히 연결되어, 다시 말해 가정과 지역사회 안에서 이뤄지는 돌봄에 의존하고(말하자면 돌봄을 통해 시장에 필요한 건강하고 유능한 인력 생산이 가능하다), 사회적 신뢰와 인간의 환경 보존 능력에 기댄다. 경제학자들은 시장이 비非시장 활동에 의존한다는 사실, 즉 시장이 인간에 의존한다는 사실은 간과했고 가정과 사회가 그리고 환경이 경제에 기여하는 정도를 과소평가해왔다. 그런데 문제는 돌봄이 상부상조의 정신과 이타주의, 책임감으로 이뤄진다는 것인데,[21] 경제학자들이 지금처럼 인간을 가정하는 한● 경제학에서 돌봄은 끝내 외면받을 수밖에 없다.

최근 수십 년 동안 여성의 노동시장 참여 비율이 증가하자 아동·노인 돌봄에 공백이 발생했고 경제정책 담당자들은 불가피하게 이 문제를 해결해야만 하는 상황에 놓였다. 과거에는 여성을 집안에 묶어두며 돌봄을 전적으로 여성의 책임으로 돌렸다면,[22] 지금은 돌봄 문제를 어떻게 해결하면 좋을지 그 방법을 고민해야 할 때다. 돌봄 문제를 방치하거나 개인이 보험이나 연금제도에 가입해 알아서 해결하도록 둔다면 인간 존엄성이 무시되며 여성에게 유급노동과 돌봄을 모두 전가하는 꼴이 된다. 로봇의 등장, 긱 이코노미 현상●●, 인구 고령화, 해외 이주 제한 등 경제와 정치 및 사회 면면에서 일어나는 변화를 고려하면, 돌봄 문제는 조속히 해결해야 할 사안이다. 또한 지금의 여러 경제 문제들을 해결하려면 스트레스 증가와 출산율 저하, 저임금 돌봄 노동의 부족 현상, 돌봄의 불공평한 분배가 초래한 성별 간 임금

●   합리적이고 이기적이며 계산적인 존재.
●● 정규직 고용보다 임시직·계약직 고용 비율이 커지는 현상.

격차, 그리고 돌봄 산업이 확대됨에 따라 발생한 저생산성 및 경제성장 둔화의 문제도 반드시 다루어야 한다.

    페미니스트들은 아동·노인 돌봄 등 돌봄을 국민의 세금으로 운영하는 국가 인프라를 통해 해결하라고 촉구한다. 자녀는 부모에게도 중요하지만 인구 절벽을 고려하면 사회적으로도 중요하다. 출산은 개인의 선택이지만 돌봄은 다음 세대를 위해서라도 모두의 책임이다. 더욱이 돌봄 문제를 해결하지 않으면 가정 내 성불평등이 심화되어 시장에서의 성불평등도 증가하고 결국 경제적 비용이 발생한다. 현실적으로 돌봄을 시장에만 맡겨두면 그 결과는 여성의 희생이거나 도움의 손길이 절실한 사람들을 방치하는 일이 될 것이다.[23] 끝으로 수전 힘멜웨이트가 주장했듯이, 돌봄을 상품이나 서비스처럼 대해서도 안 된다. 그에 따르면 돌봄에는 다음과 같은 3가지 특징이 있다. 돌봄은 관계를 발전시키며, 돌봄의 책임은 공정하게 분배되지 않으며, 사회규범은 돌봄 책임의 분배에 영향을 준다.[24] 따라서 돌봄을 시장에만 맡겨놓으면 문제가 발생할 수밖에 없다. 지금은 확실히 돌봄의 분배가 제대로 이뤄지지 않고 있다. 지금 우리는 '돌봄의 위기'에 처해 있다.[25]

    국가가 돌봄에 개입할 때 주의해야 할 사항이 더 있다. 로버트 오언* 이후로 사회주의 국가들의 목표는 국가가 돌봄을 전적으로 책임지는 것이었다. 하지만 이러한 접근법의 종착점은 가정의 파괴였다.[26] 이는 소련의 건축물에서도 드러나는데, 당시 소련의 공동주택은 주

●   19세기 영국의 사회주의자.

방과 세탁실을 공유하는 구조였다. 또한 엥겔스는 가족이 부르주아 사회의 잔재라고 말했다. 가족이 있으면 인간은 이기적으로 행동할 뿐, 공동의 선을 위해 이타적으로 행동하지 않다는 것이다. 그리고 가족이 있으면 사유재산을 추구하게 되고 오로지 자신만 생각하게 된다고 주장했다. 사회주의자들은 사람들이 인구가 늘어나는 일이 두려워 섹스를 온전히 즐기지 못한다고도 주장했다. 국가가 돌봄을 전적으로 책임지면 개인주의도 사라지고 섹스도 자유롭게 즐길 수 있다는 게 당시 사회주의자들의 생각이었다.[27]

개인과 사회

경제학자들에 따르면 인간은 저마다의 발달된 취향과 선호를 갖고 태어난다. 그리고 시장을 매개로 타인과 교류하며 그 같은 욕구와 욕망을 채우고자 최선을 다한다. 하지만 페미니스트들은 사회화를 언급하며, 인간은 각자가 속한 가정과 공동체에서 사회화 과정을 거친다는 것을 강조한다.[28] 즉 개개인의 취향과 욕구는 외인성이거나 독자적이지 않고 사회가 만들어낸 결과물이라는 것이다. 경제학자들은 취향과 욕구가 변하지 않는다고 가정함으로써 남녀 간 차이를 설명하려 들기보다는 수용한다. 그래서 남녀 간 임금 차별과 직업적 차별, 그리고 집에서 남녀의 역할이 다른 건 단지 '취향' 차이에서 비롯되었다고 생각한다.[29] 게다가 경제학자들은 협상력을 바탕으로 임금 등 경제 성과를 설명하면서, 노동의 실제 가치와 인지 가치가 서로 다르다는 점을 인정하지 않는데, 실제로 '여성적'으로 분류된 노동은 낮은 임금을 받는다.[30] 프랜시스 울리가 지적한 대로 사회가 부여한 역할을 받아들임으로써 취향을 내재화endogenize하지 않는 한 여성이 겪는 불이익을 고스란히 이해하지 못한다.[31]

과거 메리 울스턴크래프트와 시몬 드 보부아르부터 현대의 낸시 폴브레와 클레어 챔버스에 이르기까지 페미니스트들은 사회가 만든 성역할 고정관념, 즉 남자는 밖에서 일하고 여자는 집안을 돌봐야 한다는 식의 고정관념이 남녀의 생활 태도를 결정한다고 항상 지적했다.[32] 울스턴크래프트는 이렇게 적었다. "남성들은 잠시 동안 여성을 유혹하기 위해 노력하고, 남성들이 기분에 휩쓸려 바치는 애정에 취한 여성들은 남성들로부터 지속적이고 진심 어린 관심을 얻으려 하지 못하고 남성과 이 사회를 함께 즐기는 동료로서의 친구가 되려는 생각은 하지 못한다."[33] 시몬 드 보부아르가 남긴 유명한 말은 더 간단하다. "여성은 태어나는 것이 아니라 만들어지는 것이다."[34]

울스턴크래프트와 보부아르 모두 개인의 선호와 욕망은 사회적으로 형성된다고 말하고 있다. 중요한 건 우리가 사회의 권력 및 지위 구조를 내재화한다는 것이다. 살림꾼이 되고 싶든 고소득의 금융 전문가가 되고 싶든 그 욕망에는 사회가 원하는 것이 반영되어 있다. 문화적 규범과 가치는 분명히 개인의 의사결정에 영향을 미치고 제약을 가하지만 그냥 봐서는 알 수 없다. 그들 안의 일부로 자리 잡았기 때문이다.

이와 같은 사회화를 통해 우리가 알 수 있는 건, 개인의 자유의지를 주장하고 기회 평등을 보장하는 것만으로는 여성해방이 어렵다는 것이다. 여성들은 옷으로 전신을 가리든 노출을 하든, 가정주부가 되든, 성인잡지의 모델이 되든 스스로 무엇이든 선택한다고 생각할지도 모른다. 하지만 지금과 다른 세상에서는 처음부터 선택지가 달랐을 것이다. 사회적 제약을 객관화하지 않고 내재화하면 거기서 벗어나기가 어렵다. 선택의 자유만으로는 사회적 제약에서 벗어나지 못한다. 큰 그림, 즉 사회구조를 바꿔야 한다.

가부장제가 쉽게 사라지지 않는 것도 같은 이유에서인지도 모른다. 게다가 변화가 일어난다고 해도 인간을 여전히 '합리적이고 이기적이며 계산적인' 존재로 가정하는 한 그 변화가 제대로 자리 잡기란 어려울 것이다. 나일라 카비르는 사회를 바꾸려면 집단행동이 필수라고 말했다.[35] 앨리스 에번스는 '규범 인식', 즉 타인에 대한 감수성을 강조했다. '돌봄은 여성의 몫'이라는 인식(즉 남성의 일은 아니라는 인식)이 쉽사리 바뀌지 않는 건 아마 돌봄이 주로 보이지 않는 곳에서 행해지기 때문일 것이다. 변화는 눈에 보여야 가능하다.[36]

정책은 개인의 선택이 사회적 영향을 받을 수 있다는 걸 인정하더라도, 여성 개개인의 선호가 사람들에게 무시받도록 둬서는 안 된다. 극단적으로 얘기하면, 개인이 원치 않음에도 어떤 행동을 '도움이 된다는 이유로' 강요할 때, 사회화는 이 같은 행위를 정당화하는 수단이 될 수 있다. 서양의 히잡 착용 금지법과 서양 페미니스트 집단이 전개하는 성 노동 반대 운동이 그 예다. 인간은 '합리적이고 이기적이며 계산적인' 존재라는 경제학의 기존 가정이 이 경우에서는 도움이 된다. 누구나 자신에게 무엇이 최선인지 안다는 걸 전제로 하는 이 가정에는 허점도 분명히 존재하지만, 인간을 반대로 가정한다고 해도 마찬가지로 허점은 존재한다(여성의 자유를 침해하는 결과를 낳을 수 있는 허점이다). 따라서 둘 사이의 균형을 찾아야 한다.

소결론

이번 장에서 인간은 합리적이고 이기적이며 계산적인 존재라는 경제학의 기본 가정이 여성의 자유에 어떤 영향을 미쳐왔는지 장단점을 나눠서 살펴보았다. 페미니스트 경제학자들은 행동경제학자들과는 다른 이유로 경제학의 이 기본 가정을 비판했다. 바로 여성의 신체, 가정 및 사회를 고려하지 않았다는 것이다.

역사적으로 자유를 남성 중심에서만 논한 탓에, 임신과 출산의 자유 등 여성의 신체 자율권은 간과되어왔다. 그 결과 경제학은 가정을 고려하지 않는 우를 범했다. 행동경제학자 미셸 바델리는 "경제학에서 말하는 인간은 오로지 자기 자신만 있을 뿐 타인의 존재는 인정하지 않는다"고 말했다.[37] 그러면서 경제학은 사적 영역을 고려 대상에 포함하지 않았다. 비록 근래에 경제학자들이 인간 개개인과 사회 간 상호작용에 주목하며 '사회자본' 개념을 만들기도 했고, 행동경제학은 사회적 영향을 언급하며 심리학과 사회학에도 관심을 가졌지만, 그럼에도 경제학은 여전히 성차별을 고려하지 않는다.

경제의 큰 그림을 그릴 때 여성의 신체, 가정 그리고 사회를 고려하는 순간 수많은 갈등 속에서 의사결정을 내리는 인간이 보일 것이다. 우리 인간은 개인적인 욕망과 사회적 기대 사이에서, 자신의 이익과 타인의 이익 사이에서, 독립하고 싶지만 의존해야 하는 현실에서, 그리고 머리와 가슴, 즉 뇌와 신체 사이에서 갈등한다. 다시 말해, 경제를 제대로 이해하려면 개성과 사회성, 독립심과 의존성, 이성과 감성이 동시에 존재하는 인간의 양가적인 모습을 인정해야 한다는 것이다.[38] 신고전경제학과 행동경제학, 페미니즘 경제학이 서로 대립하기보다는 함께 협력하여 인간 모형을 구상해야 할 것이다. 인간에게는 한 가지 면모만 있지 않고 위에서 언급한 경제학의 각 분야가 말하는 모든 면을 다 갖고 있다. 인간을 이처럼 다면적으로 바라보아야 경제를 제대로 이해할 수 있고, 그 결과 공정하고 지속 가능한 번영을 이룩할 수 있다.[39]

결론

뉴욕에서 가장 오래된 초고층 빌딩이자 미국 자본주의의 살아 있는 상징인 울워스빌딩Woolworth Building의 로비 천장은 금빛 모자이크의 향연이다. 가운데에는 상업의 여신이 자리하고 있고, 양옆으로는 두 명의 남자가 무릎을 꿇고 여신에게 세계화를 불러온 혁신적인 운송 수단인 선박과 철도를 각각 바치고 있다. 신들의 세상인 천상계에서는 페미니즘과 경제학이 서로 자연스럽게 어우러지는 모양이지만 지상계에서는 그렇지 못하다. 지금까지 살펴본 대로 경제학자들은 경제 번영이나 경기 불황과 호황, 또는 불평등을 초래하는 원인부터 정부 대 시장 논쟁에 이르는 여러 큰 문제들을 다룰 때 성과 젠더를 고려하지 않았다. 그 결과 경제학자들은 여전히 그 큰 문제들에 대한 해답을 찾지 못했고 그렇기에 적절한 정책도 마련하지 못하고 있다.

경제 번영에 대해 이야기할 때 제1부에서 지적했듯이 서양의 경제 번영은 남성 발명가와 남성 기업가들 덕분이고 여성해방은 그의 부산물이라고들 보통 생각한다. 하지만 진실은 다르다. 단지 아무도 보려 하지 않았을 뿐 여성도 경제 번영에 똑같이 이바지했다. 전 세계적으로 여성의 권리와 자유가 공격받고 있는 지금, 역사적으로 여성의 자유가 경제 번영에 얼마나 큰 역할을 했는지 알아야만 한다. 다른 지역에 비해 왜 서양이 상대적으로 더 부유한지 그 이유를 알고 싶다면 여성의 자유에 주목해야 한다. 서양과 다른 지역 간 핵심적인 차이가 있었다면 그건 여성의 자유였기 때문이다.

서양이 번영을 이룩한 이야기에서 여성의 자유는 절대 빼놓을 수 없다. 기술혁신과 저축, 전문 기술, 기업가 정신, 심지어 민주주의까지도 경제 번영을 낳은 모든 요소는 여성의 자유와 관련이 있다. 성평등을 경제 번영의 결과가 아닌 원인으로서 이해해야, 여성의 자유는 마땅히 그 중요성을 인정받을 것이고 성불평등 해결도 가능할 것이다. 시장 참여의 불평등, 자원 이용의 불평등, 임신과 출산에 대한 선택 제약, 돌봄의 불공평한 분배도 모두 성불평등에 해당한다. 빈곤국의 정책 담당자들이 자국의 경제 발전을 저해하는 요소가 무엇인지 알기 위해서는 먼저 각 가정을 들여다보길 바란다.

제2부는 서양의 경제성장 둔화와 소득불평등에 대해 이야기했다. 그 원인을 파악하려면 마찬가지로 여성의 자유에 주목해야 한다. 세계가 양분된 건 그리 오래되지 않았다. 한쪽에서는 여성들이 적어도 합리적인 수준에서 평등을 보장받고 그 영향으로 경제적인 기반도 비교적 탄탄한 반면, 다른 한쪽에서는 여성들이 누리는 권리가 매우 제한적이고 돌봄도 여성이 전적으로 도맡음으로써 여성뿐만 아니라

경제도 희생을 치르고 있다. 세계화가 일어나면서 다른 균형 상태의 둘은 불가피하게 만날 수밖에 없었고, 후자는 전자의 고임금 균형 상태에 균열을 만들어냈다. 서양에서 노동자 계층이 무너지고 임금 불평등이 치솟은 건 예견된 결과였다. 누군가는 시간이 가면 세계 모든 지역에서 여성의 자유가 증진될 것이라고 내다봤다. 다시 말해, 전 세계 모든 지역이 높은 수준의 임금과 자유를 동시에 누리는 균형 상태에 이르면, 과거에 한때나마 존재했던 고임금-고생산성의 선순환 체제로 돌아갈 수 있다고 생각했다.

하지만 3장에서 말한 대로 완전한 성평등은 저절로 이뤄지지 않는다. 그동안의 역사에서 성평등은 전진과 후퇴를 거듭했다. 현재 임신과 출산의 자유를 지원할 자금이 부족하여 세계 최빈곤층의 수많은 여성들이 피임 용품도 구하지 못하고 있다.[1] 유엔가족계획기구는 7억 달러(한화 약 9천억 원)의 자금이 더 필요하다고 판단한다.[2] 서양의 여성들도 임신과 출산의 자유를 포함해 완전한 자유를 누리는 건 아니다. 신체를 완전히 가리든 드러내든 원하는 대로 옷을 입을 자유는 물론, 5장에서 살펴본 대로 두뇌로 돈을 버는 자유와 달리 신체를 이용해 돈을 버는 자유는 보장받지 못하고 있다. 여성의 자유는 시간이 가면 저절로 증진될 것이라는 막연한 생각, 또는 여성이라면 모든 여성에게 무엇이 최선인지 다 안다는 식의 생각은 결코 옳지 못하다. 정책은 여성 개개인이 다른 여성의(또는 남성의) 의견에 구애받지 않고 자유로운 선택을 할 수 있도록 보장해야 한다. 정책이 나아가야 할 방향은 임신과 출산에 대한 선택에 제약을 가하고, 신체를 완전히 가리거나 또는 그 반대의 옷차림을 금지하고, 성 구매자(또는 판매자)를 처벌하는 식으로 여성의 선택권을 제한하는 것이 아니라, 여성에게 다양한 선택권을 보장해주는 것이다.

성$_{sex}$과 성평등은 경제 번영 및 불평등 해소에서도 중요하지만 오늘날 인류가 직면한 아마 가장 큰 문제인 환경 고갈에서도 중요하다. 비록 지난 200년 동안 계속해서 늘어나는 인구를 지구가 수용해왔다고 하더라도, 현실적으로 환경 훼손 없이 지구가 그 많은 인구를 감당하는 데는 분명히 한계가 있다. 환경 파괴의 최대 피해자는 세계 최빈곤층의 여성으로, 이 점을 고려하면 환경적 영향도 확실히 남녀별로 다르게 나타난다.[3] 페미니스트 경제학자들이 주장하듯, 국가는 경제뿐만 아니라 환경과 관련해서도 가정에서 이뤄지는 여성의 무급노동에 '무임승차'한다. 환경문제의 해결책이라고 하면 흔히 풍력발전소와 기타 비슷한 기술들을 먼저 떠올리지만 인구 조절도 그에 못지않은 해결책이다. 여성의 신체 자율권을 완전히 보장함으로써 여성들이 임신과 출산을 선택할 수 있다면 그 반대의 경우에서와 달리, 행복한 우연의 일치로 어쩌면 세계 인구 수가 지구의 한계치를 넘어서지 않을지도 모른다. 이렇듯 임신과 출산의 자유는 지구환경 보존에 필수지만, 앞서 말한 대로 이를 지원하는 재정은 턱없이 부족하다.

지금까지 살펴본 대로 젠더와 경제는 선순환의 관계이기도 하지만 서로에게 부정적인 영향을 주는 악순환의 관계이기도 하다. 남녀 격차가 반드시 성불평등을 뜻하는 건 아니다. 하지만 남녀 격차는, 남성은 집안의 가장으로서 밖에서 일하고 여성은 집안일을 돌보아야 한다는 식의 성역할 고정관념을 만들어내 성불평등을 초래할 수 있다. 가정 내 성평등은 시장에서 성평등을 달성할 때 가능하고, 반대로 시장에서의 성평등은 가정 내에서 성평등이 실현될 때 가능하다. 이는 경제가 왜 성불평등의 덫에서 쉽사리 빠져나오지 못하는지, 그리고 일단 그 덫에서 빠져나오면 긍정적인 피드백의 작용으로 왜 경제가 급속도로 발전하는지도 설명해준다. 성평등 수준이 높아지면 경제 기반이 보다 탄탄해지고, 이 기반이 잘 작동하여 경제가 발전한다면 성평등은 경제 발전에 힘입어 더욱 개선되는 선순환 구조가 만들어진다. 산업혁명이 발생하기 전 수백 년 동안 유럽 북서부에서 반복됐던 이 과정을 다시 복기하기란 쉽지 않지만 여성에게 기회를 제공하는 시장이 있다면 가능하다.

시장은 여성에게 여성의 자유를 가로막는 사회규범에서 벗어날 수 있는 수단을 제공한다. 영국에서 여성의 시장 참여로 가정생활의 양식이 완전히 달라진 걸 목격했다. 예를 들어, 조혼 풍습이 사라졌고 종국에는 산업혁명이 일어났다. 시장에 참여하려면 자원과 교육 및 직업훈련이 필요하고, 오늘날 빈곤국 여성들에게 이러한 시장 참여는 절대적으로 필요하다. 중국을 예로 들면, 면직물 산업 등이 발달했던 지역에서는 여성들이 상대적으로 시장에 참여할 기회가 많았고, 이 같은 지역은 다른 지역보다 성불평등 수준이 비교적 낮게 나타났다.[4]

시장이 완벽하다는 말이 아니다. 시장을 최대한 활용하려면 시장을 뒷받침하는 법과 규정 및 제도를 잘 살펴봐야 한다. 성차별적인 사회규범이 법과 규정 및 제도에 고스란히 반영된 경우가 많기 때문이다. 그 예가 재산법과 가족법, 근로기준법으로 이와 같은 법을 개정하고, 여성의 경험이 묵살되지 않도록 여성의 정치적 대표성을 확대해야 한다. 돌봄은 부국에서도 '여성의 일'이라는 인식이 강한데, 돌봄이 여성에게만 집중되는 문제는 조세제도나 복지제도를 통해 (영구적이지는 않더라도) 정책적으로 해결할 수 있다. 하지만 변화가 일어나기 시작할 때 '예상치 못한 결과'에 대해서도 대비해야 한다. 방심했다가는 여성의 '자율권을 보장하는' 정책이 오히려 여성들에게 독이 될 수 있다. 예를 들어, 상속법 개정으로 여성 친족 살해 비율이 증가했고,[5] 임신중지 등의 기술이 보급되자 여성들은 배 속의 아이가 여자로 판명되면 임신중지를 종용받기도 했으며,[6] 노동시장 참여 기회가 확대되자 여성의 총 노동량이 증가했고(유급노동이 끝나면 무급노동을, 무급노동이 끝나면 유급노동을 해야 하는 식이었다), 여성에게 가해지는 가정 폭력도 증가했다.[7] 대부분이 경제모형의 예측과는 정반대였다. 이와 같은 부작용을 피하려면 여성 폭력 방지법 등 성평등 정책을 뒷받침해줄 법이 필요하다. 남성들도 성평등 노력에 동참해야 하며 사회규범도 바뀌어야 한다. 이를 위해 경제정책보다는 대중문화를 통해 접근해야 할 것이다. 드라마나 광고 속 남녀의 역할은 현실의 남녀의 역할에도 영향을 미쳐, 개인은 자신의 정체성이 사회가 기대하는 바와 다르면 불안함을 느낀다.[8] 빈곤국에서 남녀 격차를 줄이려면, 여성의 시장 참여를 확대하고 법과 제도 및 규정이 성차별적인 편견을 반영하지 않도록 개정함과 동시에 사회규범을 변화시킬 '커다란 노력'이 반드시 이뤄져야 한다. '커다란 노력'은 혹시 모를 부작용을 막아 부분의 합을 넘어 전체를 그리는 효과를 불러올 수 있다. 여기저기 어설프게 손보는 반쪽짜리 노력만으로는 뚜렷한 변화를 기대할 수 없다.

제3부에서는 정부 대 시장 논쟁에 많은 기여를 했음에도 과소평가

된 페미니스트 사상의 장단점을 살펴보았다. 정치적 입장이 무엇이든 우리는 페미니즘을 통해 많은 걸 얻는다. 정부 대 시장 논쟁과 관련해 페미니즘은 제3의 영역을 지목함으로써 부국과 빈곤국 모두에게 도움을 제공했다. 제3의 영역은 가정을 가리킨다.[9] 정부와 시장이 갈등 관계가 아니라 상호 보완적인 관계일 수 있다고 생각하기 시작한 건 가정에 주목하면서부터였다. 제3부에서 '돌봄의 위기'도 언급했었다. 가정 내 무급노동으로 돌봄을 국한하는 한 공정하고 지속가능한 경제 번영을 달성하기 어렵다. 빈곤국에서는 구조 개혁이라 칭하고 부국에서는 긴축이라고 말하는 정부 지출 삭감도 여성이 처한 환경을 개선하려면 다시 생각해봐야 한다. 7장에서 논했듯이 유능한 국가는 여성이 비교적 자유로웠던 서양에서 탄생했다. 유능한 국가에서는 정부와 시장이 대립하기보다 협력하고, 이 점을 염두에 두면 전 세계적으로 부국이든 빈곤국이든 경제 발전의 기회는 여전히 남아 있다.

 요컨대 더 번영한 국가, 즉 더 공정하고 지속 가능한 경제 번영을 원한다면, 경제학자들은 여성의 자유가 가진 힘을 인정하고 여성이 자유를 실현할 수 있도록 지원해야 한다.

 나는 여러 궁금증을 해결하고 싶어서 경제학을 공부했다. 구체적으로 학창 시절에 직접 겪은 경기 쇠퇴와 궁핍 등을 포함해 번영과 빈곤이 어디에서 오는지 알고 싶었다. 1980년대 말부터 1990년 초까지 경기 호황과, 부모님의 조그마한 사업이 부도를 맞을 수밖에 없었던 불황을 모두 겪으면서 나는 불안정한 유년 시절을 보냈고 덕분에 인간의 고통이 피할 수 없는 현상임을 깨달았다. 그래서 정책 담당자들이 뭔가 더 할 수 있는 역할은 없는지도 궁금했다. 에이레벨 시험A-Levels• 공부를 하던 16~18세 시절 올덤 식스폼칼리지Oldham Sixth Form College를 오가는 버스 안에서 고전파 경제학자들이 쓴 책들을 탐독했다. 애덤 스미스의 《국부론》을 도서관에서 빌려 버스에서 처음 펼쳤을 때의 순간을 지금도 똑똑히 기억한다. 나는 단숨에 빠져들었고 결국 케임브리지대학교의 경제학과 학생이 되었다. 하지만 이내 나는 적잖이 실망하고 말았다. 수업은 기대와 달랐다. 그 책들에 가득했던 커다란 논쟁들은 다 어디로 갔을까? 경제 성과를 제대로 이해하기 위해 필요한 사회학, 정치학, 역사, 철학은 왜 언급하지 않는 걸까? 수업은 인간의 행동을 비인간적인 형태로 가정하여 만든 모형에 수학을 적용하는 데 대부분의 시간을 할애했고, 이러한 시간은 매년 늘어나기만 했다.

1990년대 말은 페미니즘의 활약이 눈에 잘 띄지 않던 시절이었다. 그렇지만 우리 여학생들은 우리가 남학생들과 다르지 않다고 생각하며 성장했다. 그건 아마 8할이 스파이스 걸스Spice Girls가 보여준 '걸 파워girl power' 덕분이었을 것이다. 여성이 남성과 똑같다고 생각했음에도 나는 해를 거듭할수록 경제 쇠퇴와 같은 커다란 문제를 해결하려면 어쩐지 성과 젠더, 즉 남녀의 생물학적 차이와 사회구조가 만들어낸 남녀의 차이에 주목해야 한다는 생각이 들었다. 성불평등에 직면하면 할수록 경제학에서 페미니즘이 느껴지지 않았다. 페미니스트 운동이란 없었던 것 같은 착각마저 생길 정도였다.

• 영국의 대학 입학 자격시험.

왜 경제학은 페미니즘을 수용하지 못했을까? 경제학이 페미니즘에 관심을 가지려면 경제학이 지금과 다르게 바뀌어야 할까? 나는 변화를 위한 4개의 겸손한 선언문을 제시한다. 단순하고 실현 가능성이 꽤 높은 것들이다.

1. 방법론이 아닌 내용에 집중하는 것이다. 다른 학문들처럼 방법론이 아닌, 즉 인간을 합리적이고 이기적인 경제적 행위자로 간주하고 이 가정을 상황에 끼워 맞추는 방법론이 아니라 내용에 집중한다면 경제학은 발전할 수 있다. 그렇게 한다면 경제를 이해할 때 사적 영역과 공적 영역을 굳이 나눌 필요가 없고, 비록 시장의 외부에서 일어나지만 그럼에도 경제를 이해하는 데 필수인 인간의 다양한 활동들을 간과하거나 비경제적인 요소로 치부할 일 없이, 모두 경제의 핵심 요소로 고려할 수 있다. 현재로서는 경제학 어디에서도 시장 밖에서 일어나는 인간의 다양한 활동들을 논하지 않는다.

2. 다른 학문과 활발히 교류하는 것이다. 역사와 사회, 철학, 계층과 성별, 인종에 대해 모르고서는 무엇이 빈곤과 번영을 가져오는지 등 경제가 작동하는 방식을 제대로 이해할 수 없다. 바꿔 말하면, 경제학이 더 개방적인 자세로 다른 학문과 교류해야 한다는 것이다. 학생들이 주축인 포스트크래시 경제학회 Post-Crash Economics •와 리

• 맨체스터대학교 경제학과 학생들이 새로운 대안 경제와 경제학의 개혁을 주장하며 만든 교내 경제학 동아리.

싱킹 경제학Rethinking Economics*이 주장했듯이 말이다. 경제학을 더 이상 '사회과학의 제왕'으로 간주해서는 안 된다. 경제학은 모든 학문을 간파하려는 과거 학문적 제국주의를 청산하고 다른 학문에 귀 기울여, 배워야 할 것이 있으면 배워야 한다. 계량서지학 데이터를 분석한 결과에 따르면, 정치학과 사회학의 인기 논문에 경제학이 언급된 횟수는 경제학의 인기 논문이 해당 학문을 언급한 횟수보다 5~8배 더 많다.[10] 학제 간 교류는 일방적이 아닌 양방향이어야 한다. 경제학이 다른 학문을 존중할 때 경제학과 다른 학문 간 양방향 교류가 가능하다.

빈곤과 번영이라는 난제를 해결하기 위해, 경제학은 무미건조하게 단지 경제모형에 수학만 적용할 게 아니라 역동적으로 인간 삶의 다양한 면면을 살펴봐야 한다. 국가와 시장, 사회는 근본적으로 서로 얽혀 있다. 이 관계의 복잡성을 이해하려면 각 사이에 견고한 칸막이를 설치해 하나하나를 개별적으로 살피기보다는 전체로서 두루두루 살펴야 한다. 그 칸막이를 철거하면 지금까지 내내 강조한 대로 시장이 독립적인 단일체가 아니라는 사실이 보일 것이다. 시장의 작동 규칙과 그 안의 행위자들은 모두 국가와 사회의 산물이다. 시장은 '만드는 것'이고 그 설계 방향이 이해관계자들의 이익을 대변하는 것일 수도 있다. 그렇기 때문에 시장을 설계하는 과정에서 경제학자들은 어려운 윤리·철학적 문제나 사회적 가설 및 금기를 등한시해서는 안 된다. 과학이 예술보다 우월하다든가, 두

* 경제학 개혁 운동 단체.

뇌가 신체보다 뛰어나다든가, 돌봄은 여성의 몫이라든가, 섹스와 여성의 신체는 죄악이라든가 이러한 사회적 통념을 나 몰라라 해서는 안 된다. 특히 섹스와 여성의 신체가 죄악이라는 사회적 통념은 여성의 자유를 제한하는 관행들에 크게 일조했다. 여성의 성적 명예를 보호한다는 명분으로 여성의 경제활동과 이동을 제한하는 행위, 여성 할례, 임신과 출산의 자유 제약, 성욕 억제가 목적인 여성의 옷차림 단속들이 그런 관행에 포함된다.

3. 나를 포함한 경제학자들 모두는 말하기보다 들어야 한다. 정책 담당자들과 기업가들의 생각도 들어야 하지만 이주 노동자, 복지 수당 수급자, 저임금 착취 노동에 시달리는 외국인 노동자 그리고 성 노동자를 포함해 흔히 '공식적인' 경제활동의 중심축에 속하지 못한 사람들의 생각을 들어야 한다. 경청함으로써 배울 수 있다. 배움을 통해 빈곤과 번영이라는 난제에 한발 더 다가설 수 있고, 사회적 관심에서 소외된 사람들의 삶을 개선하기 위해 어떤 정책적 변화가 필요한지도 파악할 수 있다. 페미니스트적 인식론(여성의 목소리)은 여성의 자유를 제한하는 사회질서에 맞서는 데 도움이 된다.[11]

때로 아주 작은 변화가 큰 차이를 만들어낸다. 복지국가의 행정 메커니즘을 봐도 알 수 있다. 비록 경제학의 관심사는 아니지만 행정 메커니즘은 복지 수당 금액의 규모와 빈곤에 영향을 미칠 수 있다. 예를 들어, 복지 수당을 누구의 계좌로 지급하는지에 따라, 즉 직접적인 수급자가 주소득자인지 돌봄 제공자인지에 따라 여성의 삶이 크게 달라질 수 있다.[12] 복지 수당 신청 후 수급까지 걸리는 시간은 실업자의 일자리 '안정성' 여부(점점 단기 계약직이 늘어나는 추세다)와 아내가 남편의 학대에서 '안전하게' 벗어나는 데도 커다란 영향을 미친다. 조세제도와 관련해서도 세금을 세대당 부과하는지 개인에 부과하는지 기준에 따라서도 여성의 삶이 달라진다. 여성이 주소득원이 아닌 부소득원이고 세금이 세대당 부과될 때 여성은 소득이 적음에도 배우자의 상대적으로 높은 소득 때문에 지불해야 할 세금이 과세 최저한도를 초과하여 실질적으로 높은 한계 실효세율을 적용받는다. 세금을 세대당 부과하는 것이 세대 간 소득 격차를 줄일지는 몰라도 가족 구성원 간 성불평등은 더욱 벌어진다.[13]

4. 마초적인 기질에서 벗어나야 한다. 그건 경제정책도 마찬가지다. 제4부에서 다루었듯이 경제학이라는 직물은 마초적인 편향으로 촘촘히 구성되어 있으면서도 스스로를 '성 중립적'이라고 판단하는 경향이 있다.[14] 경제학자들이 선택하는 척도부터 경제모형을 만들 때 세우는 가정 및 방법에 이르기까지 마초적인 편향이 느껴지지 않는 곳이 없다. 지금까지 봐왔듯이 경제학자들이 좋아하는 GDP 등 척도는 돌봄의 가치를 고려하지 않는다. 돌봄이 경제와 지속가능한 경제성장에 절대적임에도 말이다. 문제의 이음새만 만져서는 그 문제를 해결할 수 없다. 무급노동이 GDP의 약 20~50퍼센트를 차지하는 현실과 국민 건강 및 지속 가능성을 고려하면 지난 수십 년간의 경제 성과는 딱히 뛰어났다고 말할 수 없다.[15] 모든 변화에는 장단점이 있기 마련이어서 장점만큼 단점에도 주목하지 않

으면 오히려 국민 생활수준의 저하와 향후 경제 번영의 바탕이 될 경제 기반이 고갈되는 부작용을 겪을 수 있다. 경제학자들은 기존의 척도만 사용할 게 아니라 보다 많은 시간을 할애하여 경제를 측정하는 방식을 다시 고민해야 한다.

인간에 대한 경제학의 가정과 관련해서도 경제학은 개개인이 상호 교류한다는 사실을 인정하지 않고 등한시함으로써 오로지 자율적이고 독립적인 행위자만을 높이 산다. 바꿔 말하면 경제에 커다란 영향을 미치는 요소들은 간과했다는 말이다. 예를 들어, 인간이 인생의 단계별로 맞이하는 의존기가 그것이다. 인간의 의존성을 무시함에 따라 지금 우리는 노인·아동 돌봄 문제를 포함해 그 심각성이 나날이 더해가는 '돌봄의 위기'에 처했다. 그뿐만 아니라, 여러 가지 요인들이 반영된 건강 문제부터 서양의 여러 국가에서 나타나고 있는, 인구 대체율을 밑도는 출산율 문제, 돌봄 산업의 저임금 문제 등도 모두 오늘날 우리가 직면한 현실이다. 이러한 경제문제를 비롯해 환경문제는 우리가 인간의 의존성을 간과한 결과다.

제인 험프리스의 말을 빌리자면, "페미니스트 경제학은 인간에 대한 가정을 새롭게 할 것을 요구한다. 즉 인간을 사회적 교류가 필요 없는 자율적이고 고립된 행위자로 가정하지 말고 사회적이고 물질적인 존재로 다시 가정해야 한다는 것이다."[16] 사람들이 일상생활 속에서 서로 교류하며 맺는 여러 관계를 등한시한 결과, 경제학은 사람들이 현실에서 겪는 일상의 다양한 경제적 문제를 살피지 못했다.

파울라 잉글랜드에 따르면 경제학자들은 인간의 의존성은 생각지 못한 채 '독립적인 자아'를 인간의 이상향으로 삼았다.[17] 경제학은 돌봄을 경제활동으로 간주하지 않고, 이미 경제에 기여하고 있는 돌봄 제공자를 향후 GDP 성장에 도움이 될 잠재 인력에 다시 포함시킨다.[18] 흔히들 페미니즘이 이루려는 바가 남성과 같은 수준의 여성 독립이라고 생각하지만 사실 완전히 독립적인 인간이란 없다. 마치 남성적인 게 더 좋은 것인 양 '여성을 남성과 똑같이 만드는 것'이 성평등이 아니다. 성평등은 남성과 여성이 중간에서 만나는 것을 뜻한다. 이런 의미에서 낸시 프레이저의 주장대로 돌봄은 여성과 어머니만의 몫이 아니라, 남녀 불문하고 모두가 동참해야 하는 것이다.[19] 그렇지 않으면 미래 세대는 없다. 자연히 경제에 다음도 없다.

우리가 밖에서 늦게까지 일하는 사이 집에서 누군가가 우리를 대신해 옷을 다리고 설거지하고 자녀를 돌본다고 가정한다면 노동 세계는 존속할 수 없다. 프레이저는 무임승차자는 미혼모가 아니라 수십 년 동안 돌봄 책임을 여성 배우자들에게 전가하고 유급노동으로 명성과 권력을 누려온 남자들이야말로 무임승차자라고 주장한다. 기업도 마찬가지다. 노동 인력을 낳아 기르고 배우자를 수십 년 동안 내조해온 여성들의 노고가 있었기에 기업도 이윤을 낼 수 있었다. 정책 담당자들은 정책을 만들 때 일터와 가정 간 갈등 그리고 노동과 돌봄에 깃든 뿌리 깊은 성불평등을 인지해야 한다. 이와 더불어, 긴축정책 등의 정책을 마련할 때도 그 효과가 남녀별로 다르게 나타날 수 있다는 점을 염두에 두어야 한다. 다이앤 엘슨의 말대로 정부가 지출을 삭감하더라도 가사·돌봄이 언제나 절로 채워지는 '마르지 않는 샘'과 같으리라고 생각해서는 안 된다. 다른 부문의 참여가 없는 한 돌봄 인력이 고갈되어 돌봄을 바탕으로 영위하는 모든 활동이 불가능해질 것이다.[20]

경제학은 현재의 길을 걸음으로써 적어도 한 가지 면에서는 성공했다. 바로 마땅히 기대한 수준보다 인간의 삶과 충분히 가까워지지 못했다는 것이다. 위 네 가지 변화를 실천한다면 경제학은 전과 달리 훨씬 유연하고 인간적이며 유용한 학문으로 거듭날 수 있을 것이다. 또한 정책에도 영향을 줌으로써 전 세계 여성들의 삶을 개선할 뿐만 아니라, 공정하고 지속 가능한 경제 번영을 달성하는 데도 이바지할 것이다.

경제성장 이론을 발표해 노벨 경제학상을 수상한 로버트 솔로는 이렇게 말했다. "밀턴 프리드먼은 무엇을 보든 온통 통화공급량 생각뿐이지만 나는 무엇을 보든 온통 성sex을 생각한다. 하지만 논문에서는 성을 언급하지 않는다."[21] 이게 바로 경제학이 실패한 이유다. 경제학에게 필요한 건 어떤 특별한 인자인 X 인자X-factor가 아니다. 성sex, 즉 S 인자Sex factor가 필요하다.

나는 1990년대 탈산업화가 한창인 맨체스터주의 어느 가난한 도시에서 성장했고 16살 때 처음 경제학과 사랑에 빠졌다. 대학에서 경제학을 전공하며 한때 사랑이 식은 적도 있었으나 그럼에도 여전히 경제학을 사랑한다. 경제학은 내 삶이고 앞으로도 마찬가지일 것이다. 경제학도 페미니스트로서의 나를 사랑해주었으면 한다.

언젠가는 방 안의 코끼리를 끄집어내기 위해, 그러니까 경제학이 성차별적이라는 경종을 울리기 위해 더 이상 알몸으로 왕립경제학회에 나타나지 않아도 될 날이 올 것이다. 경제학자들은 자신들이 성차별적이라는 것을 부인하지만 경제학이 보인 성차별적인 태도는 경제성장을 제한했고 불평등을 증가시켰으며 지구를 아프게 만들었다. 우리는 모두 상처받았다.

나는 말로든 행동으로든 경제학이 성과 성별을 고려할 때까지 내가 아는 모든 방법을 동원해 멈추지 않고 계속해서 노력해나갈 것이다.

후주

서문

1 Becker (1981); Grossbard (2006).
2 Fourcade, Ollion and Algan (2015).
3 Humphries (1995), p. xxvi–xxvii; Ferber and Lowry (1976).
4 Harding (1986); Bordo (1986); Nelson (1992); McCloskey (2008).
5 Ferber and Teiman (1981); Nelson (1992): 122; Pujol (1998), p. 2.
6 Tankersley and Scheiber (2018)의 내용을 요약한 것이다.
7 Humphries (1995), p. xiv.
8 Ibid.; Nelson (1992).
9 Wang (2016); UNFPA (2017); Rodgers (2018).
10 Bearak et al. (2018).
11 UNFPA (2017).

제1부: 번영

들어가며

1 2017년 세계은행의 1인당 GDP 수치는 https://data.worldbank.org/indicator/NY.GDP.PCAP.PP.CD에서 확인할 수 있다.
2 Milanovic (2015).
3 Wiesner-Hanks (2015), 4장.

1장 서양이 앞서간 숨은 이유

1. Fara (2010).
2. Ehret (2014).
3. Akyeampong et al. (2014), pp. 5–7.
4. Akyeampong et al. (2014), p. 7; Inikori (2014).
5. Bateman (2016b).
6. 의존학파는 서구의 부상과 그 외 지역의 쇠퇴가 같은 과정의 일부라고 주장한다(Rodney 1972; Amin and Pearce 1976; Wallerstein 1976).
7. Bateman (2016b).
8. Stiglitz (2016).
9. Bateman (2016b); Van Bavel (2016); Spek, Leeuwen and Zanden (2013).
10. Polanyi (1944)와 Finley (1999)와는 반대되는 견해다.
11. Polanyi (1966); Van Bavel (2016); Inikori (2007); Akyeampong et al. (2014), pp. 8–10 및 그 장들.
12. Bateman (2016b).
13. McCloskey (2010).
14. De Moor and Van Zanden (2010); Ogilvie (2011), pp. 91, 183, 187, 414; Howell (2010), pp. 100–1; Fontaine (2014), pp. 134, 146.
15. North and Thomas (1973); North (1981, 1990); Jones (1988); De Long and Schleifer (1993); Landes (1999); Hall and Jones (1999); Parente and Prescott (2002); Acemoglu, Johnson and Robinson (2001, 2002, 2005); Acemoglu and Robinson (2012); Engerman and Sokoloff (2002); Greif (2006). 그 과정에서 경제학자들 사이에는 번영 창출에서 지리와 제도의 상대적 역할에 대한 중요한 논쟁이 있었다. 지리에 대해서는 Jones (1987), Diamond (1999), Gallup, Sachs and Mellinger (1999), Olsson and Hibbs (2005)를, 지리와 제도가 어떻게 상호작용하는가에 대해서는 Acemoglu, Johnson and Robinson (2001); Engerman and Sokoloff (2002); Easterly and Levine (2003); Rodrik, Subramanian and Trebbi (2004)를 참고하라.
16. North and Weingast (1989); De Long and Schleifer (1993).
17. Van Zanden, Buringh and Bosker (2011).
18. Ghanem and Baten (2016), p. 221; Austin (2016); Broadberry (2016), p. 38.
19. Austin (2016).
20. Akyeampong et al. (2014), p. 10; Bates (2014); Reid (2014).
21. Glaeser et al. (2004).
22. Ogilvie and Carus (2014).
23. 경제적 결과를 설명하기 위해 문화를 사용한 예는 Weber(2016)에서 Wiener(1981), 그리고 "우리가 경제 발전의 역사에서 배운 것은 문화가 모든 걸 바꿀 수 있다는 것"이라고 서술한 Landes(1999)에 이르기까지 다양하다.
24. Nunn (2012); Spolaore and Wacziarg (2009, 2013); Michalopoulos and Papaioannou (2011). Guiso, Sapienza and Zingales (2006); Bisin and Verdier (2000, 2001); McCloskey (2010, 2011, 2017); Alesina and Giuliano (2015); Tabellini (2008, 2010); Mokyr (2017); Rubin (2018).
25. Michalopoulos and Papaioannou (2010).
26. Tabellini (2008, 2010).
27. Kroeber and Kluckhohn (1952).
28. Richerson and Boyd, 2006, p. 5.
29. McCloskey (2010).

30 Michalopoulos and Xue (2017).
31 Rubin(2018)은 종교와 정치적 제도 간의 상호작용을 고려한다.
32 Greif (1994, 2006); Alesina and Giuliano (2010); Platteau (2014); Rubin (2018).
33 Alesina and Giuliano (2010).
34 Bryson (2016).
35 Mokyr (2009, 2017).
36 산업혁명의 개념은 이런 점과 관련이 있다. Vries (2008)을 참고하라.
37 Mokyr (2017).
38 Bates (2014), p. 439에 따르면, 아프리카의 문제는 제한된 문해력과 아이디어를 '비밀'로 유지하려는 욕구 때문에 검증과 지식이 확산하지 못한 탓이다.
39 McCloskey (2010, 2011, 2017).
40 Austin (2016), p. 321; Mandala (1984).
41 Platteau (2014).
42 Platteau (2014); Wiesner-Hanks (2015), pp. 253–4.
43 Ibid., p. 268.
44 Ibid., pp. 66–9.
45 Ibid., p. 69.
46 McClintock (1995), pp. 22–7.
47 Williams (1994); Eltis and Engerman (2000); Fatah-Black and van Rossum (2014); Akyeampong et al. (2014); Beckert (2015).
48 Allen (2001, 2009, 2014). 고대 경제에 대해서는 Scheidel (2010)을 참고하라.
49 Stephenson (2018); Allen (2018).
50 Geloso (2018); Gragnolati, Mosella and Pugliese (2011).
51 Humphries (2013); Humphries and Schneider (2018).
52 Acemoglu (2002)는 생산요소 간 치환 탄성이 낮은 경우 Allen의 직관이 정확하다는 것을 보여주는 모델을 포함하고 있다. 그렇지 않으면 Humphries(2013)이 면화 산업의 경우라고 주장하는 것처럼 기술은 생산의 희소한 요소보다는 풍부한 것에 더 초점을 맞출 수 있다.
53 Rodrik (1998); Hausmann, Rodriguez and Wagner (2006); Broadberry and Wallis (2017).
54 아시아에 대해서는 Jones (1988), 그리스에 대해서는 Ober (2015), 이탈리아에 대해서는 Fouquet and Broad-berry (2015), 네덜란드에 대해서는 de Vries and van der Woude (1997)을 참고하고, 일반론을 보려면 Mokyr (1990), Fara (2010)을 보라.
55 Allen (2001); Broadberry (2016), pp. 35–6.
56 Inikori (2014).
57 Acemoglu, Johnson and Robinson (2002).
58 Pomeranz (2012)와 Parthasarathi (1998)은 1800년경까지 중국과 인도가 유럽과 비슷한 수준이라고 주장한다. 다음 연구들은 좀 더 이른 시기에 격차가 벌어진 것으로 본다: Ma (2016), p. 189; Broadberry (2016), p. 35.
59 Bertola and Ocampo (2016), p. 123.
60 Ashraf and Galor (2011).
61 Clark (2007)은 자녀를 교육한 가정에서 생존율(진화적 이점)이 가장 높았고, 이는 교육을 받은 인구의 비율이 점진적으로 증가하는 결과를 초래했다고 주장한다.
62 관련한 기술적 설명은 Galor and Weil (2000); Galor (2011)을 참고하라.
63 Galor and Mountford (2008).
64 유아 사망률, 아동 노동 감소, 자본시장 확대, 기술 수요 증가 및 성별 임금격차 감소를 포함하여 출산율에 영향을 미치는 다양한 경제적 요인의 요약은 Galor (2005)를 참고하라.

65 예를 들어 Galor (2005)에서는 단 한 번도 언급되지 않았다. Cinnirella, Klemp and Weisdorf (2017)은 현대 기준에 꼭 맞지는 않지만 피임의 일부 증거를 발견했다.
66 Rodgers (2018).
67 UNFPA (2017).
68 Diamond (1999); Campbell (2016).
69 Stern (2006).
70 Raworth (2018).
71 Hawken (2017).
72 Rai, Hoskyns and Thomas (2011).
73 Agarwal (1992): 120.
74 Nelson and Power (2018).
75 사회적 공급은 Nelson (1993)과 Power (2004)를, 사회적 재생산은 Rai, Hoskyns and Thomas (2011)을 참고하라.
76 Coyle (2014).
77 Bjørnholt and McKay (2014); Berik (2018).
78 Agarwal (1992): 150.
79 Habtezion (2013), pp. 2–3.
80 Akyeampong et al. (2014), p. 7.
81 Akyeampong et al. (2014), pp. 14–20.
82 Acemoglu, Johnson and Robinson (2002); Engerman and Sokoloff (2002).
83 Steckel and Prince (2001).
84 이 연구의 본문은 참고문헌과 함께 Akyeampong et al. (2014), pp. 15-20에 요약되어 있다.
85 Ibid., p. 19; Bates (2014), p. 437.
86 Akyeampong et al. (2014), p. 20.
87 Mokyr (2006)에 따르면 "역사를 통틀어, 경제성장으로 인한 부는 잼이 집파리를 유인하는 방식으로 포식자와 기생충을 유인하는 경향이 있었다."
88 Acemoglu and Robinson (2000).
89 Parente and Prescott (1999).
90 Mokyr (2006); Mokyr and Nye (2007): 67–8.
91 Elbaum and Lazonick (1984); Mokyr and Nye (2007); Glaeser et al. (2004).

2장 경제성장의 비결

1 Foreword, p. xiii. 이 국제적 의제에 페미니스트적 비판이 없었던 것은 아니다. 예를 들어, 페미니스트의 얼굴을 지닌 신자유주의를 언급한 Prügl (2016)을 참고하라.
2 종종 현대화 이론으로 불린다. Inglehart and Norris (2003), pp. 7–10; Dilli, Rijpma and Carmichael (2015); Duflo (2012).
3 전자는 Kabeer and Natali (2013); Morrison, Dhushyanth and Sinha (2007); Duflo (2012)를, 후자는 Mies (1986)을 참고하라.
4 Klasen (1999, 2002); Klasen and Lamanna (2009); Barsh and Yee (2011); Woetzel et al. (2015). 반대 견해로는 Seguino (2000a,b, 2011)이 있다. Prügl (2016)에 관련 내용이 요약되어 있다.
5 Morrison, Dhushyanth and Sinha (2007), abstract and p. 37. Bandiera and Natraj (2013); Duflo (2012); Prügl (2016). Kabeer and Natali (2013)은 성평등과 경제성장의 연관성이 반대의 경우보다 상대적으로 더 강하다고 주장한다.

6   Sen (1999).
7   페미니스트 입장의 해석에 대해서는 Hirschmann (2007)을 참고하라.
8   Nussbaum(2013).
9   Prügl (2016): 45.
10 자세한 내용은 'Voice and Agency' 특집호인 2006년 Feminist Economics 22(1)을 참고하라.
11 Van Zanden, Rijpma and Kok (2017).
12 Carmichael, de Pleijt and van Zanden (2016).
13 Ibid.
14 유럽과 다른 가족 시스템의 비교는 Burguiere et al. (1996); Das Gupta (1999); Therborn (2004); Kok (2017)과 이 자료의 참고문헌을 참고하라.
15 Das Gupta (1999): 173.
16 Engels and Hunt (2010).
17 Lévi-Strauss (1956, 1970). 좀 더 깊은 논의에 대해서는 Rubin (1975)를 참고하라.
18 예를 들어, 아시아 내 남인도와 동남아시아는 이 지역의 다른 지역(북인도와 중국 등)보다 양변친족 제도가 더 많았고, 이는 상대적으로 여성에게 더 유리했다(Das Gupta et al. 2003: 9). Kok (2017)에 의하면 "스리랑카와 동남아시아 대부분 지역의 가족제도는 여성이 인도, 중국 또는 일본에서 누릴 수 있는 것보다 더 많은 '자유'를 제공한 것 같다." 콕이 지적한 바와 같이, 여기에는 중국 남부와 중국의 다른 지역 사이의 차이점도 있었고, 일본에서는 적어도 11세기까지는 여성들이 더 유리한 위치에 있었다.
19 Howell (2010), pp. 116–17; Wiesner-Hanks (2015).
20 Edlund and Lagerlöf (2006); Edlund (2006): 622.
21 Edlund and Lagerlöf (2006): 304–7.
22 Das Gupta (1999): 178.
23 Das Gupta et al. (2003).
24 Agarwal (1998).
25 Eswaran (2014), 5장.
26 Kok (2017).
27 Kok (2017); Therborn (2004).
28 Van den Heuvel (2007); De Moor and Van Zanden (2010); Ogilvie (2011), pp. 91, 183, 187, 414; Howell (2010), pp. 100–1; Fontaine (2014), pp. 134, 146.
29 Howell (2010), pp. 100–1, 110, 140; Fontaine (2014), pp. 142–3.
30 Fontaine (2014), p. 138.
31 Howell (2010), p. 100; Fontaine (2014), pp. 135, 147.
32 Kok (2017); Coquery-Vidrovitch (1997).
33 Kok (2017); Robertson (1988): 446.
34 Kok (2017); Sheldon (2017); Berger and White (2008); Mandala (1984): 142; Coquery-Vidrovitch (1997)에 따르면 "농사를 짓는 것은 주로 여성이었다."
35 Berger and White (2008), p. 6; Robertson (1988)에 따르면 "사하라사막 이남의 아프리카 여성들은 자신과 자녀를 위한 물질을 제공해야 하는 중요한 사회적 책임을 짊어지고 있다."
36 Austin (2016).
37 일부다처제의 경제적 원인에 대해서는 Boserup (1970)과 Becker (1981)을 참고하라.
38 Robertson (1988): 441.
39 Coquery-Vidrovitch (1997): p. 10.
40 Robertson (1988).
41 Platteau (2014).

42 Robertson (1988).
43 Anderson (2007); Eswaran (2014), p. 224. 양쪽의 원인에 대해서는 Eswaran (2014) 7장을 참고하라.
44 Botticini and Siow (2003).
45 Rao (1993, 2007).
46 Wrigley and Schofield (1981); de Moor and van Zanden (2010); Clark (2007), p. 76 표 4.2.
47 Kok (2017).
48 인도의 아동 결혼에 대해서는 Kok(2017)을 참고하라. 스리랑카, 동남아시아 등 아시아 일부 지역에서는 가족제도가 여성의 자유에 덜 불리했기 때문에 인도나 중국보다 결혼 연령이 높았다.
49 Wiesner-Hanks (2015), p. 148.
50 Ibid., pp. 103, 176, 199.
51 Ibid., pp. 105, 107. 좀 더 자세한 논의는 강력한 장기적 변동을 다룬 Humphries and Weisdorf(2015)를 참고하라.
52 Kok (2017).
53 Van den Heuvel (2007); de Moor and van Zanden (2010); Ogilvie (2011), pp. 91, 183, 187, 414; Howell (2010), pp. 100–1; Fontaine (2014), pp. 134, 146.
54 Wiesner-Hanks (2015), p. 77.
55 Wiesner-Hanks (2015).
56 Ibid.
57 McClintock (1995); Morgan (2004); Campbell, Miers and Miller (2008); Hartman (2016).
58 Kok (2017).
59 Alesina and Giuliano (2010).
60 De Moor and van Zanden (2010).
61 Ogilvie and Carus (2014). Fontaine (2014)는 역사적으로 남성 주도의 차별적 관행 때문에 여성이 비공식 시장에 더 많이 의존해왔다는 점에 주목한다.
62 Dyer (2009), p. 218.
63 Foreman-Peck (2011); Bateman (2016e).
64 Bateman (2016c).
65 Hajnal (1982).
66 약간의 논쟁은 있어왔다. Dennison and Ogilvie (2014), Carmichael (2015) 등을 참고하라.
67 White et al. (1988).
68 Tertilt (2005).
69 Humphries and Weisdorf (2015)는 흑사병 시기 여성의 임금이 얼마나 올랐는지에 대해 이의를 제기하지만 여성에 대한 수요가 컸을 가능성이 크다.
70 De Moor and van Zanden (2010): 22.
71 Black, Grönqvist and Öckert (2017); Humphries (2012), 표 2. 대가족의 높은 빈곤율을 보여주는 현대의 증거를 살피려면 '불평등한 성장? OECD 국가들의 소득분배와 빈곤,' OECD (2008), p. 138을 보라.
72 Humphries (2012), p. 22.
73 Klemp and Weisdorf (2018)도 참고하라.
74 De Moor and van Zanden (2010): 24.
75 Fontaine (2014), p. 150.
76 자세한 토론과 비평은 McCloskey (2010)를 참고하라.
77 Lambrecht (2013).

78 강한 경제력으로서의 성(sex)에 대해서는 Adshade (2013)을 참고하라.
79 Laslett (1988).
80 Greif (1994, 2006); Alesina and Giuliano (2010, 2011).
81 Todd (1988, 2011).
82 Alesina and Giuliano (2011)은 현대 사회에서 친족 관계가 강할수록 정치 참여가 적다는 것을 발견했다.
83 Eswaran (2014), pp. 322–5.
84 Van Bavel and Rijpma (2015); Alesina and Giuliano (2010)은 여성들이 재분배를 더 강하게 선호한다고 지적한다.
85 Esping-Andersen (2000); Offer (1997); Alesina and Giuliano (2010).
86 Smith (1986), pp. 205–6; Wrigley (1988), pp. 118–22; Solar (1997). 이러한 견해는 Hindle (2004)에 의해 완화되었다. Hindle (2004), pp. 398–405, 410.
87 Lambrecht (2013).
88 Alesina et al.(2015)는 더 강한 친족 관계가 노동의 이동성 저하와 관련이 있으며(이동에 따른 정서적 비용이 더 클수록), 지역 노동 시장을 규제하려는 욕구가 더 크다는 것을 발견했다.
89 Lambrecht (2013), p. 28.
90 Roberts (2016).
91 가장 눈에 띄는 것은 Boserup (1970)이다.

제 II 부: 불평등

3장 성차별의 시작

1 World Economic Forum (2017).
2 Goldin (1990), pp. 59–63. 영국에 대해서는 Humphries and Weisdorf (2015)를 참고하라.
3 World Bank (2011); Duflo (2012).
4 Konner (2015). Dyble et al. (2015)도 참고하라.
5 Engels (2010) with an introduction by T. Hunt.
6 Hartmann (1976)도 참고하라.
7 Alesina, Giuliano and Nunn (2013).
8 Smuts (1995).
9 Giuliano (2017).
10 Scott (2018).
11 Carmichael, de Pleijt and van Zanden (2016).
12 De Moor and van Zanden (2010). 흑사병과 관련한 변화의 증거와, 정확히 언제 가족 구조의 변화가 일어났는지에 대해서는 약간의 논쟁이 있다. Edwards and Ogilvie (2018)을 참고하라.
13 Voigtländer and Voth (2013).
14 Wiesner-Hanks (2015).
15 Ogilvie and Carus (2014), p. 467.
16 Horrell and Humphries (1995).
17 Burnette (2008).

18 Ibid. Also in the United States (Goldin 1990).
19 Wrigley and Schofield (1981).
20 Bowden (1925), pp. 229, 342; Richards (1974): 340, 각주 16; 341, 각주 18.
21 Pinchbek (1930), pp. 306, 375.
22 Richards (1974): 347; Checkland (1964), p. 216.
23 Folbre (1991); Kessler-Harris (2001). 정부 정책이 어떤 영향을 가져오는가에 대해서는 다음을 참고하라: Pateman (1988); Pedersen (1995, 2018); Kessler-Harris (2001); Esping-Andersen (2013); Cooke (2011).
24 Amott and Matthaei (1991), esp. pp. 321–4.
25 Ibid., p. 322.
26 Ibid., pp. 4–5.
27 Wheeler and Thompson (1825). Bryson (2016), p. 28에서 인용함.
28 Perlmann and Margo (2001).
29 Amott and Matthaei (1991); Bryson (2016), pp. 75–6.
30 Bryson (2016), pp. 82–91.
31 Goldin (2018).
32 Esping-Andersen (2009); Goldin (2018).
33 Xue (2016)은 오늘날 면화 생산이 발달한 중국 일부 지역에서 여성에게 훌륭한 노동시장 제공하는 성평등 사례들을 발견했다.
34 Amott and Matthaei (1991), pp. 319–20.
35 Goldin (1990).
36 Ibid., 6장; Amott and Matthaei (1991), pp. 315–16, 320.
37 Goldin (1990), pp. 4–5; Goldin and Katz (2008).
38 Fox (2018).
39 Wajcman (2010).
40 Acemoglu (2002).
41 Wajcman (2010).
42 Ibid.: 151.
43 Pujol (1984, 1998); Folbre (1991, 2009).

4장 소득불평등과 성性

1   Piketty (2014).
2   Milanovic (2016); Scheidel (2018).
3   Kuznets (1955).
4   Piketty (2014); IMF (2017).
5   Roser (2016).
6   Hammar and Waldenström (2017).
7   Roser (2016).
8   Roser and Ortiz-Ospina (2018).
9   Ibid.
10 UNU-WIDER, World Income Inequality Database; Coontz (2014).
11 Milanovic (2013), p. 11 (Fig. 4).
12 관련 문헌과 논쟁에 대한 요약은 Wood (2018)을 참고하라.

13 Acemoglu et al. (2016); Autor, Dorn, and Hanson (2013, 2016); Pierce and Schott (2016).
14 Ibid.
15 Acemoglu et al. (2016).
16 Milanovic (2013).
17 Wood (2018); Helpman (2017). 기술 사용의 증가는 더 큰 국제 경쟁에 대한 반응일 수도 있다(Wood 2018: 8).
18 Acemoglu (2002): 781–2.
19 Goldin and Katz (2008). Chetty and Hendren (2018a,b); Chetty et al. (2016); Chetty et al. (2014)도 참고하라.
20 Goldin and Katz (2008), p. 325.
21 Frey and Osborne (2017).
22 Bukodi et al. (2014).
23 Atkinson (2001). Rodrik (1997)은 세계화가 부자들에게 세금을 걷는 일을 더 어렵게 만든다고 주장했다.
24 Stiglitz (2015).
25 Lindert (2017), pp. 1, 4.
26 Piketty (2014).
27 Geier et al. (2014).
28 Geier et al. (2014)에서 인용함.
29 Haskins, Isaacs and Sawhill (2008). 특히 5장을 보라.
30 Woolley (1993): 487; Haddad and Kanbur (1990).
31 Freund and Oliver (2014). 미국의 역사적 경향은 Edlund and Kopczuk (2009)와 Boushey, de Long and Steinbaum (2017), pp. 381–3 (표 4, 5)를 참고하라.
32 Chant (2008).
33 Kramer et al. (2016).
34 https://www.one.org/us/take-action/poverty-is-sexist/
35 Harris (2017).
36 Strober (1984); Goldin (1990), 3장; Hegewisch and Hartmann (2014); Humphries (1995), p. xxxiii.
37 Kessler-Harris (2001, p. 6, 2015). 돌봄 일자리의 낮은 임금에 대해서는 Budig and Misra (2010)을 참고하고, 좀 더 일반적인 논의를 보려면 Sen (1987); Folbre (2004); Gammage, Kabeer and van der Meulen Rodgers (2016)을 참고하라.
38 Ferrant, Pesando and Nowacka (2014); Bryson (2016), pp. 264–7에는 '돌봄과 자본주의'에 대한 자료들이 잘 요약되어 있다.
39 ILO (2018).
40 Bearak et al. (2018).
41 더 많은 논의를 위해 시작하기 좋은 곳은 Gender and Development 저널의 2015년 불평등 특집호이다. 예를 들어 Kabeer (2015)를 참고하라.
42 부유한 남성이 부유한 파트너와 결혼하는 경향이 증가하는 것을 받아들인다 하더라도, 여성의 소득에 변화가 없었다면 불평등은 여전히 37.8% 더 빠르게 증가했을 것이다(Duke 2015). Coontz (2014).
43 Greenwood et al. (2014).
44 Sawhill (2014).
45 Ibid.
46 Ibid.; Rodgers (2018).

47 Kramer et al. (2016).
48 예를 들어 Chetty and Hendren (2018a,b), Chetty et al. (2016), Chetty et al. (2014)를 참고하라.
49 Lewis (2009); O'Connor, Orloff and Shaver (2009); Elson and Cagatay (2000); Daly (2005); Balakrishnan, Heintz and Elson (2016).
50 Wiesner-Hanks (2015); Folbre (1991); Kessler-Harris (2001), pp. 7–11.
51 이 절은 주로 Bateman (2016d)를 기반으로 한다.
52 Nangle (2015), pp. 5–6; Goodhart, Pradhan and Pardeshi (2015).
53 Allen (2009).
54 Goodhart, Pradhan and Pardeshi (2015).
55 UNICEF (2014).
56 Ibid.
57 Ibid.
58 Wang (2016); UNFPA (2017); Rodgers (2018).
59 Bearak et al. (2018).
60 세계은행 자료.
61 Goodhart and Erfurth (2014); Lu and Teulings (2016).
62 Siegel (2013).
63 일부 서구 국가에서 출산율이 대체 수준보다 훨씬 낮은 수준으로 떨어졌는데, 이는 여성에게 부과되는 무급 돌봄과 관련이 있다.
64 Lucas (2004).
65 예를 들어 Stiglitz (2015); Semuels (2016); IMF (2017)을 참고하라.
66 Humphries and Weisdorf (2015).
67 Goldin (2008).
68 Amott and Matthaei (1991), pp. 319–20, 346.
69 Pateman (1988); Amott and Matthaei (1991), p. 354; Pedersen (1995, 2018); Kessler-Harris (2001); Esping-Andersen (2013); Cooke (2011).
70 Geier et al. (2014).
71 Hill Collins and Bilge (2016), Amott and Matthaei (1991)을 참고하라.
72 Fraser (2013b).

5장 성sex을 파는 일

1 정책 변동에 대해 좀 더 자세히 살피면서 유사한 결론을 내리고 있는 자료를 보려면 Bettio, della Giusta and di Tommaso (2017)를 참고하라.
2 Bateman (2014).
3 Walter (2011); Banyard (2016).
4 Phipps (2014).
5 Bindel (2017a,b).
6 Sprinkle (2009), p. 10.
7 Taylor (1992); Strossen (2000); McElroy (2002). 포르노물에 대해서는 Cornell (2007)을 참고하라.
8 Lee (2014).
9 Birks (2018).
10 Bettio, Della Giusta and Di Tommaso (2017)은 자유의지의 연속성을 지적한다.

11 노르딕 모델은 성 구매의 범죄화를 권고한다; 인신매매자 관련 은행거래 종료법은 Hatch (2018a, 2018b)를 참고하라; 미국의 FOSTA/SESTA 입법은 성 노동자의 온라인 광고 능력에 심각한 영향을 끼쳤으며, 사라 챔피언 하원의원은 영국에서도 유사한 정책을 채택할 것을 제안했다. Hatch (2018b)를 참고하라.
12 Daggers and Neal (2006), p. 48에서 인용함.
13 MacKinnon (1987), p. 188.
14 Dworkin (1993): 9–10.
15 Nordic Model Now (2016).
16 Lewis (2009); O'Connor, Orloff and Shaver (2009); Fraser (2013b); Balakrishnan, Heintz and Elson (2016).
17 Lu and Teulings (2016).
18 Bettio, Della Giusta and Di Tommaso (2017).
19 Lister (2018).
20 Clarkson (1939): 296에서 인용함.
21 Ibid.: 300.
22 Edlund and Korn (2002).
23 Cogoni, Carnaghi, and Silani (2018).
24 Bettio, Della Giusta and Di Tommaso (2017).
25 Della Giusta, di Tommaso and Jewell (2017).
26 Gupta (2015).
27 Laverte (2017).
28 관련 연구의 요약은 Bettio, Della Giusta and Di Tommaso (2017)를 참고하라.
29 Lee (2015).
30 Corvid (2015).
31 McClintock (1995).
32 Bettio, Della Giusta and Di Tommaso (2017).
33 McClintock (1995).
34 Hakim (2011).
35 Dworkin (1993): 5–6.
36 Schrijvers (1991).
37 Gomes and Boesch (2009).
38 Bateman (2017).

제III부: 국가

들어가며

1 Cudd and Holmstrom (2011).
2 Mauro et al. (2015).
3 OECD 자료 (2008년 수치임).
4 Mazzucato (2011); Stiglitz (2016); Thaler and Sunstein (2008).
5 Allison (2018); Kleiner and Krueger (2013); Furman (2016).
6 Bateman (2016a).

7 관련 문헌은 방대하다. 우선 Mies (1986); Fraser (2013b); Federici (2004); McClintock (1995) 를 참고하라.
8 McElroy (1991); Taylor (1992); Abbey (2014); Nussbaum (2013). Ayn Rand에 대한 페미니스트의 해석은 Gladstein and Sciabarra (1999)를 참고하라.

6장 마르크스 대 시장

1 Stiglitz (2016).
2 Hartmann (1979).
3 Federici (2004).
4 Dowling (2015). Dowling and Harvie (2014)도 참고하라.
5 역사적 관점을 보려면 Amott and Matthaei (1991)과 McClintock (1995)를 참고하라.
6 Fraser (2009).
7 Seguino (2000a,b). Blecker and Seguino (2002); Ertürk and Cagatay(1995); Standing (1999)도 참고할 수 있다. 이어진 논쟁에 대해서는 Seguino (2011)을 참고하라.
8 Humphries (2012, 2013).
9 Royal Commission on Employment of Children in Factories (1833). 특히 section D2의 p. 37과 p. 54를 보라.
10 Kabeer (2003), p. xix. Kabeer and Natali (2013), p. 36도 참고하라.
11 Agarwal (1992).
12 Fontaine (2014); Polanyi (1944); Thompson (1991).
13 Rubinstein (1981).
14 Ibid.
15 Mokyr and Nye (2007): 67.
16 Mill (1859), 1장.
17 De Moor and van Zanden (2010).
18 Froide (2017).
19 Xue (2016).
20 Swedberg (2011).
21 Hickel and Khan (2012).
22 Hayek (1944); Friedman and Friedman (1982).
23 Postell and Watson (2011), p. 65에서 인용함.
24 Hignett et al. (2018).
25 Leeson and Russ (2017); Hester (2014); Sollée (2017).
26 Chang (2011); Marshall (2014).
27 Steinberg (2016).
28 Prügl (2016); Htun and Weldon (2017).
29 Offer (2012); Mosini (2012).
30 Medema (2009).
31 Pujol (1998).
32 Fraser (2013b); Faria (2018).
33 Gibson-Graham (2006a,b).
34 Prügl (2016).
35 Agarwal (1992).

36 세계은행 관련 의제는 Prügl (2016)을 참고하라.
37 Eswaran (2014), pp. 365–8.
38 Fraser (2013a), 8장, 특히 pp. 196–7.
39 Fraser (2013b), p. 132; Faria (2018).
40 Hayek (1979); Faria (2018).

7장 여성이 만든 더 나은 국가

1   Ortiz-Ospina and Roser (2018).
2   Ma and Rubin (2017).
3   Johnson and Koyama (2017).
4   Acemoglu et al. (2014).
5   Acemoglu, Moscona and Robinson (2016).
6   Elson (1998); Rai, Hoskyns, and Thomas (2011).
7   Duflo (2012).
8   Friedman and Schwartz (1963).
9   Lu, Luan and Sng (2016).
10 Fraser (2013b), 8장.
11 McCulloch (1848), p. 156.
12 Pennington (2011), p. 42.
13 Pateman (1988); Pedersen (1995).
14 Kessler-Harris (2001). 성별과 미국 복지 시스템에 대한 참고문헌 목록을 보려면 300쪽 (각주 36–38)을 참고하라. 기혼 여성 고용 제한과 성차별에 대해 자세히 살피려면 Goldin (1990)을 참고하라.
15 Cooke (2011). Esping-Andersen (2013)도 참고하고, 미국에 대해서는 Kessler-Harris (2001)을 참고하라.
16 Pedersen (2018). 미국에 대해 같은 관점에서 논하는 Kessler-Harris (2001, p. 5)도 참고하라.
17 Benería, Berik and Floro (2016), 2장; Elson (2012); Hozic and True (2016); Rubery (2015).
18 Htun and Weldon (2017), p. 159.
19 Ibid., p. 160.
20 Ibid., p. 164, 표 6.1.
21 Stiglitz (2016).
22 Dahlerup (2018).
23 Offer (2002).
24 Johnson and Koyama (2017).
25 Besley and Persson (2009).
26 Skarbek (2014).
27 Scott (2018).
28 Scheidel (2017).
29 Blaydes and Chaney (2013).
30 Klein and Ogilvie (2017).
31 Epstein (2000).
32 Besley and Persson (2009).
33 Tilly (1975); Dincecco, Fenske and Onorato (2014); Koyama, Moriguchi and Sng (2017).

34 On East Anglia, Oosthuizen (2017).
35 Karaman and Pamuk (2013); O'Brien (2010).
36 Rubin (2018), pp. 17, 202–4.
37 페미니스트 관점으로 Hirschmann (2007).
38 Rubin (2018), pp. 206–7.
39 Aghion et al. (2010).
40 Johnson and Koyama (2017); Tabellini (2008); Guiso, Sapienza and Zingales (2016); Xue and Koyama (2018).
41 Alesina and Giuliano (2015).
42 Johnson and Koyama (2017).
43 Carmichael, de Pleijt and van Zanden (2016).
44 Todd (1988, 2011); Mill (1859, 1869); Okin (1989); Carmichael (2016), p. 32.
45 Kok (2017).
46 Bryson (2016).
47 Greif (2006).
48 Greif (1994).
49 Van Bavel and Rijpma (2015).
50 Johnson and Koyama (2017).
51 Laslett (1988).
52 Bateman (2016b).
53 Roberts (2016).
54 관련 논쟁과 비평에 대해서는 Collins and Teele (2017)을 참고하라.
55 요약된 논의를 보려면 Eswaran (2014), pp. 322–5를 참고하라.
56 Lott and Kenny (1999).
57 Funk and Gathmann (2014).
58 Kabeer (1997); Duflo (2003).
59 Agarwal (1992).

제IV부: 사람

8장 개인의 역사

1 Sandelin, Trautwein and Wundrak (2008), pp. 1, 3.
2 분리된 자아 대 연결된 자아에 대한 역사적 관점과 페미니스트 관점의 비판에 대해서는 England (1989), 15–17을 참고하라.
3 Backhouse (2002), 6장.
4 Ibid., pp. 114–15.
5 Smith (1776).
6 Meek (1962), p. 70.
7 Dasgupta (1987), 6장.
8 Jevons (1888), 3장.
9 Pennington (2011).
10 Taylor (1992); McElroy (2001); Hirschmann (2007).

11　Kessler-Harris (2001), p. 7.
12　Picchio (1992); Ferber and Nelson (1993); Nelson (2018); Folbre (1991, 2009); Folbre and Hartmann (1988).

9장 인간 대 로봇

1　Humphries (1995), p. xvi.
2　Roth et al. (1991).
3　Ledyard (1995).
4　Fehr and Gächter (2000).
5　Simon (1957).
6　Thaler (1992), 1장.
7　Tversky and Kahneman (1974).
8　Kahneman (2011).
9　McClure et al. (2004).
10　Damasio (1994); Gigerenzer (2008). Cohen (2005)는 원시적 환경에서의 감정의 힘과 달라진 환경에서의 이성과 통제력이 어떻게 발전했는지에 주목한다.
11　Levine (2012).
12　Mokyr (2009).
13　Keynes (1936).
14　Amabile (1998).
15　Picchio (1992).
16　Braunstein, van Staveren and Tavani (2011).
17　Waring (1988); O'Hara (2013).
18　Folbre (2009), p. 316.
19　Baddeley (2018); Shiller (1984); Baddeley (2017), 8장.
20　Ariely (2008).
21　Thaler and Sunstein (2008).
22　Thaler and Sunstein (2008).
23　Mullainathan and Shafir (2013).
24　Akerlof and Kranton (2011). 인간의 사회적 본성이 우리 행동에 어떻게 영향을 미치는가에 대해서는 Baddeley (2017)의 서론과 3장을 참고하라.
25　Bateman (2015a).
26　Borshay Lee (1969).
27　Nelson (1992); McCloskey (2008).
28　Bryson (2016), p. 151; Nelson (1992).
29　Nelson (1995), p. 132; McCloskey (2008); Marçal (2015).
30　England (1989): 15–17. 좀 더 일반적인 논의를 보려면 Harding (1986), Bordo (1986)을 참고하라.
31　Ibid.
32　Folbre (1991); Pujol (1984).
33　Pujol (1984). J. S. Mill은 몇 안 되는 예외에 속한다. 더 미묘한 차이의 논의는 Pujol (1998)을 참고하라.
34　Pujol (1984); Edgeworth (1923): esp. 493.

35 Pujol (1984): 217.
36 비슷한 맥락에서 Nussbaum (2013) 2장에서는 우리가 페미니스트의 우려에 주목하기 위해서는 개인주의가 더 필요하다고 주장한다.
37 Humphries (1995), p. xviii.
38 Ferber and Nelson (1993).

10장 경제학이 페미니즘을 만날 때

1   Wollstonecraft (1792).
2   Bryson (2016), p. 14.
3   Samuels (1992), p. 97에서 인용함.
4   Folbre (2009), pp. 117–20.
5   Sawhill (2014).
6   Wellings et al. (2013).
7   Bearak et al. (2018).
8   이 짧은 절은 Bateman (2015b)에 기반한 것이다.
9   Bryson (2016), pp. 148–9.
10 Becker (1981); Grossbard (2006).
11 Folbre and Hartmann (1988); Bergmann (1995); Woolley (1996).
12 Folbre (1982). Agarwal (1997), Basu (2006)도 참고하라.
13 Zanden, Rijpma and Kok, (2017), 2장.
14 Kabeer (1997); Duflo (2003).
15 Howard (2018).
16 Offer (2017).
17 De Moor and van Zanden (2010).
18 Waring (1988); Folbre (1991).
19 Folbre (2009), pp. 124–5, 130.
20 Bryson (2016), 11장, pp. 254–5, 264–7.
21 O'Hara (2013); Himmelweit (2006).
22 Folbre (2001).
23 Ibid.
24 Himmelweit (2006).
25 Bateman (2017b); Fraser (2016).
26 Bryson (2016), pp. 24, 61, 199.
27 Bryson (2016), pp. 24, 61.
28 England (1989): 23; Folbre (2004). Sen (1977, 1987)도 참고하라.
29 Woolley (1993); Humphries (1995), p. xxxiii.
30 Sen (1987); Folbre (2004); Gammage, Kabeer and van der Meulen Rodgers (2016).
31 Woolley (1993): 496.
32 Folbre (2004); Chambers (2008).
33 Wollstonecraft (1792).
34 De Beauvoir (1973), p. 301.
35 Kabeer (2003).
36 Evans (2016).

37 Baddeley (2017), p. 19.
38 Nelson (1995), p. 136; Bryson (2016), p. 152.
39 England (1989)는 이성과 감정이 분리되어서는 안 된다는 이분법 자체가 잘못되었다고 주장한다.

결론

1 Wang (2016); Rodgers (2018); UNFPA (2017).
2 Ahmed (2018).
3 Agarwal (1992).
4 Xue (2016).
5 Eswaran (2014), pp. 365–8.
6 Jha et al. (2011).
7 Paul (2016); Eswaran (2014), pp. 234–6.
8 Jensen and Oster (2009).
9 Rai (2013).
10 Fourcade, Ollion and Algan (2015).
11 Harding (1986); Humphries (1995), p. xiii.
12 Howard (2018).
13 Bateman (2016e).
14 Nelson (1992).
15 OECD (2011), 1장.
16 Humphries (1995), p. xvi.
17 England (1989).
18 예를 들어 Woetzel et al. (2015)를 참고하라.
19 Fraser (2013b).
20 Elson (1998); Rai, Hoskyns and Thomas (2011).
21 Edlund (2006): 622.

참고문헌

Abbey, R. (2014). *The Return of Feminist Liberalism*. Abingdon: Routledge.
Acemoglu, D. (2002). Directed Technical Change. *Review of Economic Studies* 69(4): 781–809.
Acemoglu, D. and Robinson, J. (2000). Political Losers as a Barrier to Economic Development. *American Economic Review* 90(2): 126–30.
Acemoglu, D. and Robinson, J. (2012). *Why Nations Fail*. New York: Crown.
Acemoglu, D., Johnson, S. and Robinson, J. (2001). The Colonial Origins of Comparative Development: An Empirical Investigation. *American Economic Review* 91(5): 1369–1401.
Acemoglu, D., Johnson, S. and Robinson, J. (2002). Reversal of Fortune: Geography and Institutions in the Making of the Modern World Income Distribution. *The Quarterly Journal of Economics* 117(4): 1231–94.
Acemoglu, D., Johnson, S. and Robinson, J. (2005). Institutions as a Fundamental Cause of Long-Run Growth, in P. Aghion and S. Durlauf (eds), *Handbook of Economic Growth*. Amsterdam: Elsevier, pp. 385–472.
Acemoglu, D., Moscona, J. and Robinson, J. (2016). State Capacity and American Technology: Evidence from the Nineteenth Century. *American Economic Review* 106(5): 61–7.
Acemoglu, D., Autor, D., Dorn, D., Hanson, G. and Price, B. (2016). Import Competition and the Great US Employment Sag of the 2000s. *Journal of Labor Economics* 34(S1): S141–S198.
Acemoglu, D., Chaves, I., Osafo-Kwaako, P. and Robinson, J. (2014). *Indirect Rule and State Weakness in Africa: Sierra Leone in Comparative Perspec- tive*. NBER Working Paper.
Adshade, M. (2013). *Dollars and Sex*. San Francisco: Chronicle Books. Agarwal, B. (1992). The Gender and Environment Debate: Lessons from India. *Feminist Studies* 18(1): 119–58.

Agarwal, B. (1997). 'Bargaining' and Gender Relations: Within and Beyond the Household. *Feminist Economics* 3(1): 1–51.

Agarwal, B. (1998). *Field of One's Own*. Cambridge: Cambridge University Press.

Aghion, P., Algan, Y., Cahuc, P. and Shleifer, A. (2010). Regulation and Distrust. *Quarterly Journal of Economics* 125(3): 1015–49.

Ahmed, M. (2018). Access to Contraception is a Global Development Issue. *Centre for Global Development*. Available at: https://www.cgdev.org/blog/ access-contraception-global-development-issue

Akerlof, G. and Kranton, R. (2011). *Identity Economics*. Princeton, NJ: Princeton University Press.

Akyeampong, E., Bates, R., Nunn, N. and Robinson, J. (2014). *Africa's Devel-opment in Historical Perspective*. Cambridge: Cambridge University Press. Alesina, A. and Giuliano, P. (2010). The Power of the Family. *Journal of Economic Growth* 15(2): 93–125.

Alesina, A. and Giuliano, P. (2011). Family Ties and Political Participation. *Journal of the European Economic Association* 9(5): 817–39.

Alesina, A. and Giuliano, P. (2015). Culture and Institutions. *Journal of Economic Literature* 53(4): 898–944.

Alesina, A., Giuliano, P. and Nunn, N. (2013). On the Origins of Gender Roles: Women and the Plough. *The Quarterly Journal of Economics* 128(2):469–530.

Alesina, A., Algan, Y., Cahuc, P. and Giuliano, P. (2015). Family Values and the Regulation of Labor. *Journal of the European Economic Association* 13(4): 599–630.

Allen, R. (2001). The Great Divergence in European Wages and Prices from the Middle Ages to the First World War. *Explorations in Economic History* 38(4): 411–47.

Allen, R. (2009). *The British Industrial Revolution in Global Perspective*. Cambridge: Cambridge University Press.

Allen, R. (2014). The High Wage Economy and the Industrial Revolution: A Restatement. *The Economic History Review* 68(1): 1–22.

Allen, R. (2018). Real Wages Once More: A Response to Judy Stephenson. *The Economic History Review*. DOI: 10.1111/ehr.12663.

Allison, J. (2018). *Financial Crisis and the Free Market Cure*. New York: McGraw-Hill Education.

Amabile, T. (1998). How to Kill Creativity. *Harvard Business Review* 76(5): 76–87.

Amin, S. and Pearce, B. (1976). *Unequal Development*. Monthly Review Press. Amott, T. and Matthaei, J. (1991). *Race, Gender and Work: A Multi-cultural Economic History of Women in the United States*. Quebec: Black Rose Books.

Anderson, S. (2007). The Economics of Dowry and Brideprice. *Journal of Economic Perspectives* 21(4): 151–74.

Ariely, D. (2008). *Predictably Irrational*. London: Harper.

Ashraf, Q. and Galor, O. (2011). Dynamics and Stagnation in the Malthusian Epoch. *American Economic Review* 101(5): 2003–41.

Atkinson, A. (2001). A Critique of the Transatlantic Consensus on Rising Income Inequality. *The World Economy* 24(4): 433–52.

Austin, G. (2016). Sub-Saharan Africa, in J. Baten (ed.), *A History of the Global Economy: 1500 to the Present*. Cambridge: Cambridge University Press, pp. 316–50.

Autor, D., Dorn, D. and Hanson, G. (2013). The China Syndrome: Local Labor Market Effects of Import Competition in the United States. *American Economic Review* 103(6): 2121–68.

Autor, D., Dorn, D. and Hanson, G. (2016). The China Shock: Learning from Labor-Market Adjustment to Large Changes in Trade. *Annual Review ofEconomics* 8(1): 205–40.

Backhouse, R. (2002). *The Penguin History of Economics*. London: Penguin. Baddeley, M. (2017). *Behavioural Economics*. Oxford: Oxford University Press. Baddeley, M. (2018). *Copycats and Contrarians*. New Haven, CT: Yale University Press.

Balakrishnan, R., Heintz, J. and Elson, D. (2016). *Rethinking Economic Policy for Social Justice*. Abingdon: Routledge.

Bandiera, O. and Natraj, A. (2013). Does Gender Inequality Hinder Development and Economic Growth? Evidence and Policy Implications. *The World Bank Research Observer* 28(1): 2–21.

Banyard, K. (2016). *Pimp State*. London: Faber & Faber.

Barsh, J. and Yee, L. (2011). *Unlocking the Full Potential of Women in the US Economy*. New York: McKinsey Global Institute.

Basu, K. (2006). Gender and Say: A Model of Household Behaviour with Endogenously Determined Balance of Power. *The Economic Journal* 116(511): 558–80.

Bateman, V. (2014). Why I Posed Naked and Natural. *The Guardian*. 16 May. Bateman, V. (2015a). Social Mobility: What Really Holds People Back? *Times Higher Education*, 11 August.

Bateman, V. (2015b). Reducing Poverty the Female Way. *CapX*, 17 November. Bateman, V. (2016a). Classical Liberalism: The Foundation for a New Economics? *Critical Review* 28(3–4): 440–60.

Bateman, V. (2016b). *Markets and Growth in Early Modern Europe*. London: Routledge.

Bateman, V. (2016c). Tax Policy is Widening the Gender Gap. *BloombergView*, 14 April.

Bateman, V. (2016d). The World has a Sex Problem: It's Hurting Growth. *Bloomberg View*, 9 September.

Bateman, V. (2016e). *Women, Fertility and Economic Growth*. Economic History Society Annual Conference Paper.

Bateman, V. (2017a). Economics Must Embrace the Sex Industry. *Times Higher Education*, 30 March.

Bateman, V. (2017b). Capitalism is Suffering a Crisis of Care. *Unherd*, 21 November.

Bates, R. (2014). The Imperial Peace, in E. Akyeampong, R. Bates, N. Nunn and J. Robinson (ed.), *Africa's Development in Historical Perspective*. Cambridge: Cambridge University Press, pp. 424–44.

Bearak, J., Popinchalk, A., Alkema, L. and Sedgh, G. (2018). Global, Regional, and Subregional Trends in Unintended Pregnancy and its Outcomes from 1990 to 2014: Estimates from a Bayesian Hierarchical Model. *The LancetGlobal Health* 6(4): e380–e389.

Beauvoir, S. de (1973). *The Second Sex*. New York: Vintage.

Becker, G. (1981). *A Treatise on the Family*. Cambridge, MA: Harvard University Press.

Beckert, S. (2015). *Empire of Cotton: A New History of Global Capitalism*. London: Penguin.

Benería, L., Berik, G. and Floro, M. (2016). *Gender, Development and Globalization*. Abingdon: Routledge.

Berger, I. and White, E. (2008). *Women in Sub-Saharan Africa*. Bloomington, IN: Indiana University Press.

Bergmann, B. (1995). Becker's Theory of the Family: Preposterous Conclusions. *Feminist Economics* 1(1): 141–50.

Berik, G. (2018). *Toward More Inclusive Measures of Economic Well-being: Debates and*

Practices. Geneva: ILO.
Bertola, L. and Ocampo, J. (2016). Latin America, in J. Baten (ed.), *A History of the Global Economy*. Cambridge: Cambridge University Press.
Besley, T. and Persson, T. (2009). The Origins of State Capacity: Property Rights, Taxation, and Politics. *American Economic Review* 99(4): 1218–44. Bettio, F., Della Giusta, M. and Di Tommaso, M. (2017). Sex Work and Trafficking: Moving Beyond Dichotomies. *Feminist Economics* 23(3): 1–22. Bindel, J. (2017a). Why Prostitution Should Never Be Legalised. *The Guardian*, 11 October.
Bindel, J. (2017b). *The Pimping of Prostitution: Abolishing the Sex Work Myth*. London: Palgrave Macmillan.
Birks, K. (2018). Grid Girls and Puritans. *Quillette*, 9 February.
Bisin, A. and Verdier, T. (2000). 'Beyond the Melting Pot': Cultural Transmission, Marriage, and the Evolution of Ethnic and Religious Traits. *Quarterly Journal of Economics* 115(3): 955–88.
Bisin, A. and Verdier, T. (2001). The Economics of Cultural Transmission and the Dynamics of Preferences. *Journal of Economic Theory* 97(2): 298–319.
Bjørnholt, M. and McKay, A. (2014). *Counting on Marilyn Waring: New Advances in Feminist Economics*. Bradford, ON: Demeter Press.
Black, S., Grönqvist, E. and Öckert, B. (2017). Born to Lead? The Effect of Birth Order on Noncognitive Abilities. *Review of Economics and Statistics* 100(2): 274–86.
Blaydes, L. and Chaney, E. (2013). The Feudal Revolution and Europe's Rise: Political Divergence of the Christian West and the Muslim World before 1500 CE. *American Political Science Review* 107(1): 16–34.
Blecker, R. and Seguino, S. (2002). Macroeconomic Effects of Reducing Gender Wage Inequality in an Export-Oriented, Semi-Industrialized Economy. *Review of Development Economics* 6(1): 103–19.
Bordo, S. (1986). The Cartesian Masculinization of Thought. *Signs: Journal of Women in Culture and Society* 11(3): 439–56.
Borshay Lee, R. (1969). Eating Christmas in the Kalahari. *Natural History* (December): 60–4.
Boserup, E. (1970). *Woman's Role in Economic Development*. London: Allen & Unwin.
Botticini, M. and Siow, A. (2003). Why Dowries? *American Economic Review* 93: 1385–98.
Bourguignon, F. and Morrisson, C. (2002). Inequality among World Citizens: 1820–1992. *American Economic Review* 92(4): 727–44.
Boushey, H., de Long, J. and Steinbaum, M. (2017). *After Piketty*. Cambridge, MA: Harvard University Press.
Bowden, W. (1925). *Industrial Society in England*. New York: Macmillan. Braunstein, E., van Staveren, I. and Tavani, D. (2011). Embedding Care and Unpaid Work in Macroeconomic Modeling: A Structuralist Approach. *Feminist Economics* 17(4): 5–31.
Broadberry, S. (2016). The Great Divergence in the World Economy: Long-Run Trends of Real Income, in J. Baten (ed.), *A History of the Global Economy: 1500 to the Present*. Cambridge: Cambridge University Press, pp. 35–9.
Broadberry, S. and Wallis, J. (2017). *Growing, Shrinking, and Long-Run Economic Performance: Historical Perspectives on Economic Development*. NBER Working Paper 23343.
Bryson, V. (2016). *Feminist Political Theory*. London: Palgrave.

Budig, M. and Misra, J. (2010). How Care-work Employment Shapes Earnings in Cross-National Perspective. *International Labour Review* 149(4):441–60.

Bukodi, E., Goldthorpe, J., Waller, L. and Kuha, J. (2014). The Mobility Problem in Britain: New Findings from the Analysis of Birth Cohort Data. *The British Journal of Sociology* 66(1): 93–117.

Burguiere, A., Klapisch-Zuber, C., Segalen, M., Lévi-Strauss, C. and Tenison, S. (1996). *History of the Family*. Cambridge: Polity Press.

Burnette, J. (2008). Women Workers in the British Industrial Revolution, ed. Robert Whaples. *EH.Net Encyclopedia*.

Campbell, B. (2016). *The Great Transition*. Cambridge: Cambridge University Press.

Campbell, G., Miers, S. and Miller, J. (2008). *Women and Slavery*. Athens, OH: Ohio University Press.

Carmichael, S. (2016). *Marriage, Family and Gender Inequality*. PhD. Utrecht. Carmichael, S., de Pleijt, A. and van Zanden, J. (2016). *Gender Relations and Economic Development: Hypotheses about the Reversal of Fortune in EurAsia*. CGEH Working Paper. Utrecht University.

Carmichael, S., de Pleijt, A., van Zanden, J. and de Moor, T. (2015). *Reply to Tracy Dennison and Sheilagh Ogilvie: The European Marriage Pattern and the Little Divergence*. CGEH Working Paper. Utrecht University.

Chambers, C. (2008). *Sex, Culture, and Justice*. University Park, PA: Pennsylvania State University Press.

Chang, H. (2011). *23 Things They Don't Tell You about Capitalism*. London: Bloomsbury.

Chant, S. (2008). The 'Feminisation of Poverty' and the 'Feminisation' of Anti-Poverty Programmes: Room for Revision? *The Journal of Development Studies* 44(2): 165–97.

Checkland, S. (1964). *The Rise of Industrial Society in England, 1815–1885*. London: Longmans.

Chetty, R. and Hendren, N. (2018a). The Impacts of Neighborhoods on Intergenerational Mobility I: Childhood Exposure Effects. *The Quarterly Journal of Economics* 133(3): 1107–62.

Chetty, R. and Hendren, N. (2018b). The Impacts of Neighborhoods on Intergenerational Mobility II: County-Level Estimates. *The Quarterly Journal of Economics* 133(3): 1163–228.

Chetty, R., Hendren, N., Kline, P. and Saez, E. (2014). Where is the Land of Opportunity? The Geography of Intergenerational Mobility in the United States. *The Quarterly Journal of Economics* 129(4): 1553–623.

Chetty, R., Hendren, N., Lin, F., Majerovitz, J. and Scuderi, B. (2016). Childhood Environment and Gender Gaps in Adulthood. *American Economic Review* 106(5): 282–8.

Cinnirella, F., Klemp, M. and Weisdorf, J. (2017). Malthus in the Bedroom: Birth Spacing as Birth Control in Pre-Transition England. *Demography* 54(2): 413–36.

Clark, G. (2007). *A Farewell to Alms*. Princeton, NJ: Princeton University Press. Clarkson, F. (1939). History of Prostitution. *The Canadian Medical Association Journal* 41(3): 296–301.

Cogoni, C., Carnaghi, A. and Silani, G. (2018). Reduced Empathic Responses for Sexually Objectified Women: An fMRI Investigation. *Cortex* 99: 258–72. Cohen, J. (2005). The Vulcanization of the Human Brain: A Neural Perspective on Interactions between Cognition and Emotion. *Journal of Economic Perspectives* 19(4): 3–24.

Collins, M. and Teele, D. (2017). *Revisiting the Gender Voting Gap in the Era of Women's Suffrage*. Unpublished paper.

Cooke, L. (2011). *Gender–Class Equality in Political Economies*. New York:Routledge.
Coontz, S. (2014). The New Instability. *The New York Times, Sunday Review*, 26 July.
Coquery-Vidrovitch, C. (1997). *African Women: A Modern History*. NewYork: Perseus.
Cornell, D. (2007). *Feminism and Pornography*. Oxford: Oxford UniversityPress.
Corvid, M. (2015). Should it be Illegal to Pay for Sex? We have a Right toProfit from our Sexual Labour. *The Guardian*, 24 March.
Coyle, D. (2014). *GDP: A Brief and Affectionate History*. Princeton, NJ:Princeton University Press.
Cudd, A. and Holmstrom, N. (2011). *Capitalism, for and against*. Cambridge:Cambridge University Press.
Daggers, J. and Neal, D. (2006). *Sex, Gender, and Religion*. New York:Peter Lang.
Dahlerup, D. (2018). *Has Democracy Failed Women?* Cambridge: Polity Press.Daly, M. (2005). Changing Family Life in Europe: Significance for State and Society. *European Societies* 7(3): 379–98.
Damasio, A. (1994). Descartes' Error and the Future of Human Life. *ScientificAmerican* 271(4): 144.
Das Gupta, M. (1999). Lifeboat versus Corporate Ethic: Social and demographic Implications of Stem and Joint Families. *Social Science & Medicine* 49(2): 173–84.
Das Gupta, M., Zhenghua, J., Bohua, L., Zhenming, X., Chung, W. and Hwa-Ok, B. (2003). Why is Son Preference So Persistent in East and South Asia? A Cross-Country Study of China, India and the Republic of Korea. *Journal of Development Studies* 40(2): 153–87.
Dasgupta, A. (1987). *Epochs of Economic Theory*. Oxford: Basil Blackwell. De Long, J. and Shleifer, A. (1993). Princes and Merchants: European CityGrowth before the Industrial Revolution. *The Journal of Law and Economics* 36(2): 671–702.
De Moor, T. and van Zanden, J. (2010). Girl Power: The European MarriagePattern and Labour Markets in the North Sea Region in the Late Medievaland Early Modern Period. *The Economic History Review* 63(1): 1–33.
De Vries, J. (2008). *The Industrious Revolution*. Cambridge: Cambridge University Press.
De Vries, J. and van der Woude, A. (1997). *The First Modern Economy*. Cambridge: Cambridge University Press.
Della Giusta, M., di Tommaso, M. and Jewell, S. (2017). Stigma and Risky Behaviors among Male Clients of Sex Workers in the UK. *Feminist Economics* 23(3): 23–48.
Dennison, T. and Ogilvie, S. (2014). Does the European Marriage Pattern Explain Economic Growth? *The Journal of Economic History* 74(3): 651–93.
Diamond, J. (1999). *Guns, Germs, and Steel*. New York: W. W. Norton. Dilli, S., Rijpma, A. and Carmichael, S. (2015). Achieving Gender Equality: Development versus Historical Legacies. *Economic Studies* 61(1): 301–34.Dinceco, M., Fenske, J. and Onorato, M. (2014). Is Africa Different? HistoricalConflict and State Development. *SSRN Electronic Journal*, 15 December. Dowling, E. (2015). Retrieving the Heart of the Market? *Just World Institute,* University of Edinburgh, 28 July.
Dowling, E. and Harvie, D. (2014). Harnessing the Social: State, Crisis and(Big) Society. *Sociology* 48(5): 869–86.
Duflo, E. (2003). Grandmothers and Granddaughters: Old-Age Pensions and Intrahousehold Allocation in South Africa. *The World Bank EconomicReview* 17(1): 1–25.
Duflo, E. (2012). Women Empowerment and Economic Development. *Journalof Economic Liter-

ature 50(4): 1051–79.

Duke, B. (2015). How Married Women's Rising Earnings Have Reduced Inequality. *Center for American Progress*, 29 September.

Dworkin, A. (1993). Prostitution and Male Supremacy. *Michigan Journal of Gender and Law* 1(1): 1–12.

Dyble, M., Salali, G., Chaudhary, N., et al. (2015). Sex Equality Can Explain the Unique Social Structure of Hunter-Gatherer Bands. *Science* 348(6236): 796–8.

Dyer, C. (2009). *An Age of Transition?* Oxford: Clarendon Press. Easterly, W. and Levine, R. (2003). Tropics, Germs, and Crops: How Endowments Influence Economic Development. *Journal of Monetary Economics* 50(1): 3–39.

Edgeworth, F. (1923). Women's Wages in Relation to Economic Welfare. *The Economic Journal* 33(132): 487.

Edlund, L. (2006). Marriage: Past, Present, Future? *Economic Studies* 52(4): 621–39.

Edlund, L. and Kopczuk, W. (2009). Women, Wealth, and Mobility. *American Economic Review* 99(1): 146–78.

Edlund, L. and Korn, E. (2002). A Theory of Prostitution. *Journal of Political Economy* 110(1): 181–214.

Edlund, L. and Lagerlöf, N. (2006). Individual Versus Parental Consent in Marriage: Implications for Intra-Household Resource Allocation and Growth. *American Economic Review* 96(2): 304–7.

Edwards, J. and Ogilvie, S. (2018). *Did the Black Death Cause Economic Development by 'Inventing' Fertility Restriction?* 7 May, CESifo Working Paper Series No. 7016. Munich: Center for Economic Studies and Ifo Institute.

Ehret, C. (2014). Africa in World History Before ca. 1440, in E. Akyeampong, R. Bates, N. Nunn and J. Robinson (eds), *Africa's Development in Historical Perspective*. Cambridge: Cambridge University Press.

Elbaum, B. and Lazonick, W. (1984). The Decline of the British Economy: An Institutional Perspective. *The Journal of Economic History* 44(2): 567–83.

Elson, D. (1998). The Economic, the Political and the Domestic: Businesses, States and Households in the Organization of Production. *New Political Economy* 3(2): 189–208.

Elson, D. (2012). The Reduction of the UK Budget Deficit: A Human Rights Perspective. *International Review of Applied Economics* 26(2): 177–90. Elson, D. and Cagatay, N. (2000). The Social Content of Macroeconomic Policies. *World Development* 28(7): 1347–64.

Eltis, D. and Engerman, S. (2000). The Importance of Slavery and the Slave Trade to Industrializing Britain. *The Journal of Economic History* 60(1): 123–44.

Engels, F. and Hunt, T. (2010). *The Origin of the Family, Private Property, and the State*. London: Penguin Classics.

Engerman, S. and Sokoloff, K. (2002). Factor Endowments, Inequality, and Paths of Development among New World Economies. *Economía* 3(1): 41–109.

England, P. (1989). A Feminist Critique of Rational-Choice Theories: Implications for Sociology. *The American Sociologist* 20(1): 14–28.

Epstein, S. (2000). *Freedom and Growth*. New York: Routledge.

Ertürk, K. and Cagatay, N. (1995). Macroeconomic Consequences of Cyclical and Secular Changes in Feminization: An Experiment at Gendered Macromodeling. *World Develop-*

ment 23(11): 1969–77.
Esping-Andersen, G. (2000). *Social Foundations of Postindustrial Economies*. Oxford: Oxford University Press.
Esping-Andersen, G. (2009). *The Incomplete Revolution*. Cambridge: Polity Press.
Esping-Andersen, G. (2013). *The Three Worlds of Welfare Capitalism*. Cambridge: Polity Press.
Eswaran, M. (2014). *Why Gender Matters in Economics*. Princeton, NJ: Princeton University Press.
Evans, A. (2016). The Decline of the Male Breadwinner and Persistence of the Female Carer: Exposure, Interests, and Micro–Macro Interactions. *Annals of the American Association of Geographers* 106(5): 1135–51.
Fara, P. (2010). *A Four Thousand Year History*. Oxford: Oxford University Press.
Faria, F. (2018). The Double Movement in Polanyi and Hayek. *Ethics, Politics & Society* 1: 22.
Fatah-Black, K. and van Rossum, M. (2014). Beyond Profitability: The Dutch Transatlantic Slave Trade and its Economic Impact. *Slavery & Abolition* 36(1): 63–83.
Federici, S. (2004). *Caliban and the Witch*. New York: Autonomedia.
Fehr, E. and Gächter, S. (2000). Cooperation and Punishment in Public Goods Experiments. *American Economic Review* 90(4): 980–94.
Ferber, M. and Lowry, H. (1976). The Sex Differential in Earnings: A Reappraisal. *Industry and Labour Relations Review* 29(3): 377–87.
Ferber, M. and Nelson, J. (1993). *Beyond Economic Man*. Chicago, IL: University of Chicago Press.
Ferber, M. and Teiman, M. (1981). The Oldest, the Most Established, and the Most Quantitative of the Social Sciences – and the Most Dominated by Men: The Impact of Feminism on Economics, in D. Spender (ed.), *Men's Studies Modified: The Impact of Feminism on the Academic Disciplines*. New York: Pergamon Press, pp. 125–39.
Ferrant, G., Pesando, L. and Nowacka, K. (2014). *Unpaid Care Work: The Missing Link in the Analysis of Gender Gaps in Labour Outcomes*. Paris: OECD Development Centre.
Finley, M. (1999). *The Ancient Economy*. Berkeley, CA: University of California Press.
Folbre, N. (1982). Exploitation Comes Home: A Critique of the Marxian Theory of Family Labour. *Cambridge Journal of Economics* 6(4): 317–29. Folbre, N. (1991). The Unproductive Housewife: Her Evolution in Nineteenth-Century Economic Thought. *Signs: Journal of Women in Culture and Society* 16(3): 463–84.
Folbre, N. (2001). *The Invisible Heart*. New York: The New Press. Folbre, N. (2004). *Who Pays for the Kids?* Hoboken: Taylor and Francis.
Folbre, N. (2009). *Greed, Lust and Gender*. Oxford: Oxford University Press.
Folbre, N. and Hartmann, H. (1988). The Rhetoric of Self-Interest: Ideology and Gender in Economic Theory, in R. Solow, A. Klamer and D. McCloskey (eds), *The Consequences of Economic Rhetoric*. Cambridge: Cambridge University Press, pp. 184–207.
Fontaine, L. (2014). *The Moral Economy*. New York: Cambridge University Press.
Foreman-Peck, J. (2011). The Western European Marriage Pattern and Economic Development. *Explorations in Economic History* 48(2): 292–309. Fouquet, R. and Broadberry, S. (2015). Seven Centuries of European Economic Growth and Decline. *Journal of Economic Perspectives* 29(4): 227–44. Fourcade, M., Ollion, E. and Algan, Y. (2015). The Superiority of Economists. *Journal of Economic Per-*

spectives 29(1): 89–114.
Fox, J. (2018). Women are Taking Over the Fastest-Growing Jobs. *BloombergView*, 20 February.
Fraser, N. (2009). Feminism, Capitalism and the Cunning of History. *NewLeft Review* 56: 97–117.
Fraser, N. (2013a). A Triple Movement? *New Left Review* 81 (May/June).Fraser, N. (2013b). *Fortunes of Feminism*. Brooklyn, NY: Verso Books.
Fraser, N. (2016). Contradictions of Capital and Care. *New Left Review* 100.Freund, C. and Oliver, S. (2014). The Missing Women in the InequalityDiscussion. *Peterson Institute for International Economics*, 5 August.
Frey, C. and Osborne, M. (2017). The Future of Employment: How Susceptible are Jobs to Computerisation?. *Technological Forecasting and Social Change* 114: 254–80.
Friedman, M. and Friedman, R. (1982). *Capitalism and Freedom*. Chicago, IL: University of Chicago Press.
Friedman, M. and Schwartz, A. (1963). *A Monetary History of the United States, 1867–1960*. Princeton, NJ: Princeton University Press.
Froide, A. (2017). *Silent Partners*. Oxford: Oxford University Press.
Funk, P. and Gathmann, C. (2014). Gender Gaps in Policy Making: Evidence from Direct Democracy in Switzerland. *Economic Policy* 30(81): 141–81. Furman, J. (2016). Forms and Sources of Inequality in the United States. *Vox*, 17 March.
Gallup, J., Sachs, J. and Mellinger, A. (1999). Geography and EconomicDevelopment. *International Regional Science Review* 22(2): 179–232.
Galor, O. (2005). From Stagnation to Growth: Unified Growth Theory, in P. Aghion and S. Durlauf (eds), *Handbook of Economic Growth*. Amsterdam: Elsevier.
Galor, O. (2011). *Unified Growth Theory*. Princeton, NJ: Princeton University Press.
Galor, O. and Mountford, A. (2008). Trading Population for Productivity:Theory and Evidence. *Review of Economic Studies* 75(4): 1143–79.
Galor, O. and Weil, D. (2000). Population, Technology, and Growth: From
Malthusian Stagnation to the Demographic Transition and Beyond. *American Economic Review* 90(4): 806–28.
Gammage, S., Kabeer, N. and van der Meulen Rodgers, Y. (2016). Voice andAgency: Where are We Now? *Feminist Economics* 22(1): 1–29.
Geier, K., Bahn, K., Gamble, J., Eisenstein, Z. and Boushey, H. (2014). How Gender Changes Piketty's 'Capital in the Twenty-First Century'. *TheNation*, 6 August.
Geloso, V. (2018). Were Wages That Low? Real Wages in the Strasbourg Region before 1775. *The Journal of Interdisciplinary History* 48(4): 511–22.
Ghanem, R. and Baten, J. (2016). Middle East, North Africa and Central Asia, in J. Baten, (ed.), *A History of the Global Economy: 1500 to the Present*. Cambridge University Press, pp. 208–39.
Gibson-Graham, J. (2006a). *A Postcapitalist Politics*. Minneapolis: Universityof Minnesota Press.
Gibson-Graham, J. (2006b). *The End of Capitalism (as We Knew it)*. Minneapolis: University of Minnesota Press.
Gigerenzer, G. (2008). *Gut Feelings*. London: Penguin.
Giuliano, P. (2017). *Gender: An Historical Perspective*. NBER Working Paper.NBER.
Gladstein, M. and Sciabarra, C. (1999). *Feminist Interpretations of Ayn Rand*. University Park, PA:

Pennsylvania State University Press.
Glaeser, E., La Porta, R., Lopez-de-Silanes, F. and Shleifer, A. (2004). Do Institutions Cause Growth? *Journal of Economic Growth* 9(3): 271–303. Goldin, C. (1990). *Understanding the Gender Gap*. Oxford: Oxford University Press.
Goldin, C. (2018). The U-Shaped Female Labor Force Function in Economic Development and Economic History, in T. Schultz (ed.), *Investment in Women's Human Capital and Economic Development*. Chicago, IL: University of Chicago Press, pp. 61–90.
Goldin C. and Katz, L. F. (2008). *The Race between Education and Technology*. Cambridge, MA: Belknap Press of Harvard University Press.
Gomes, C. and Boesch, C. (2009). Wild Chimpanzees Exchange Meat for Sex on a Long-Term Basis. *PLoS ONE* 4(4): e5116.
Goodhart, C. and Erfurth, P. (2014). Demography and Economics: Look Past the Past. VoxEU, 4 November.
Goodhart, C., Pradhan, M. and Pardeshi, P. (2015). *Could Demograph- ics Reverse Three Multi-Decade Trends? Technical report, Global Issues*. London: Morgan Stanley.
Gragnolati, U., Moschella, D. and Pugliese, E. (2011). The Spinning Jenny and the Industrial Revolution: A Reappraisal. *The Journal of Economic History* 71(2): 455–60.
Greenwood, J., Guner, N., Kocharkov, G. and Santos, C. (2014). Marry Your Like: Assortative Mating and Income Inequality. *American Economic Review* 104(5): 348–53.
Greif, A. (1994). Cultural Beliefs and the Organization of Society: A Historical and Theoretical Reflection on Collectivist and Individualist Societies. *Journal of Political Economy* 102(5): 912–50.
Greif, A. (2006). *Institutions and the Path to the Modern Economy*. Cambridge: Cambridge University Press.
Grossbard, S. (2006). The New Home Economics at Columbia and Chicago, in S. Grossbard (ed.), *Jacob Mincer: A Pioneer of Modern Labor Economics*. New York: Springer, pp. 37–53.
Guiso, L., Sapienza, P. and Zingales, L. (2006). Does Culture Affect Economic Outcomes? *Journal of Economic Perspectives* 20(2): 23–48.
Guiso, L., Sapienza, P. and Zingales, L. (2016). Long-Term Persistence. *Journal of the European Economic Association* 14(6): 1401–36.
Gupta, R. (2015). Should it be Illegal to Pay for Sex? Reduced Demand Will Act as a Brake on Trafficking. *The Guardian*, 24 March.
Habtezion, S. (2013). *Overview of Linkages between Gender and Climate Change. Policy Brief (Asian and the Pacific)*. New York: United Nations Development Programme.
Haddad, L. and Kanbur, R. (1990). How Serious is the Neglect of IntraHousehold Inequality? *The Economic Journal* 100(402): 866–81.
Hajnal, J. (1982). Two Kinds of Preindustrial Household Formation System. *Population and Development Review* 8(3): 449–94. Hakim, C. (2011). *Erotic Capital*. New York: Basic Books.
Hall, R. and Jones, C. (1999). Why Do Some Countries Produce So Much More Output Per Worker than Others? *The Quarterly Journal of Econom-ics* 114(1): 83–116.
Hammar, O. and Waldenström, D. (2017). Global Earnings Inequality, 1970–2015. *CEPR Discussion Paper*.
Harding, S. (1986). *The Science Question in Feminism*. Ithaca: Cornell University Press.

Harris, B. (2017). What the Pay Gap between Men and Women Really LooksLike. *World Economic Forum Agenda*, 6 November.
Hartman, S. (2016). The Belly of the World: A Note on Black Women's Labors. *Souls* 18(1): 166–73.
Hartmann, H. (1976). Capitalism, Patriarchy, and Job Segregation by Sex. *Signs: Journal of Women in Culture and Society* 1(3, Part 2): 137–69.
Hartmann, H. (1979). The Unhappy Marriage of Marxism and Feminism: Towards a More Progressive Union. *Capital & Class* 3(2): 1–33.
Haskins, R., Isaacs, J. and Sawhill, I. (2008). *Getting Ahead or Losing Ground: Economic Mobility in America*. Brookings Economic Mobility Project. Brookings Institution.
Hatch, J. (2018a). British Sex Workers Protest Proposal that Would Shut Down Their Websites. *Huffington Post*.
Hatch, J. (2018b). First Congress Took Sex Workers' Websites. Now It's Coming for Their Bank Accounts. *Huffington Post*.
Hausmann, R., Rodriguez, F. and Wagner, R. (2006). *Growth Collapses. CID Working Paper*. Cambridge, MA: Harvard University.
Hawken, P. (2017). *Drawdown*. New York: Penguin Books. Hayek, F. (1944). *The Road to Serfdom*. London: Routledge.
Hayek, F. (1979). *Law, Legislation and Liberty, Volume 3*. Chicago, IL: University of Chicago Press.
Hegewisch, A. and Hartmann, H. (2014). *Occupational Segregation and the Gender Wage Gap: A Job Half Done*. Washington, DC: Institute forWomen's Policy Research.
Helpman, E. (2017). Globalisation and Wage Inequality. *Journal of the BritishAcademy* 5: 125–62.
Hester, M. (2014). *Lewd Women and Wicked Witches*. London and NewYork:Routledge.
Hickel, J. and Khan, A. (2012). The Culture of Capitalism and the Crisis of Critique. *Anthropological Quarterly* 85(1): 203–27.
Hignett, K., Ilic, M., Leinarte, D. and Snitar, C. (2018). *Women's Experiencesof Repression in the Soviet Union and Eastern Europe*. London: Routledge. Hill Collins, P. and Bilge, S. (2016). *Intersectionality*. Cambridge: Polity Press. Himmelweit, S. (2006). The Prospects for Caring: Economic Theory and Policy Analysis. *Cambridge Journal of Economics* 31(4): 581–99. Hindle, S. (2004). *On the Parish?* Oxford: Clarendon Press.
Hirschmann, N. (2007). *Gender, Class, and Freedom in Modern Political Theory*. Princeton, NJ: Princeton University Press.
Horrell, S. and Humphries, J. (1995). Women's Labour Force Participationand the Transition to the Male-Breadwinner Family, 1790–1865. *The Eco- nomic History Review* 48(1): 89–117.
Howard, M. (2018). *Universal Credit and Financial Abuse: Exploring the Links*. Women's Budget Group. Available at: https:// www.endviolenceagainstwomen.org.uk/wp-content/uploads/FINAL-full-report-financial-abuse-and-uc.pdf
Howell, M. (2010). *Commerce before Capitalism in Europe, 1300–1600*. New York: Cambridge University Press.
Hozic, A. and True, J. (2016). *Scandalous Economics*. Oxford: Oxford University Press.
Htun, M. and Weldon, S. (2017). States and Gender Justice, in K. Morgan and A. Orloff (eds), *The Many Hands of the State*. Cambridge: CambridgeUniversity Press.
Humphries, J. (ed.). (1995). *Gender and Economics*. Aldershot: Edward Elgar. Humphries, J.

(2012). Childhood and Child Labour in the British Industrial Revolution. *Economic History Review* 66(2): 395–418.

Humphries, J. (2013). The Lure of Aggregates and the Pitfalls of the Patriarchal Perspective: A Critique of the High Wage Economy Interpretation of the British Industrial Revolution. *The Economic History Review* 66(3): 693–714.

Humphries, J. and Schneider, B. (2018). Spinning the Industrial Revolution. *The Economic History Review* (May).

Humphries, J. and Weisdorf, J. (2015). The Wages of Women in England, 1260–1850. *The Journal of Economic History* 75(2): 405–47.

ILO (International Labour Office) (2018). *Care Work and Care Jobs for the Future of Decent Work*. Geneva: International Labour Office.

IMF (International Monetary Fund) (2017). *Tackling Inequality*. IMF Fiscal Monitor. Available at: http://www.imf.org/en/Publications/FM/Issues/2017/10/05/fiscal-monitor-october-2017 Inglehart, R. and Norris, P. (2003). *Rising Tide*. Cambridge: Cambridge University Press.

Inikori, J. (2007). Africa and the Globalization Process: Western Africa, 1450–1850. *Journal of Global History* 2(1): 63–86.

Inikori, J. (2014). Reversal of Fortune and Socioeconomic Development in the Atlantic World: A Comparative Examination of West Africa and the Americas, 1400–1850, in E. Akyeampong, R. Bates, N. Nunn and J. Robinson (eds), *Africa's Development in Historical Perspective*. Cambridge: Cambridge University Press, pp. 56–86.

Jensen, R. and Oster, E. (2009). The Power of TV: Cable Television and Women's Status in India. *Quarterly Journal of Economics* 123(3): 1057–94. Jevons, W. (1888). *The Theory of Political Economy*. London: Macmillan. Jha, P., Kesler, M., Kumar, R., et al. (2011). Trends in Selective Abortions of Girls in India: Analysis of Nationally Representative Birth Histories from 1990 to 2005 and Census Data from 1991 to 2011. *The Lancet* 377(9781): 1921–8.

Johnson, N. and Koyama, M. (2017). States and Economic Growth: Capacity and Constraints. *Explorations in Economic History* 64: 1–20.

Jones, E. (1987). *The European Miracle*. Cambridge: Cambridge University Press.

Jones, E. (1988). *Growth Recurring*. Oxford: Oxford University Press. Kabeer, N. (1997). Women, Wages and Intra-household Power Relations in Urban Bangladesh. *Development and Change* 28(2): 261–302.

Kabeer, N. (2003). *Gender Mainstreaming in Poverty Eradication and the Millennium Development Goals*. London: Commonwealth Secretariat.

Kabeer, N. (2015). Gender, Poverty, and Inequality: A Brief History of Feminist Contributions in the Field of International Development. *Gender & Development* 23(2): 189–205.

Kabeer, N. and Natali, L. (2013). *Gender Equality and Economic Growth: Is there a Win–Win? IDS Working Paper*. Brighton: Institute of Development Studies.

Kahneman, D. (2011). *Thinking, Fast and Slow*. London: Penguin Books. Karaman K. and Pamuk, Ş. (2013). Different Paths to the Modern State in Europe: The Interaction between Warfare, Economic Structure, and Political Regime. *American Political Science Review* 107(3): 603–26.

Kessler-Harris, A. (2001). *In Pursuit of Equity*. Oxford: Oxford University Press.

Kessler-Harris, A. (2015). *A Woman's Wage*. Lexington: The University Press of Kentucky.

Keynes, J. (1936). *The General Theory of Employment Interest and Money*. London: Macmillan.

Klasen, S. (1999). *Does Gender Inequality Reduce Growth and Development? Evidence from Cross-Country Regressions*. Policy Research Report on Gender and Development Working Paper Series. World Bank.

Klasen, S. (2002). Low Schooling for Girls, Slower Growth for All? Cross-Country Evidence on the Effect of Gender Inequality in Education on Economic Development. *The World Bank Economic Review* 16(3): 345–73.

Klasen, S. and Lamanna, F. (2009). The Impact of Gender Inequality in Education and Employment on Economic Growth: New Evidence for a Panel of Countries. *Feminist Economics* 15(3): 91–132.

Klein, A. and Ogilvie, S. (2017). *Was Domar Right? Serfdom and Factor Endowments in Bohemia*. CEPR Working Paper. London: CEPR.

Kleiner, M. and Krueger, A. (2013). Analyzing the Extent and Influence of Occupational Licensing on the Labor Market. *Journal of Labor Economics* 31(S1): S173–S202.

Klemp, M. and Weisdorf, J. (2018). Fecundity, Fertility and the Formation of Human Capital. *The Economic Journal*. Kok, J. (2017). Women's Agency in Historical Family Systems, in J. van Zanden, A. Rijpma and J. Kok (eds), *Agency, Gender and Economic Development in the World Economy 1850–2000*. Abingdon: Routledge.

Konner, M. (2015). *Women After All: Sex, Evolution and the End of Male Supremacy*. New York: W. W. Norton & Company.

Koyama, M., Moriguchi, C. and Sng, T. (2017). *Geopolitics and Asia's Little Divergence: State Building in China and Japan after 1850*. Technical Report. Tokyo: Hitotsubashi Institute for Advanced Study.

Kramer, K., Myhra, L., Zuiker, V. and Bauer, J. (2016). Comparison of Poverty and Income Disparity of Single Mothers and Fathers across Three Decades: 1990–2010. *Gender Issues* 33(1): 22–41.

Kroeber, A. and Kluckhohn, C. (1952). Culture: A Critical Review of Concepts and Definitions. Papers of the Peabody Museum, Harvard University, Vol, XLVII, No. 1. Cambridge, MA: Peabody Museum.

Kuznets, S. (1955). Economic Growth and Income Inequality. *American Economic Review*, 45(1): 1–28.

Lambrecht, T. (2013). *The Welfare Paradox: Poor Relief and Economic Development in England in a European Perspective, c. 1600–c.1800*. EHS Annual Conference Paper. Available at: http://www.ehs.org.uk/dotAsset/ b9f9c97f-f983-4693-91f6-2306983337ae.pdf

Landes, D. (1999). *Wealth and Poverty of Nations*. New York: Abacus. Laslett, P. (1988). The European Family and Early Industrialization, in J. Baechler, J. Hall and M. Mann (eds), *Europe and the Rise of Capitalism*. Oxford: Basil Blackwell.

Laverte, M. (2017). Sexual Violence and Prostitution: The Problem is Your Image of Us. *Die Tageszeitung*. Available at: https:// researchprojectgermany.wordpress.com/2017/12/29/sexual-violence-and-prostitution-the-problem-is-your-image-of-us/

Ledyard, O. (1995). Public Goods: Some Experimental Results, in J. Kagel and A. Roth (eds), *Handbook of Experimental Economics*. Princeton, NJ: Princeton University Press.

Lee, L. (2014). Sex Workers Want Rights – Not Rescue. *Ravishly*, 8 September. Lee, L. (2015). Should It be Illegal to Pay for Sex? This Legislation Would Force Us to Work Alone. *The Guardian*, 24 March.

Leeson, P. and Russ, J. (2017). Witch Trials. *The Economic Journal* 128(613): 2066–105.

Lévi-Strauss, C. (1956). The Family, in H. Shapiro (ed.), *Man, Culture, andSociety*. New York: Oxford University Press.

Lévi-Strauss, C. (1970). *The Elementary Structure of Kinship*. London: Eyre& Spottiswoode.

Levine, D. (2012). *Is Behavioural Economics Doomed? The Ordinary versus the Extraordinary*. Cambridge: Open Book Publishers.

Lewis, J. (2009). *Work–Family Balance, Gender and Policy*. Northampton: Edward Elgar Publishing.

Lindert, P. (2017). *The Rise and Future of Progressive Redistribution*. Commitment to Equity Institute Working Paper. Tulane University.

Lister, K. (2018). A Scheme to Support Sex Workers was Successful in Victorian Times – and It Can Work Today. *iNews*, 11 January.

Lott, Jr., J. and Kenny, L. (1999). Did Women's Suffrage Change the Size and Scope of Government? *Journal of Political Economy* 107(6): 1163–98. Lu, J. and Teulings, C. (2016). Secular Stagnation, Bubbles, Fiscal Policy, and the Introduction of the Contraceptive Pill. *Centre for Economic Policy Research Policy Insight* 86. Available at: https://voxeu.org/article/secular-stagnation-bubbles-fiscal-policy-and-introduction-contraceptive-pill

Lu, Y., Luan, M. and Sng, T. (2016). The Effect of State Capacity under Different Economic Systems. *SSRN Electronic Journal*, 7 April.

Lucas, R. E. (2004). The Industrial Revolution: Past and Future. Annual Report, Federal Reserve Bank of Minneapolis, pp. 5–20.

Ma, D. (2016). China, in J. Baten (ed.), *A History of the Global Economy*. Cambridge: Cambridge University Press, pp. 188–201.

Ma, D. and Rubin, J. (2017). The Paradox of Power: Understanding Fiscal Capacity in Imperial China and Absolutist Regimes. *SSRN Electronic Journal*, 7 November.

MacKinnon, C. (1987). *Feminism Unmodified*. Cambridge, MA: Harvard University.

Mandala, E. (1984). Capitalism, Kinship and Gender in the Lower Tchiri (Shire) Valley of Malawi, 1860–1960: An Alternative Theoretical Frame- work. *African Economic History* 13: 137.

Marçal, K. (2015). *Who Cooked Adam Smith's Dinner?* London: PortobelloBooks.

Marshall, A. (2014). *Surprising Design of Market Economies*. Austin: University of Texas Press.

Mauro, P., Romeu, R., Binder, A. and Zaman, A. (2015). A Modern History of Fiscal Prudence and Profligacy. *Journal of Monetary Economics* 76: 55–70.

Mazzucato, M. (2011). *The Entrepreneurial State*. London: Demos. McClintock, A. (1995). *Imperial Leather*. New York: Routledge.

McCloskey, D. (2008). Mr Max and the Substantial Errors of Manly Economics. *Economic Journal Watch* 5(2): 199–203.

McCloskey, D. (2010). *The Bourgeois Virtues*. Chicago, IL: University of Chicago Press.

McCloskey, D. (2011). *Bourgeois Dignity*. Chicago, IL: University of ChicagoPress.

McCloskey, D. (2017). *Bourgeois Equality*. Chicago: University of Chicago Press.

McClure, S., Laibson, D. I., Loewenstein, G. and Cohen, J. D. (2004). Separate Neural Systems Value Immediate and Delayed Monetary Rewards. *Science* 306(5695): 503–7.

McCulloch, J. (1848). *A Treatise on the Succession to Property Vacant by Death*. London: Longman, Brown, Green, and Longmans.

McElroy, W. (1991). *Freedom, Feminism, and the State*. New York: Holmes & Meier.

McElroy, W. (2001). *Individualist Feminism of the Nineteenth Century*. Jefferson, NC: McFarland.
McElroy, W. (2002). *Liberty for Women: Freedom and Feminism in the 21stCentury*. Chicago, IL: Ivan R. Dee.
Medema, S. (2009). *The Hesistant Hand: Taming Self-Interest in the History of Economic Ideas*. Princeton, NJ: Princeton University Press.
Meek, R. (1962). *The Economics of Physiocracy*. London: Allen & Unwin.
Michalopoulos, S. and Papaioannou, E. (2011). Divide and Rule or the Rule of the Divided? Evidence from Africa. NBER Working Paper 17184.
Michalopoulos, S. and Xue, M. (2017). *Folklore*. Working Paper. Available at: https://econ.uconn.edu/wp-content/uploads/sites/681/2018/01/draftOct30th_folklore_final.pdf
Mies, M. (1986). *Patriarchy and Accumulation on a World Scale*. London:Zed Books.
Milanovic, B. (2013). Global Income Inequality in Numbers: in History and Now. *Global Policy* 4(2): 198–208.
Milanovic, B. (2015). Global Inequality of Opportunity: How Much of Our Income Is Determined by Where We Live? *Review of Economics andStatistics* 97(2): 452–60.
Milanovic, B. (2016). *Global Inequality*. Cambridge, MA: Harvard University Press.
Mill, J. (1859). *On Liberty*. London: John W. Parker and Son.
Mill, J. (1869). *The Subjection of Women*. London: Longmans, Green, Reader & Dyer.
Mokyr, J. (1990). *The Lever of Riches*. New York: Oxford University Press.Mokyr, J. (2006). Mercantilism, the Enlightenment, and the Industrial Revolution, in R. Findley (ed.), *Eli F. Heckscher (1879–1952): A Celebratory Symposium*. Cambridge, MA: MIT Press, pp. 269–303.
Mokyr, J. (2009). *The Enlightened Economy*. New Haven, CT: Yale University Press.
Mokyr, J. (2017). *A Culture of Growth*. Princeton, NJ: Princeton University Press.
Mokyr, J. and Nye, J. (2007). Distributional Coalitions, the Industrial Revolution, and the Origins of Economic Growth in Britain. *Southern Economic Journal* 74(1): 50–70.
Morgan, J. (2004). *Labouring Women: Reproduction and Gender in New World Slavery*. Philadelphia, PA: University of Pennsylvania Press.
Morrison, A., Dhushyanth, R. and Sinha, N. (2007). *Gender Equality, Poverty and Economic Growth*. Policy Research Working Paper. World Bank.
Mosini, V. (2012). *Reassessing the Paradigm of Economics*. Abingdon: Routledge.
Mullainathan, S. and Shafir, E. (2013). *Scarcity*. London: Allen Lane. Nangle, T. (2015). *Labour Power Sets the Neutral Real Rate*. VoxEU. Nelson, J. (1992). Gender, Metaphor, and the Definition of Economics. *Economics and Philosophy* 8(1): 103–25.
Nelson, J. (1993). The Study of Choice or the Study of Provisioning? Gender and the Definition of Economics, in M. Ferber and J. Nelson (eds), *Beyond Economic Man*. Chicago, IL: Chicago University Press, pp. 23–36.
Nelson, J. (1995). *Feminism, Objectivity and Economics*. London: Routledge. Nelson, J. (2018). *Economics for Humans*. Chicago, IL: University of Chicago Press.
Nelson, J. and Power, M. (2018). Ecology, Sustainability, and Care: Developments in the Field. *Feminist Economics* 24(3): 80–8.
Nordic Model Now! (2016). Joint Submission to the Liberal Democrats 'Sex Work' policy Consultation. Available at: https://nordicmodelnow.org/2016/10/28/submission-to-the-liberal-democrats-sex-work-policy-consultation/

North, D. (1981). *Structure and Change in Economic History*. New York: W. W. Norton.

North, D. (1990). *Institutions, Institutional Change and Economic Performance*. Cambridge: Cambridge University Press.

North, D. and Thomas, R. (1973). *The Rise of the Western World*. London: Cambridge University Press.

North, D. and Weingast, B. (1989). Constitutions and Commitment: The Evolution of Institutions Governing Public Choice in Seventeenth-Century England. *The Journal of Economic History* 49(4): 803–32.

Nunn, N. (2012). Culture and the Historical Process. *Economic History of Developing Regions* 27 (suppl.): S108–S126.

Nussbaum, M. (2013). *Sex and Social Justice*. Oxford and New York: OxfordUniversity Press.

Ober, J. (2015). *The Rise and Fall of Classical Greece*. Princeton, NJ: Princeton University Press.

O'Brien, P. (2010). The Nature and Historical Evolution of an Exceptional Fiscal State and its Possible Significance for the Precocious Commercialization and Industrialization of the British Economy from Cromwell to Nelson. *The Economic History Review* 64(2): 408–46.

O'Connor, J., Orloff, A. and Shaver, S. (2009). *States, Markets, Families*. Cambridge: Cambridge University Press.

OECD (2008). *Growing Unequal? Income Distribution and Poverty in OECDCountries*. Paris: OECD Publishing.

OECD (2011). *Society at a Glance 2011*. Paris: OECD Publishing.

Offer, A. (1997). Between the Gift and the Market: The Economy of Regard. *The Economic History Review* 50(3): 450–76.

Offer, A. (2002). *Why Has the Public Sector Grown So Large in MarketSocieties? The Political Economy of Prudence in the UK, c. 1870–2000*.Discussion Papers in Economic and Social History. University of Oxford. Offer, A. (2012). Self-Interest, Sympathy, and the Invisible Hand: From Adam Smith to Market Liberalism. *Economic Thought* 1(2): 1–14.

Offer, A. (2017). The Market Turn: From Social Democracy to Market Liberalism. *The Economic History Review* 70(4): 1051–71.

Ogilvie, S. (2011). *Institutions and European Trade*. Cambridge: CambridgeUniversity Press.

Ogilvie, S. and Carus, A. (2014). *Institutions and Economic Growth in Historical Perspective*. CESifo Working Paper Series. Available at: https://ssrn.com/abstract=2463598

O'Hara, S. (2013). Everything Needs Care: Toward a Relevant Contextual View of the Economy, in M. Bjørnholt and A. McKay (eds), *Counting on Marilyn Waring: New Advances in Feminist Economics*. Bradford, ON: Demeter Press.

Okin, S. (1989). *Justice, Gender and the Family*. New York: Basic Books. Olson, M. (2008). *The Rise and Decline of Nations*. New Haven, CT: Yale University Press.

Olsson, O. and Hibbs, D. (2005). Biogeography and Long-Run Economic Development. *European Economic Review* 49(4): 909–38.

Oosthuizen, S. (2017). *The Anglo-Saxon Fenland*. Oxford: Windgather Press.

Ortiz-Ospina, E. and Roser, M. (2018). Public Spending. Our World in Data. Available at: https://ourworldindata.org/public-spending

Parente, S. and Prescott, E. (1999). Monopoly Rights: A Barrier to Riches. *American Economic Review* 89(5): 1216–33.

Parente, S. and Prescott, E. (2002). *Barriers to Riches*. Cambridge, MA: MIT.Parthasarathi, P.

(1998). Rethinking Wages and Competitiveness in the Eighteenth Century: Britain and South India. *Past & Present* (158): 79–109.

Pateman, C. (1988). The Patriarchal Welfare State, in A. Gutman (ed.), *Democracy and the Welfare State*. Princeton, NJ: Princeton University Press. Paul, S. (2016). Women's Labour Force Participation and Domestic Violence. *Journal of South Asian Development* 11(2): 224–50.

Pearlstein, S. (2013). Is Capitalism Moral? *The Washington Post*, 15 March. Pedersen, S. (1995). *Family, Dependence and the Origins of the Welfare State*. Cambridge: Cambridge University Press.

Pedersen, S. (2018). One-Man Ministry, Review of *Bread for All: The Origins of the Welfare State* by Chris Renwick. *London Review of Books* 40(3): 3–6.

Pennington, M. (2011). *Robust Political Economy*. Cheltenham: E. Elgar. Perlmann, J. and Margo, R. A. (2001). *American Schoolteachers, 1650–1920*. Chicago: Chicago University Press.

Phipps, A. (2014). *The Politics of the Body*. Cambridge: Polity Press. Picchio, A. (1992). *Social Reproduction*. Cambridge: Cambridge University Press.

Pierce, J. and Schott, P. (2016). The Surprisingly Swift Decline of US Manufacturing Employment. *American Economic Review* 106(7): 1632–62.

Piketty, T. (2014). *Capital in the Twenty-First Century*. Cambridge, MA: Harvard University Press.

Pinchbeck, I. (1930). *Women Workers and the Industrial Revolution, 1750–1850*. London: G. Routledge & Sons.

Platteau, J. (2014). Redistributive Pressures in Sub-Saharan Africa: Causes, Consequences, and Coping Strategies, in E. Akyeampong, R. Bates, N. Nunn and J. Robinson (eds), *Africa's Development in Historical Perspec- tive*. Cambridge: Cambridge University Press.

Polanyi, K. (1944). *The Great Transformation*. New York: Rinehart. Polanyi, K. (1966). *Dahomey and the Slave Trade*. Washington, DC: Washington University Press.

Pomeranz, K. (2012). *The Great Divergence*. Princeton, NJ: Princeton University Press.

Postell, J. and Watson, B. (2011). *Rediscovering Political Economy*. Lanham, MD: Lexington Books.

Power, M. (2004). Social Provisioning as a Starting Point for Feminist Economics. *Feminist Economics* 10(3): 3–19.

Prügl, E. (2016). Neoliberalism with a Feminist Face: Crafting a New Hegemony at the World Bank. *Feminist Economics* 23(1): 30–53.

Pujol, M. (1984). Gender and Class in Marshall's Principles of Economics. *Cambridge Journal of Economics* 8(3): 217–34.

Pujol, M. (1998). *Feminism and Anti-feminism in Early Economic Thought*. Cheltenham: E. Elgar.

Rai, S. (2013). Gender and (International) Political Economy, in G. Waylen, K. Celis, J. Kantola and L. Weldon (eds), *The Oxford Handbook of Gender and Politics*. New York: Oxford University Press.

Rai, S., Hoskyns, C. and Thomas, D. (2011). Depletion and Social Reproduction. *Centre for the Study of Globalisation and Regionalisation Department of Politics and International Studies*. Warwick: University of Warwick.

Rao, V. (1993). The Rising Price of Husbands: A Hedonic Analysis of Dowry Increases in Rural

India. *Journal of Political Economy* 101(4): 666–77. Rao, V. (2007). The Economics of Dowries in India, in K. Basu (ed.), *OxfordCompanion to Economics in India*. Oxford: Oxford University Press.

Raworth, K. (2018). *Doughnut Economics*: London: Chelsea Green.

Reid, R. (2014). The Fragile Revolution: Rethinking War and Development in Africa's Violent Nineteenth Century, in E. Akyeampong, R. Bates, N. Nunn and J. Robinson (eds), *Africa's Development in Historical Perspec- tive*, Cambridge: Cambridge University Press, pp. 393–423.

Richards, E. (1974). Women in the British Economy since about 1700: An Interpretation. *History* 59(197): 337–57.

Richerson, P. and Boyd, R. (2006). *Not by Genes Alone*. Chicago, IL: University of Chicago Press.

Roberts, A. (2016). *Gendered States of Punishment and Welfare*. Abingdon: Routledge.

Robertson, C. (1988). Never Underestimate the Power of Women. *Women's Studies International Forum* 11(5): 439–53.

Rodgers, Y. (2018). *The Global Gag Rule and Women's Reproductive Health*. Oxford: Oxford University Press.

Rodney, W. (1972). *How Europe Underdeveloped Africa*. London: Bogle-L'Ouverture Publications.

Rodrik, D. (1997). *Has Globalization Gone Too Far?* Washington, DC: Institute for International Economics.

Rodrik, D. (1998). *Where Did All the Growth Go? External Shocks, SocialConflict, and Growth Collapses*. NBER Working Paper. NBER.

Rodrik, D., Subramanian, A. and Trebbi, F. (2004). Institutions Rule: The Primacy of Institutions over Geography and Integration in Economic Development. *Journal of Economic Growth* 9(2): 131–65.

Roser, M. (2016). Global Economic Inequality. *Our World in Data*. Available at: https://ourworldindata.org/global-economic-inequality

Roser, M. and Ortiz-Ospina, E. (2018). Global Extreme Poverty. *Our Worldin Data*. Available at: https://ourworldindata.org/extreme-poverty

Roth, A., Prasnikar, V., Okuno-Fujiwara, M. and Zamir, S. (1991). Bargaining and Market Behaviour in Jerusalem, Ljubljana, Pittsburgh and Tokyo: An Experimental Study. *American Economic Review* 81(5): 1068–95.

Royal Commission on Employment of Children in Factories (1833). Second

Report, Minutes of Evidence. London: House of Commons Papers. Rubery, J. (2015). Austerity and the Future for Gender Equality in Europe. *ILR Review*, 68(4): 715–41.

Rubin, G. (1975). The Traffic in Women: Notes on the 'Political Economy' of Sex, in R. Reiter (ed.), *Toward an Anthropology of Women*. New York: Monthly Review Press.

Rubin, J. (2018). *Rulers, Religion and Riches*. Cambridge: Cambridge University Press.

Rubinstein, W. (1981). *Men of Property*. London: Croom Helm.

Samuels, S. (1992). *The Culture of Sentiment: Race, Gender and Sentimentality in Nineteenth-Century America*. New York: Oxford University Press.

Sandberg, S. (2013). *Lean In: Women, Work, and the Will to Lead*. New York: Alfred A. Knopf.

Sandelin, B., Trautwein, H. and Wundrak, R. (2008). *A Short History ofEconomic Thought*. Lon-

don: Routledge.
Sawhill, I. (2014). *Generation Unbound*. Washington, DC: Brookings Institution Press.
Scheidel, W. (2010). Real Wages in Early Economies: Evidence for Living Standards from 1800 BCE to 1300 CE. *Journal of the Economic and Social History of the Orient* 53(3): 425–62.
Scheidel, W. (2017). From Plains to Chains: How the State Was Born. *Financial Times*, 5 October.
Scheidel, W. (2018). *The Great Leveler*. Princeton, NJ: Princeton University Press.
Schrijvers, J. (1991). *Women's Autonomy: From Research to Policy*. Amsterdam: Institute for Development Research.
Scott, J. (2018). *Against the Grain*. New Haven, CT: Yale University Press.
Seguino, S. (2000a). Accounting for Gender in Asian Economic Growth. *Feminist Economics* 6(3): 27–58.
Seguino, S. (2000b). Gender Inequality and Economic Growth: A Cross-Country Analysis. *World Development* 28(7): 1211–30.
Seguino, S. (2011). Gender Inequality and Economic Growth: A Reply to Schober and Winter-Ebmer. *World Development* 39(8): 1485–7.
Semuels, A. (2016). Severe Inequality Is Incompatible with the American Dream. *The Atlantic*, 10 December.
Sen, A. (1977). Rational Fools: A Critique of the Behavioral Foundations of Economic Theory. *Philosophy & Public Affairs* 6(4): 317–44.
Sen, A. (1987). *Gender and Cooperative Conflicts*. Helsinki: World Institute for Development Economics Research.
Sen, A. (1999). *Development as Freedom*. Oxford: Oxford University Press. Sheldon, K. (2017). *African Women: Early History to the 21st Century*. Bloomington, IN: Indiana University Press.
Shiller, R. (1984). Stock Prices and Social Dynamics. *Brookings Papers on Economic Activity* 1984(2): 457–98.
Siegel, H. (2013). Why the Choice to be Childless is Bad for America. *Newsweek*, 19 February.
Simon, H. (1957). *Models of Man: Social and Rational*. New York: John Wiley and Sons.
Skarbek, D. (2014). *The Social Order of the Underworld*. Oxford: Oxford University Press.
Smith, A. (1759). *Theory of Moral Sentiments*. Edinburgh: Kincaid and Bell. Smith, A. (1776). *An Inquiry into the Nature and Causes of Wealth of Nations*. London: William Strahan and Thomas Cadell.
Smith, R. (1986). Transfer Incomes, Risk and Security: The Roles of the Family and the Collectivity in Recent Theories of Fertility Change, in D. Coleman and R. Schofield (eds), *The State of Population Theory Forward from Malthus*. Oxford: Basil Blackwell, pp. 188–211.
Smuts, B. (1995). The Evolutionary Origins of Patriarchy. *Human Nature* 6(1): 1–32.
Solar, P. (1997). Poor Relief and English Economic Development before the Industrial Revolution. *The Economic History Review* 48(1): 1–22.
Sollée, K. (2017). *Witches, Sluts, Feminists*. Berkeley, CA: ThreeL Media. Spek, R., Leeuwen, B. and Zanden, J. (2015). *A History of Market Performance*. Abingdon: Routledge.
Spolaore, E. and Wacziarg, R. (2009). The Diffusion of Development. *Quarterly Journal of Economics* 124(2): 469–529.
Spolaore, E. and Wacziarg, R. (2013). How Deep Are the Roots of Economic Development? *Journal of Economic Literature* 51(2): 325–69.

Sprinkle, A. (2009). 40 Reasons Why Whores are My Heroes, in D. Sterry(ed.), *Hos, Hookers, Call Girls, and Rent Boys*. New York: Soft SkullPress, pp. 10–11.

Standing, G. (1999). Global Feminization Through Flexible Labor: A Theme Revisited. *World Development* 27(3): 583–602.

Steckel, R. and Prince, J. (2001). Tallest in the World: Native Americans of the Great Plains in the Nineteenth Century. *American Economic Review* 91(1): 287–94.

Steinberg, M. (2016). *England's Great Transformation*. Chicago, IL: University of Chicago Press.

Stephenson, J. (2018). 'Real' Wages? Contractors, Workers, and Pay in London Building Trades, 1650–1800. *The Economic History Review* 71(1): 106–32. Stern, N. (2006). *Stern Review: The Economics of Climate Change*. Her Majesty's Treasury of the UK Government.

Stiglitz, J. (2015). *The Great Divide*. London: Allen Lane.

Stiglitz, J. (2016). The State, the Market, and Development. *UNU WIDER Working Paper*.

Strober, M. (1984). Towards a General Theory of Occupational Sex Segregation, in B. Reskin (ed.), *Sex Segregation in the Workplace*. Washington, DC: The National Academies Press.

Strossen, N. (2000). *Defending Pornography*. New York: New York University Press.

Swedburg, R. (2011). *The Household Economy: A Complement or Alternative to the Market Economy?* Center for the Study of Economy and Society Working Paper Series. Cornell University.

Tabellini, G. (2008). Institutions and Culture. *Journal of the European Economic Association* 6(2–3): 255–94.

Tabellini, G. (2010). Culture and Institutions: Economic Development in the Regions of Europe. *Journal of the European Economic Association* 8(5): 677–716.

Tankersley, J. and Scheiber, N. (2018). Wielding Data, Women Force a Reckoning Over Bias in the Economics Field. *New York Times*, 10 January.

Taylor, J. (1992). *Reclaiming the Mainstream*. Buffalo, NY: Prometheus Books.

Tertilt, M. (2005). Polygyny, Fertility, and Savings. *Journal of Political Economy* 113(6): 1341–71.

Thaler, R. (1992). *The Winner's Curse*. New York: Free Press.

Thaler, R. and Sunstein, C. (2008). *Nudge: Improving Decisions about Health, Wealth and Happiness*. New Haven, CT: Yale University Press.

Therborn, G. (2004). *Between Sex and Power: Family in the World 1900–2000*. London: Routledge.

Thompson, E. (1991). *Customs in Common*. London: Merlin Press.

Tilly, C. (1975). Reflections on the History of European State-Making, in C. Tilly (ed.), *The Formation of Nation States in Western Europe*. Princeton, NJ: Princeton University Press, pp. 3–84.

Titmuss, R. (1970). *The Gift Relationship: From Human Blood to Social Policy*. London: Allen and Unwin.

Todd, E. (1988). *The Explanation of Ideology*. Oxford: Basil Blackwell. Todd, E. (2011). *L'origine des systèmes familiaux*. Paris: Gallimard.

Tversky, A. and Kahneman, D. (1974). Judgment under Uncertainty: Heuristics and Biases. *Science* 185(4157): 1124–31.

UNFPA (2017). *UNFPA Supplies Annual Report*. New York: United Nations.

UNICEF (2014). *Ending Child Marriage: Progress and Prospects*. New York: UNICEF.

Van Bavel, B. (2016). *The Invisible Hand?* Oxford: Oxford University Press.

Van Bavel, B. and Rijpma, A. (2015). How Important Were Formalized Charity and Social Spending before the Rise of the Welfare State? A Long-Run Analysis of Selected Western European Cases, 1400–1850. *The Economic History Review* 69(1): 159–87.

Van den Heuvel, D. (2007). *Women and Entrepreneurship*. Amsterdam: Aksant.

Van Zanden, J., Buringh, E. and Bosker, M. (2011). The Rise and Decline of European Parliaments, 1188–1789. *The Economic History Review* 65(3):835–61.

Van Zanden, J., Rijpma, A. and Kok, J. (2017). *Agency, Gender, and Economic Development in the World Economy 1850–2000*. Abingdon: Routledge. Voigtländer, N. and Voth, H. (2013). How the West 'Invented' Fertility Restriction. *American Economic Review* 103(6): 2227–64.

Wajcman, J. (2010). Feminist Theories of Technology. *Cambridge Journal of Economics* 34(1): 143–52.

Wallerstein, I. (1976). *The Modern World System*. New York and London: Academic Press.

Walter, N. (2011). *Living Dolls*. Frankfurt: Fischer-Taschenbuch-Verlag. Wang, G. (2016). *Reproductive Health and Gender Equality*. London: Routledge.

Waring, M. (1988). *If Women Counted*. San Francisco: Harper.

Weber, M. (2016). *The Protestant Ethic and the Spirit of Capitalism*. Lanham: Dancing Unicorn Books.

Wellings, K., Jones, K., Mercer, C., et al. (2013). The Prevalence of Unplanned Pregnancy and Associated Factors in Britain: Findings from the Third National Survey of Sexual Attitudes and Lifestyles (Natsal-3). *The Lancet* 382(9907): 1807–16.

Wheeler, A. and Thompson, W. (1825). *Appeal of One Half of the Human Race, Women, Against the Pretensions of the Other Half, Men*. London: Longman, Hurst, Rees, Orme, Brown and Green.

White, D., Betzig, L., Mulder, M., et al. (1988). Rethinking Polygyny: Co-Wives, Codes, and Cultural Systems [and Comments and Reply]. *Current Anthropology* 29(4): 529–72.

Wiener, M. (1981). *English Culture and the Decline of the Industrial Spirit, 1850–1980*. Cambridge University Press.

Wiesner-Hanks, M. (2015). *Women and Gender in Early Modern Europe*. Cambridge: Cambridge University Press.

Williams, E. (1994). *Capitalism and Slavery*. Chapel Hill, NC: University of North Carolina Press.

Woetzel, J., Madgavkar, A., Ellingrud, K., et al. (2015). *The Power of Parity: How Advancing Women's Equality Can Add $12 Trillion to Global Growth*. New York: McKinsey Global Institute.

Wollstonecraft, M. (1792). *A Vindication of the Rights of Woman*. London: J. Johnson.

Wood, A. (2018). The 1990s Trade and Wages Debate in Retrospect. *The World Economy* 41(4): 975–99.

Woolley, F. (1993). The Feminist Challenge to Neoclassical Economics. *Cambridge Journal of Economics* 17(4): 485–500.

Woolley, F. (1996). Getting the Better of Becker. *Feminist Economics* 2(1):114–20.

World Bank (2011). *World Development Report 2012: Gender Equality and Development*. Washington, DC: World Bank Group.

World Economic Forum (2017). *The Global Gender Gap Report*. Switzerland: World Economic Forum.

Wrigley, E. (1988). *Continuity, Chance and Change*. Cambridge: Cambridge University Press.

Wrigley, E. and Schofield, R. (1981). *The Population History of England, 1541–1871*. London: Edward Arnold for the Cambridge Group for the History of Population and Social Structure.

Xue, M. (2016). *High-Value Work and the Rise of Women: The CottonRevolution and Gender Equality in China*. SSRN, 1 November.

Xue, M. and Koyama, M. (2018). *Autocratic Rule and Social Capital: Evi-dence from Imperial China*. MPRA Working Paper.

우리가 있었다
THE SEX FACTOR

초판 1쇄 발행 · 2023년 4월 1일

지은이 · 빅토리아 베이트먼
옮긴이 · 전혜란
디자인 · 신미경
펴낸이 · 박준우
펴낸곳 · 선순환
출판등록 · 제2019-000053호 2019년 12월 12일
주소 · 서울시 도봉구 도봉로 108길 89 401호
전화 · 02 992 2210
팩스 · 02 6280 2210
이메일 · sshbooks@naver.com

ISBN 979-11-975780-1-4 (03330)

* 잘못 만들어진 책은 구입한 서점에서 바꿔 드립니다.